MERIAN *momente*

THAILAND
DER SÜDEN

SUSANNE MAIER

W0040017

THAILANDS SÜDEN ENTDECKEN   4

THAILANDS SÜDEN ERLEBEN   20

THAILANDS SÜDEN ERKUNDEN 58

Bangkok

Nördliche
Golfküste

Die Ostküste

Nördliche
Andamanen-
küste

Die Golf-Inseln

Der tiefe Süden

Phuket, Krabi
und die Pha-
Nga-Bucht

TOUREN DURCH THAILANDS SÜDEN 156

THAILANDS SÜDEN ERFASSEN 166

KARTEN UND PLÄNE

THAILANDS SÜDEN
ENTDECKEN

Mit Longtail-Booten erreicht man auf vielen
Inseln auch entlegenere Badebuchten.

MEIN THAILAND

Der Süden Thailands birgt nicht nur das Versprechen vom süßen Leben auf der Tropeninsel, sondern eine unschlagbare, bisweilen süchtig machende Kombination aus Erholung und Abenteuer, Exotik und Vertrautem.

Es fing alles an mit einem Backpacking-Trip, wie bei Tausenden anderen auch. Es war meine erste Reise nach Asien, und ich weiß noch genau, wie es sich anfühlte. Bei meinem ersten Schritt hinaus aus dem ultramodernen Bangkoker Flughafen laufe ich gegen eine Wand aus warmer, feuchter Luft, die mich sofort einhüllt. Im klimatisierten Taxi fahre ich in die Stadt, die nie anzufangen und nie aufzuhören scheint. Das mit magischen Amuletten geschmückte Taxi quält sich im Linksverkehr über mehrspurige Highways, links und rechts ein urbanes Meer aus Beton und Hochhäusern vor einem versmogt-grauen Himmel, vorbei an futuristischen Skytrains und flimmernden Leuchtreklamen. Dann steige ich aus und lasse mich von der Stadt verschlucken, vertraue einfach darauf, dass sie mich

◀ Der wahre Luxus: einfach mal im tropischen Paradies die Seele baumeln lassen.

irgendwann schon wieder ausspucken wird. Ich entdecke unzählige Tempelanlagen, die wie kleine Oasen der Ruhe zwischen modernen Straßenschluchten liegen, ein Gewirr von Gassen mit einfachen Behausungen
und unzähligen Garküchen, bunte Märkte für alle Dinge des täglichen
Gebrauchs, versteckte Schreine. Daneben das moderne Bangkok, mit glitzernden Shoppingtempeln, Hochglanzfassaden und hippen Bars.
Mit dem Taxiboot fahre ich auf dem großen trägen Fluss durch die Stadt,
vorbei am »Tempel der Morgenröte«, an Holzhäusern auf Stelzen an den
letzten Kanälen in Thonburi, an modernen Wolkenkratzern und Indus-
trieanlagen neben der grünen Insel Phra Padaeng, an deren Ufern in den
Abendstunden die Glühwürmchen in den Palmen hängen und die wie
aus der Zeit gefallen wirkt. Hier prallt alles aufeinander: Vergangenheit,
Gegenwart und Zukunft, Tradition und Moderne, altes Asien und westlicher Konsum, Reichtum und Elend. Es ist heiß, laut, verrückt, anstrengend, überdimensioniert – aber auch unglaublich faszinierend.
Dann die Inselwelt im Süden. Weiße Postkartenstrände vor türkisblauem
Wasser, dahinter ein Dickicht aus üppigem Grün. Palmen wiegen sich im
Wind, bunt geschmückte Boote liegen am Strand. Einen größeren Kontrast zu Bangkok kann man sich kaum vorstellen.

DER TRAUM VOM EINFACHEN INSELLEBEN

Ich bin eigentlich gar keine Strandurlauberin. Doch Thailand bewirkt etwas bei mir, was sonst keiner schafft: Ich werde zum Strandmenschen. Es
dauert ein paar Tage, vielleicht auch eine ganze Woche. Doch dann stellt
es sich auf einmal ein, das Insel-Feeling. Die Zeit wogt langsam dahin wie
die Wellen am Ufer. Sie besteht aus einem einfachen Bungalow am Strand,
einer Hängematte, türkisblauem klaren Meer, in das ich mich einfach
hineinstürzen will, mit Schnorchel bewaffnet und mit Kurs auf das vorgelagerte Riff, überwältigt von der Begegnung mit exotischen Meeresbewohnern, schließlich aus Sonnenuntergängen in chilligen Strandbars mit
bunten Kissen im Sand und einer frischen Kokosnuss in der Hand.
Es ist diese Kombination simpler Zutaten, vermischt mit einer entspannten, freundlichen Atmosphäre. Der Standard ist einfach, aber das Leben
ist es auch. Und ist es nicht das, was man so oft auf Reisen sucht? Hier
braucht man nicht viel zum Glücklichsein: Hippiehose, Strandklamotte,
im Abendlicht ein kühles Singha-Bier und später vielleicht einen Fisch

vom Grill. Es ist wohl dieses Lebensgefühl, für das man die weite Reise auf sich nimmt. Und dafür braucht man eigentlich keine Luxusresorts. Es reicht ein einfacher Bungalow wenige Meter vom Strand, von denen es zum Glück im Süden Thailands noch eine ganze Menge gibt.

Doch wie vielerorts enthüllt der Blick hinter die Fassade auch in der Märchenwelt der thailändischen Inseln die Kehrseite der Tropenidylle. Man kämpft mit Wasserknappheit und -verschmutzung, mit Vermüllung, beschädigten Korallen, Sextourismus. Teure Resorts internationaler Investoren stehen neben ärmlichen Behausungen der Einheimischen, die die Entwicklung außen vor gelassen hat. Auch das ist das Inselleben.

Und dann beginnt wieder meine Lieblingstageszeit, wo es nichts anderes braucht, außer ein kühles Getränk, eine Strandbar und einen dieser kitschigen Sonnenuntergänge, die es wohl nur in den Tropen gibt, bei denen das Licht irgendwie ganz besonders ist. Und auf einmal ist es wieder da, das ganz spezielle Insel-Feeling.

WIE DIE TEILE EINES PUZZLES

Es sind viele scheinbare Widersprüche und Kontraste, auf die man bei einer Reise nach Thailand stößt und von denen sich mit jedem Aufenthalt wieder neue auftun: zwischen Land und Stadt, Nord und Süd, Arm und Reich, Tradition und Moderne, erfolgreicher Entwicklung und Umweltzerstörung, Monarchie und Militärdiktatur, Kapitalismus, Buddhismus, Pragmatismus, Geisterglaube und Islam, den positiven und negativen Seiten des Massentourismus, und und und.

Je öfter man sich außerhalb der Parallelwelt der Touristenorte und Resorts aufhält, desto mehr Fragen stellen sich, und man nimmt zur Kenntnis: Die vielfältigen Eindrücke und Facetten dieses Landes und seiner Bewohner wollen nicht recht zusammenpassen. Gemeinsam ergeben sie irgendwie nicht das Bild, das man als Besucher im Kopf hat, von Thailand als Land des Lächelns und der tausend Tempel, des ursprünglichen Tropenparadieses. Doch es sind gerade diese Kontraste, die scheinbaren Widersprüche, die Thailand für mich ausmachen. Gemeinsam ergeben Sie nämlich mit der Zeit ein neues Bild. Wie die Teile eines Puzzles fügen sie sich zusammen, ganz langsam und Stück für Stück, mit jeder Reise mehr.

DIE FASZINATION VON THAILAND

Ich sehe Thailand natürlich nicht mit den Augen einer Einheimischen, sondern von außen, mit den Augen einer Reisenden. Und als solche werde ich oft gefragt: Was macht eigentlich die Faszination von Thailand aus?

Was macht es zum Traumziel Nummer eins in Südostasien? Schöne tropische Inseln mit Postkartenstränden, exotische Tempel und spannende Metropolen gibt es schließlich auch anderswo.

Ich glaube, es ist diese unschlagbare Kombination aus Traumstränden und dschungelbewachsenen Hügeln, aus einer aufregenden, dynamischen Metropole und ursprünglichen Dörfern. Die Mischung aus Exotik, Abenteuer und Vertrautem, einer jahrtausendealten Kultur gepaart mit freundlichen Menschen und einer großartigen Landesküche. Und wenn auch viele Orte in Thailand von Touristen überrannt werden, so finden sich doch immer noch solche, die ursprünglich und kaum entdeckt sind.

Zudem ist Thailand immer noch verhältnismäßig günstig und bietet eine gute Infrastruktur für Reisende: Egal ob von A nach B kommen, Unterkünfte vom einfachen Guesthouse bis zum Luxusresort finden, Essen und Trinken, Touren und Aktivitäten – Thailand macht es einem so unglaublich einfach. Deshalb ist es das ideale Einsteigerland für Asien.

THAILAND: SAME SAME, BUT DIFFERENT

Auch wenn die Ziele in Thailands Süden auf den ersten Blick alle ähnlich erscheinen mögen: Wie das Urlaubserlebnis im Süden des Landes ausfällt, kommt ganz darauf an, was man sucht und wohin man geht. Wer eine gute Infrastruktur und viele Unterhaltungsangebote erwartet, ist vielleicht in Pattaya, Phuket oder Hua Hin richtig. Wer einen gepflegten, aber eher ruhigen Strandurlaub machen will in Khao Lak. Wer sich ein Yoga-Retreat wünscht auf Ko Samui oder Ko Phangan. Naturverbundene Individualisten besuchen Ko Yao oder Ko Kood, Familien Ko Lanta, wer seinen Traum vom einfachen Bungalow am Strand ausleben möchte Ko Phayam. Oder einmal im Baumhaus übernachten und exotische Tiere sehen? Khao Sok. Eine neue Welt unter Wasser entdecken? Similan bzw. Ko Tao. Das Schöne ist: Man kann immer wiederkommen, es gibt immer etwas Neues zu entdecken. Thailand geht immer, Thailand macht süchtig. Seien Sie gewarnt!

DIE AUTORIN

Susanne Maier ist eine chronisch fernwehgeplagte Reisebloggerin, -redakteurin und Social-Media-Beraterin mit Liebe zu Südostasien. Mit einem Backpacking-Trip nach Thailand fing alles an – heute ist sie mehrere Monate im Jahr auf Reisen. Ihre Erlebnisse teilt sie mit Interessierten auf ihrem Blog www.blackdotswhitespots.com. Sie plant schon wieder ihre nächste Reise nach Thailand.

MERIAN TopTen

Diese Höhepunkte sollten Sie sich bei Ihrem Besuch auf keinen Fall entgehen lassen: Ob wilder Dschungel, die schönsten Tempel oder tropische Schnorchelparadiese – MERIAN präsentiert Ihnen hier die wichtigsten Sehenswürdigkeiten in Thailands Süden.

1 Bangkok

Megametropole zwischen Tradition und Ultramoderne: alte Tempel und Paläste, Märkte und Garküchen, pulsierendes Nachtleben und zum Sundowner eine Skyline bis zum Horizont (▶ S. 60).

2 Ayutthaya

Die Ruinen zahlreicher Tempel, Prachtbauten und Forts zeugen von der einstigen Pracht der alten Königsstadt, die fast 400 Jahre lang Hauptstadt des Königreichs Siam war (▶ S. 68, 158).

3 Phetchaburi

Alte Tempelanlagen, Paläste und Höhlen abseits der Touristenpfade (▶ S. 71).

4 Tauchen lernen auf Ko Tao

Die kleine Insel ist nicht nur ein Paradies für Schnorchler: Nirgendwo kann man so gut und günstig in wenigen Tagen das Tauchen lernen (▶ S. 98).

5 Khao Sok National Park

In einem der ältesten Urwälder wandern und dabei exotische Pflanzen und Tiere entdecken, umgeben von steil aufragenden Kalksteinfelsen (▶ S. 104, 162).

6 Das alte Phuket

In Phuket-Stadt findet man noch alte Straßenzüge und Villen im Kolonialstil, aber auch internationales Flair, viel Kultur und ein Nachtleben (▶ S. 113).

⭐ Tigerhöhlentempel bei Krabi

Das Heiligtum thront hoch oben auf einem Tempelfelsen und ist ein wichtiges buddhistisches Pilgerziel mit wunderschöner Aussicht (▶ S. 121).

⭐ Pha-Nga-Bucht

Schroffe, dschungelbewachsene Karstfelsen ragen bei Krabi empor, dazwischen weiße Strände, Urwald und ein tiefblaues Meer – eine der schönsten Kulissen des Landes (▶ S. 123, 160).

⭐ Der »perfekte Strand« bei Ko Phi Phi

Die Verfilmung von »The Beach« machte ihn unsterblich und Ko Phi Phi zum Backpacker-Kultziel: der Strand auf Ko Phi Phi Leh, umgeben von Karstfelsen, Lagunen und Korallenriffen (▶ S. 125).

⭐ Südseefeeling im Ko Tarutao National Park

Weiße Strände, türkisblaues Meer und unberührte Natur: Die Inseln an der Grenze zu Malaysia gelten als »Malediven Thailands« (▶ S. 140).

MERIAN Momente
Das kleine Glück auf Reisen

Oft sind es die kleinen Momente auf einer Reise, die am stärksten in Erinnerung bleiben – Momente, in denen Sie die leisen, feinen Seiten der Region kennenlernen. Hier geben wir Ihnen Tipps für kleine Auszeiten und neue Einblicke.

❶ Sundowner hoch über den Dächern von Bangkok ✈ C3

Wenn wie überall in den Tropen die Nacht mal wieder viel zu schnell hereinbricht, dann sollte man sich in Bangkok gegen 17.30 Uhr schnellstens schick machen und eine der spektakulären Rooftop Bars aufsuchen. Wenn die Metropole unter einem langsam in glutrotem Licht versinkt und sich in ein Glitzermeer verwandelt, der 360-Grad-Blick eine Skyline bis zum Horizont offenbart und ein frischer tropischer Fruchtcocktail langsam die Kehle hinunterrinnt, dann weiß man, dass man die richtige Entscheidung getroffen hat.

Bangkok
– Red Sky Bar (55. Stock, Centara Grand Hotel) | 999/99 Rama 1 Road | BTS: Siam
– Sky Bar (63. Stock, Lebua State Tower) | 1055/42 Silom Road | BTS: Saphan Taksin

❷ Ein kräftiger Schluck aus der frischen Kokosnuss

Mit einer Art Machete wird die junge, frische Kokosnuss mit der grünen glatten Schale aufgeschlagen und das Endstück wieder wie ein Deckel obendrauf gelegt. Ein Trinkhalm wird hineingesteckt, und bereits beim ersten Schluck merkt man, was für ein perfekter Durstlöscher das kühle, reine Kokoswasser ist. Doch nicht nur das: Das frische Fruchtwasser ist keimfrei, kalorienarm, sehr gesund und hat isotonische Eigenschaften. Wenn man dabei noch aufs Meer blickt, die Zehen in den Sand gräbt und anschließend das weiche Fruchtfleisch auskratzt und verspeist, erweist sich die tropische Hitze auf einmal als deutlich angenehmer.

Chillen, feiern, tanzen mit den Füßen im Sand B 6

Die Tropennächte sind lang und werden oft von Sonnenuntergängen eingeleitet, bei denen man sich wie in einer Kitschpostkarte fühlt. Was gibt es da Besseres, als den Tag in einer dieser Strandbars aus Treibholz oder mit bunten Liegestühlen und Sitzkissen am Strand ausklingen zu lassen? Das Ganze mit einem kühlen Singha-Bier oder einem frischen Cocktail in der Hand und chilliger Musik im Ohr, bevor später eine Feuershow am Strand dargeboten wird und DJs für Stimmung sorgen. Manche Bars verwandeln sich nachts sogar in Open-Air-Clubs am Strand.

Mit den Füßen im Sand tanzen kann man besonders gut auf Ko Phangan, wo jeden Monat Abertausende zu den Mondscheinpartys am Strand und im Dschungel zu elektronischen Beats feiern, bis die Sonne aufgeht.

Ko Phangan | Hat Rin | Sunrise Beach | www.fullmoonparty-thailand.com

Blicke in eine faszinierende Unterwasserwelt A 7

Das Boot nimmt Kurs auf eine abgelegene, ursprüngliche Inselgruppe vor der Andamanenküste. Weiße Strände, auffällige Felsformationen und tiefgrüner tropischer Dschungel nähern sich. Die eigentliche Attraktion offenbart sich jedoch erst unter der türkisblauen Oberfläche der Andamanensee: der Blick in eine fremde Welt voller Korallengärten und bunt-exotischer Meeresbewohner, die man sonst nur aus dem Fernsehen oder dem Zoo kennt. Man liegt im glasklaren Wasser und schaut einfach nur nach unten, wie in ein großes Aquarium, und staunt.

Es ist gut möglich, dass Sie hier beim Schnorcheln zum ersten Mal einer Meeresschildkröte begegnen und Taucher sogar Walhaien und Rochen. Der Ko Similan National Park gilt nicht

umsonst als eines der besten Tauch- und Schnorchelgebiete der Welt.

Ein- oder mehrtägige Touren ab Khao Lak oder Phuket

❺ Eine Übernachtung mitten im Dschungel ✈ A 7

Durch einen der ältesten Urwälder streifen und dabei exotische Tiere wie Makaken, Schmetterlinge, Echsen oder gar Elefanten aufspüren, aber auch Wasserfälle, Höhlen, Aussichtspunkte in den Karstbergen, Urwaldriesen und die größte Blume der Welt. Zwischendurch steigt man ins Boot oder Kanu um und erlebt die Wildnis des Khao Sok National Park nochmals von einer ganz anderen Perspektive. Die Nacht verbringt man mittendrin im Dschungel – im Baumhaus, oder in einfachen schwimmenden Hütten auf einem großen See mitten im Regenwald, umgeben von steil aufragenden Karstbergen. Man ist eingebettet in eine reine Natur, die einzigen Geräusche sind die des Waldes wie die lustigen Rufe von Gibbons und Nashornvögeln. Zum Sonnenaufgang fährt man mit dem Boot hinaus und genießt die Stille und das wunderbare Morgenlicht und hört einfach nur zu, wie der Dschungel erwacht.

Khao Sok National Park (70 km nördl. von Khao Lak) | www.khaosoklake.com

❻ Karstfelsen und Höhlen mit dem Kajak erkunden ✈ A 7

An der Andamanenküste bei Krabi ragen bizarr geformte Felsformationen aus dem Meer heraus. Manchmal sind es nur einzelne Felsnadeln, manchmal ganze Inseln. Sie sind mit exotischen Dschungelpflanzen dicht bewachsen, auf manchen leben Affenfamilien, Vögel und andere Tiere. Besonders gut lässt sich die wunderschöne Landschaft der Pha-Nga-Bucht vom Kajak aus erkunden. Man paddelt unter überhängenden Karstfelsen hindurch und gleitet hinein in geheimnisvolle Höhlen, passiert dichte Mangrovenwälder und weiß gar nicht, ob man nach oben schauen soll oder nach unten, auf die bunten Fische im glasklaren Wasser. Zwischen den bizarren Felsformationen erstrecken sich Lagunen und wunderschöne Buchten, Sandbänke laden zum Anlanden und Losschnorcheln ein.

Phuket | John Gray Sea Canoe | Tel. 076254 50 56 | www.johngray-seacanoe. com | Touren auch von Anbietern in weiteren Orten in der Bucht

❼ Spirituelle Tempelatmosphäre erleben ✈ B 7 und C 3

Thailand ist ein Land mit Tausenden von Tempeln und Abertausenden buddhistischen Mönchen. Auch wenn man in den Süden des Landes reist, wo die Bevölkerung oft muslimisch ist, so sollte man auf jeden Fall mindestens einmal einen buddhistischen Tempel besuchen und die besondere Atmosphäre und das Tempelleben in sich aufsaugen: vergoldete Buddha-Statuen, turmhohe

Pagoden und kunstvolle Wandgemälde bestaunen, aber auch die Opfergaben der Gläubigen, Amulettverkäufer, Segnungen von Mönchen und Rituale der Pilger beobachten. Die Schultern bedeckende Kleidung und eine kleine Spende an den Tempel nicht vergessen!

Z. B. Tigerhöhlentempel (Krabi) oder Wat Pho (Bangkok)

8 Auf dem Nachtmarkt unter das Volk mischen ◢ B7

Wenn es dunkel wird, werden die Stände aufgebaut. Überall beginnt es dann in mobilen Garküchen zu brutzeln, es duftet lecker nach den unterschiedlichsten Köstlichkeiten und manchmal auch unangenehm nach Durian (Stinkfrucht) oder gebratenen Insekten. Bei »Walking Streets« werden dazu noch Musik und Straßenkunst, Kunsthandwerk, Kleidung, Gebrauchsgüter des täglichen Bedarfs und sogar Massagestände aufgeboten. Man mischt sich einfach unter die Einheimischen, flaniert, schaut und probiert sich unschlagbar günstig durch leckeres authentisches Thai-Essen wie Green-Mango-Salat, Currys oder süße Roti-Pfannkuchen.

Krabi | Soi Maharaj 8, Walking Street (Thanon Khon Dern) | Fr–So 18–22 Uhr

9 Das einfache Leben im Bungalow am Strand

Die Tage wogen langsam dahin wie die Wellen am Strand. Sie bestehen aus einem einfachen Bungalow mit Hängematte, türkisblauem klaren Meer, in das man sich einfach hineinstürzen will, mit Schnorchel bewaffnet und mit Kurs auf das vorgelagerte Riff, aus blau-rosa-lila Sonnenuntergängen in chilligen Strandbars mit einer frischen Kokosnuss in der Hand. Es ist diese Kombination simpler Zutaten, die den Traum vom süßen Leben auf einer kleinen tropischen Koralleninsel ausmacht. Der Standard ist einfach, aber auch das Leben ist einfach. Hier braucht man nicht viel zum Glücklichsein: Strandklamotte, ein kühles Getränk und später vielleicht einen Fisch vom Grill. Ist es nicht das, was man so oft sucht auf Reisen?

NEU ENTDECKT
Worüber man spricht

Jede Region verändert sich – auch wenn vieles beim Alten bleibt. Durch neu eröffnete Museen, Hotels oder Restaurants gewinnen Orte und manchmal ganze Landstriche weiter an Attraktivität. Ebenso lässt sich Thailand mit neuen Freizeitangeboten vielfältiger erleben und vielleicht sogar mit anderen Augen sehen. Hier erfahren Sie alles über die jüngsten Entwicklungen.

◄ Eine echter Eyecatcher: der rot gekachelte Pool des Library Hotel (▶ S. 17) auf Ko Samui.

ÜBERNACHTEN

Beat Hotel   ✈ C 3

Künstlerisch und angesagt – Stylische und individuelle Design-/Boutique-Hotels liegen derzeit in Thailand im Trend. Ein Neuzugang ist das Beat Hotel im angesagten Sukhumvit, in dem jedes Zimmer von jungen Bangkoker Künstlern individuell gestaltet wurde, von zurückhaltend weiß bis poppig bunt, und das zu günstigen Preisen. Das Haus liegt im »W District«, einem Innenhof mit bunten Kunstskulpturen und Graffiti und abends Biergarten und Essensständen. Zum Hotel gehören auch ein Café mit Büchern und eine Kunstgalerie.

Bangkok | Sukhumvit Road, Soi 69/1 | BTS: Phra Kanong | Tel. 02178 0077 | www.beathotelbangkok.com | 53 Zimmer | €€

The Library   ✈ B 6

Designhotel mit Bibliothek – Welches Hotel hat schon eine Bibliothek? Ungewöhnlich ist nicht nur die große Auswahl an Büchern, Bildbänden, DVDs und Musik in der hoteleigenen Bücherei, sondern auch das minimalistische, ultramoderne Design des kubusartigen Boutique-Designhotels in Weiß mit seinen hervorstechenden Farbakzenten wie dem rot gekachelten Pool. Die Anlage liegt in einem weitläufigen Garten an einem schönen Strandabschnitt in Chaweng und verfügt über zwei Restaurants und eine Strandbar, die 101 Cocktails zur Auswahl hat.

Ko Samui | Chaweng Beach | 14/1 Moo 2 | Tel. 0774 227678 | www.thelibrary.co.th | 26 Zimmer | €€€€

ESSEN UND TRINKEN

Eat Sight Story   ✈ C 3

Blick auf Wat Arun – Eine Alternative zu Arun Residence und Sala ist dieses Restaurant direkt am Ufer des Chao Praya in Bangkok, von dessen Terrasse man ebenfalls eine unverstellte Sicht auf den Fluss und den Wat Arun, den »Tempel der Morgenröte« hat. Auf der Karte stehen originelle, Thai-westliche Fusion-Gerichte und Cocktails – doch eigentlich kommt man wegen des unvergleichlichen Panoramas hierher, vor allem zum Sonnenuntergang.

Bangkok | 45/1 Maharaj Road, Soi Ta Tien (gegenüber Wat Pho) | Expressboot: Thien Pier | Tel. 026222163 | 11–22 Uhr | €€–€€€

Rocket Coffeebar   ✈ C 3

Guter Kaffee mit Stil – Bei jungen Thais geht der Trend derzeit hin zu richtig gutem Kaffee in stylischem Ambiente. So könnte man sich im ersten

Augenblick fast in einem hippen New Yorker oder Berliner Coffeeshop wähnen, wenn man das Rocket betritt: Man stößt auf eine helle, minimalistische Einrichtung in skandinavischem Design mit Industrie-Chic und langen Ge-

meinschaftsbänken. Man genießt sehr gute frisch gebrühte Kaffeespezialitäten, es gibt aber auch Frühstück, gesunde Sandwiches, Pasta, Salate und Desserts.
Bangkok | Sukhumvit Road, Soi 49 | BTS: Thonglor | Tel. 026 62 66 38 | www. rocketcoffeebar.com | 7–23 Uhr | €–€€

Spirit House 🔖 B 6
Zeitreise zum Dinner – Wenn man das Spirit House aufsucht, glaubt man zunächst gar nicht, dass man noch mitten im trubeligen Chaweng ist. Kein Wunder: Teile der Anlage wurden aus Ayutthaya hierher transportiert und wieder aufgebaut. Das Restaurant ist eine Oase aus Teakholz und tempelartigen Gebäuden in einem tropischen Garten mit Wasserfällen, Lotusteich und einem Chedi und erinnert an ein traditionelles Thai-Dorf. Am Abend ist alles stimmungsvoll erleuchtet. Auf der Speisekarte steht exzellente Thai-Küche. Zudem gibt es ein Spa und Kochkurse. Und wer gar nicht mehr weg will: Bald soll man dort auch in Thai-Cottages übernachten können.
Ko Samui | Chaweng Beach | 155/60 Moo 2 | Tel. 077 30 02 83 | 12–22.30 Uhr | www.spirithousesamui.com | €€–€€€

Streetfood-Guide
In Thailands Straßen stößt man überall auf mobile Garküchen, Essensstände und Straßenrestaurants, deren Anzahl nach Einbruch der Dunkelheit noch deutlich zunimmt. Gleichzeitig ist das Streetfood von erstaunlich guter Qualität, sodass man es ruhig wie die Einheimischen halten und einfach mal bei einer der Garküchen essen sollte. Eine gute Orientierung im Streetfood-Dschungel bietet ein neuer, recht um-

fassender (allerdings englischsprachiger) Guide – mit Tipps nicht nur für Bangkok, sondern z. B. auch für Phuket.
Chawadee Nualkhair: Thailand's Best Street Food, Tuttle Publishing 2015

EINKAUFEN
Boat Lagoon Lighthouse Market
🔖 A 8
Die Boat Lagoon ist Phukets ältester Jachthafen und befindet sich nördlich von Phuket-Stadt. An seiner Promenade findet man Restaurants, Bars, Cafés und Shops – und seit Anfang 2015 auch den Lighthouse Market, einen Open-Air-Markt, der am letzten Wochenende des Monats stattfindet. Neben Ständen mit Kunsthandwerk und vielen Inselprodukten gibt es auch jede Menge Essen und Trinken sowie Livemusik – perfekt zum Flanieren und um das ein oder andere Mitbringsel zu erstehen.
Phuket-Stadt | Ko Kaew | Boat Lagoon | Tel. 08 18 10 33 28 | letztes Wochenende im Monat 17–22 Uhr

Train Night Market 🔖 C 3
Geheimtipp mit Vintage-Flair – Am Wochenende verwandelt sich das Gelände hinter der Seacon Square Mall im Osten Bangkoks in einen spannen-

den Open-Air-Nachtmarkt mit lokalem Flair, der bisher noch kaum von Touristen entdeckt wurde. Stände und kleine Shops bieten Kleidung, Accessoires und Kunsthandwerk feil. Ein Fokus liegt auf Retro und Vintage: Shop-Gebäude im Retro-Look haben Kleidung, Möbel und Accessoires, sogar Oldtimer im Sortiment. Zwischendurch probiert man sich durch die zahlreichen Essensstände, schaut jungen Thai-Hipstern beim Flanieren zu und nimmt einen Drink in einer der Retro-Bars, die beispielsweise aus einem umfunktionierten alten VW Bulli oder Käfer bestehen.

Bangkok | Srinakarin Road, Soi 51 | BTS: Udon, von dort Taxi | Do–So 17–24 Uhr

AKTIVITÄTEN

Die andere Seite des Flusses 🚩 C3

Der Stadtteil Thonburi erstreckt sich am Westufer des Chao Praya, gehört zur Millionenstadt Bangkok und ist zugleich älter als Bangkok selbst. 1768 wurde Thonburi vom neu ernannten König Taksin zur Hauptstadt des Reichs Siam erklärt, bevor man Bangkok am anderen Ufer gründete. In den kleinen Gassen und entlang der zahlreichen Kanäle (Klongs), die es hier noch gibt – mit liebevoll dekorierten Häusern auf Stelzen, versteckten Tempeln und Obstgärten – taucht man ein in ein anderes Bangkok, in dem das Leben noch einen gemächlicheren Gang zu gehen scheint. Stärker auf den Radar gelangen wird Thonburi mit dem Ausbau der Metro (MRT) auf der Westseite des Flusses, die ab 2016 fertiggestellt werden soll. Am besten erkundet man die Gassen und Klongs Thonburis jedoch nach wie vor zu Fuß und mit dem Boot.

Bangkok | Touren z. B. über Green Mango | www.green-mango.net

🚩 Weitere Neuentdeckungen sind durch dieses Symbol gekennzeichnet.

Durch die Klongs von Thonburi (▶ S. 19): Der Bangkoker Stadtteil auf der anderen Seite des Chao Praya lässt sich ideal mit den wendigen und schnellen Longtail-Booten erkunden.

Ko Phi Phi (▶ MERIAN TopTen, S. 125): die berühmte Bucht aus dem Film »The Beach«.

THAILANDS SÜDEN
ERLEBEN

ÜBERNACHTEN

Thailands Süden bietet eine große Auswahl an Unterkünften – vom einfachen Holzbungalow mit Ventilator und Moskitonetz bis zum Boutique-Hotel und Luxusresort. Für jedes Budget ist etwas dabei. Am beliebtesten sind Bungalows am Strand.

Im Süden Thailands gibt es ihn noch: den Traum vom entspannten Insel-leben im eigenen Bungalow. Daneben findet der Besucher alle Arten von Herbergen: von kleinen Traveller-Guesthouses und Homestays bei Ein-heimischen über stylische neue Design- und Boutique-Hotels, von Strand-häusern internationaler Ketten für Pauschalurlauber bis hin zu extrava-ganten Luxusquartieren. Die große Bandbreite der Unterkünfte spiegelt sich auch im Standard und in den Preisen wider.

BUNGALOWS AM STRAND

Mit Ausnahme von Luxusresorts und gehobeneren Hotels ist eine Bleibe in Thailand immer noch vergleichsweise günstig zu haben. Die Preise werden pro Zimmer berechnet und schwanken zum Teil stark nach Regi-on und Saison. Eine Übernachtung in einem der zahlreichen **Guesthouses**

◄ Von der Terrasse von The Surin auf Phuket
(► S. 118) bietet sich ein Postkartenpanorama.

und **Budget**-**Hotels** gibt es je nach Standard bereits für 20 bis 60 € pro Doppelzimmer oder Bungalow. Wer bereit ist, auf ein wenig Luxus zu verzichten, findet auf diese Weise auch charmante Schlafstellen in schöner Umgebung, was als Alternative zum komfortablen Strandresort sehr interessant sein kann. Frei stehende Bungalows gehören auf den Inseln im Süden zu den beliebtesten Unterkünften. Ob nun direkt am Strand oder im tropischen Dschungelgrün – es gibt sie in allen Standard- und Preisklassen, von der Bambushütte mit Ventilator und Hängematte bis zur vollklimatisierten Villa mit privatem Swimmingpool.

Viele der Inseln waren ursprünglich Backpacker- und Travellerziele, der Standard war niedrig und Infrastruktur kaum vorhanden. Heute findet man zwar immer noch die klassischen Traveller-Quartiere (z. B. einfache Bungalows am Meer mit Hippie-Feeling), doch der Trend geht vor allem auf den Inseln eindeutig hin zu Unterkünften mit mehr Komfort und westlichem Standard zu gehobenen Preisen. Die einfachen, günstigen **Bungalowanlagen** alter Tage sterben immer mehr aus und werden durch luxuriösere Häuser ersetzt. Besonders in der Hauptsaison und auf den beliebtesten Inseln ziehen die Preise mittlerweile deutlich an – auch für Wohnstätten, die nicht unbedingt westlichem Niveau entsprechen.

VOM LUXUSRESORT BIS ZUM BAUMHAUS

In den beliebten Urlauberregionen entstanden in den letzten Jahrzehnten immer mehr luxuriöse Hotelanlagen und Strandresorts internationaler Betreiber. An vielen Orten wie Phuket, Ko Samui oder Pattaya können Sie ihren Aufenthalt als Pauschal- oder All-inclusive-Urlaub buchen. Der Nachteil daran: Wer seinen kompletten Ferien in einem Resort verbringt, bekommt von Land und Leuten meist nur wenig mit.

Dabei gibt es für den Individualreisenden viele kleinere lokale Unterkünfte mit Charakter, die von Einheimischen betrieben werden und die man auf diese Weise direkt unterstützt. Zudem findet man einige ungewöhnliche Häuser wie auffällig gestaltete **Designhotels** oder **Eco-Hotels** mit umweltfreundlichem Konzept wie das Bangkok Tree House. In den Nationalparks – zu denen beispielsweise auch viele unbewohnte Inseln gehören – kann man oft in einfachen Bungalows übernachten, die über die Nationalparkverwaltung gebucht werden können, oder sogar campen (Reservierung über www.dnp.go.th/parkreserve/reservation.asp?lg=2).

Gewiss nicht jedermanns Sache, aber interessant sind auch die Baumhäuser oder schwimmende Hütten auf dem See im Khao Sok National Park. Da es in Thailand in aller Regel sehr unkompliziert ist, ein Dach über dem Kopf, Transport oder Aktivitäten zu buchen und zu organisieren (auch kurzfristig vor Ort), empfiehlt es sich, seine Reise individuell zusammenzustellen. Unterkünfte können online über die Buchungsseiten www.agoda.com, www.booking.com oder direkt reserviert werden – entweder schon vor der Reise oder wenige Tage vor dem Einchecken, wenn man bereits vor Ort ist. Viele Häuser bieten Transfers vom Bootspier, Flughafen oder Busbahnhof an oder organisieren auf Anfrage Taxis oder Touren. Besonders interessant dürfte für viele eine Kombination aus Individualurlaub, etwa in einfacheren Bungalows am Strand und kleinen Boutique-Guesthouses, und als Kontrastprogramm ein paar Tagen Entspannung in einem luxuriösen Resort sein.

BESONDERE EMPFEHLUNGEN

Elephant Hills 👫 A 7

Luxus-Safari-Camp im Dschungel – Ein Lager mit luxuriösen Safari-Zelten, wie man es sonst nur aus Afrika kennt, gibt es auch im Süden von Thailand – und zwar mitten im Dschungel des Khao Sok National Park. In den komfortablen, geräumigen Zelten mit richtigen Betten und eigenem Bad schlafen sogar Camping-Muffel friedlich zu den Geräuschen des Waldes. Und im Rainforest Camp wohnt man in schwimmenden Luxus-Safari-Zelten auf einem See und kann sich dann von der Veranda aus direkt ins Wasser oder in das Kajak gleiten lassen.

Khao Sok National Park | Tambon Klong Sok, 170 Moo 7 | Tel. 07638 17 03 | www.elephant-hills.com | 40 Zelte | €€€–€€€€

Loy La Long ▶ Klappe hinten, e 6

Schönes Ambiente am Fluss – Mitten in Bangkok und doch romantisch am Fluss auf dem Gelände eines Tempels gelegen, ist dieses kleine Hotel in einem schön hergerichteten alten Teakholzhaus mit nur sieben Zimmern eine Alternative zu den üblichen City-Hotels. Die Räume sind komfortabel ausgestattet, alles ist individuell und liebevoll gestaltet. Von der schönen Veranda mit gemütlichen Sitzkissen hat man einen wunderbaren Blick auf den Chao Praya, und mit dem Expressboot gelangt man schnell überall hin.

Bangkok | 1620/2 Songwat Road (im Wat Patumkongka) | Expressboot: Oriental Pier | Tel. 02 639 13 90 | www. loylalong.com | 7 Zimmer | €€–€€€€

Mango House Sea Villas B 8

Pfahlbau am Wasser – Das Mango House auf Ko Lanta ist ein interessanter Kontrast zum üblichen Strandresort. Hier wohnt man auch am Wasser, aber in einem historischen chinesischen Handelshaus auf Stelzen an einem ruhigen Pier in bester Lage in Lanta Old Town. Der Gebäudekomplex aus dunklem Tropenholz wurde stilvoll restauriert und eingerichtet. Von den Terrassen der großzügig geschnittenen Zimmer und Suiten blickt man direkt aufs Meer. Das Café war früher eine Opiumhöhle und serviert heute westliches Essen und eine große Auswahl an Weinen und Cocktails.

Ko Lanta | Old Town | 45 Sriraya Road, Moo 2 | Tel. 0869486836 | www.mango houses.com | 6 Zimmer | €€–€€€

Zeavola
▶ S. 127, b 1

Luxuriös und entspannt – Mit seinen Cottages aus dunklem Holz, umgeben von dichten tropischen Büschen, schattigen alten Bäumen und verbunden mit gepflegten Sandwegen wirkt dieses Boutique-Hotel wie ein kleines Thai-Dorf. Abseits des Partytrubels von Ko Phi Phi an einem weißen Strand an der Ostküste gelegen, ist die Anlage zwar luxuriös, hat aber dennoch eine entspannte Atmosphäre, in der man gern den ganzen Tag barfuß läuft. Das Resort besitzt eine eigene Tauchschule und engagiert sich in Umweltschutz- und sozialen Projekten. Besonders zu empfehlen sind die Villen am Hang mit privatem Infinity Pool mit Meerblick, umgeben von Dschungel, vielen Vögeln und Schmetterlingen. Zudem kann man in zwei Restaurants am Strand essen und sich im Spa verwöhnen lassen.

Ko Phi Phi | Laem Tong | 11 Moo 8 | Tel. 075627 00 | www.zeavola.com | 53 Bungalows | €€€€

Weitere empfehlenswerte Adressen finden Sie im Kapitel THAILANDS SÜDEN ERKUNDEN.

Preise für ein Doppelzimmer mit Frühstück:

€€€€ ab 200 €	€€€ ab 100 €
€€ ab 40 €	€ bis 40 €

Ein Höchstmaß an Komfort und Eleganz erwartet den Gast im Hotel Indigo Pearl (▶ S. 118) an Phukets Nai Yang Beach. Das Haus punktet mit fantasievollem Design und reizvollen Details.

ESSEN UND TRINKEN

Die Thais lieben es zu essen, Vielfalt und Aroma der Thai-Küche sind legendär. Duftende Currys, exotische Früchte und frisches Seafood, überall Märkte, Garküchen und Restaurants – manche Gäste kommen sogar nur des Essens wegen nach Thailand.

Die thailändische Küche ist unglaublich abwechslungsreich und schon allein ein Grund für eine Reise. Sie hat sich aus chinesischen, indischen und europäischen Elementen entwickelt. Die Gerichte sind meist stark gewürzt, die Bandbreite reicht von mild bis sehr scharf, von sauer bis süß. Exotische Zutaten und Gewürze wie Ingwer, Chilischoten, Zitronengras und Knoblauch, das aromatische Thai-Basilikum und Curry-Pasten sorgen für das spezielle Aroma, die Fischsauce für salzige Würze.

EXOTISCHE VIELFALT

Beliebte Gerichte sind **Currys** mit oder ohne Kokosmilch, gebratener Reis oder Nudeln, scharf gewürzte Salate, Nudelsuppen und Snacks wie Fleischspieße oder gefüllte Teigtaschen. Zubereitet werden Gemüse, Fleisch, Fisch und Meeresfrüchte. Zu den Speisen wird **Reis** gereicht, meist Duft-

◀ Einfache Garküchen (▶ S. 28) mit gegrillten
Leckereien gibt es in Bangkok an jeder Ecke.

reis oder Klebreis. Dass der Reis in Thailand das Hauptnahrungsmittel ist,
erkennt man schon daran, dass der thailändische Ausdruck für »eine
Mahlzeit einnehmen« wortwörtlich »Reis essen« (»kin khao«) heißt. Eine
Speisefolge wie in Europa gibt es nicht, mehrere Gerichte kommen auf den
Tisch und werden von allen gemeinsam gegessen (mit Ausnahme von Desserts wie Klebreis mit Mango). Suppen sind auch ein beliebtes Frühstück.
Die Thai-Küche präsentiert sich im Allgemeinen eher fleischreich (hauptsächlich Huhn und Schwein), aber man bekommt auch vegetarische Gerichte. An den Küsten genießt man viel frischen Fisch und Meeresfrüchte. Thailand ist ein großer Reisproduzent und bringt zudem eine Vielzahl
tropischer Früchte wie Mango, Ananas, Papaya oder die »Stinkfrucht«
Durian hervor, darunter viele in Europa unbekannte Sorten. Auch kulinarische Besonderheiten wie gebratene Insekten sind anzutreffen.
Im Süden Thailands serviert man viele Gerichte mit frischem Fisch. Die
Nähe zu Malaysia und die zahlreichen dort lebenden Muslime sorgen für
eine interessante Mischung und frische Einflüsse. Beliebt sind malaiische
und indische Currys (Massaman, Penang), Reis mit Huhn oder Rind,
Nelken und Zimt oder »Roti«, gefülltes Fladenbrot.
Zu Trinken gibt es neben Wasser, Cola oder Tee frische Fruchtsäfte und
Shakes oder ein kaltes Chang-, Leo- oder Singha-Bier (meist Lager oder
Exportbier). Zu empfehlen sind auch frische tropische Cocktails.

THAILÄNDISCHE ESSKULTUR

Gutes, abwechslungsreiches Essen hat einen hohen Stellenwert in der thai-
ländischen Kultur. Meist wird der Hunger auswärts gestillt, da die ganze
Familie berufstätig ist. Typisch sind die zahlreichen **Essensstände** und
Garküchen entlang der Straßen, wo man sich frisch, günstig und authentisch stärken kann. Die Portionen mögen für westliche Besucher oft klein
erscheinen, dafür werden häufig mehrere Gerichte auf einmal gegessen.
Einheimische verteilen auch gerne mehrere leichte Mahlzeiten über den
Tag. Die Zutaten stammen nicht aus den Supermärkten, sondern von lokalen Märkten, wo es für Reisende viel zu sehen und zu probieren gibt.
Gegessen wird in Thailand übrigens nicht mit Stäbchen, sondern mit Gabel und Löffel. Mit der Gabel in der linken Hand schiebt man mundge-
rechte Happen auf den Löffel in der rechten, von dem sie dann verspeist
werden. Messer werden nur ganz sporadisch als Hilfswerkzeug benutzt.

Besonders authentisch isst man bei Garküchen und auf den **Märkten**. Trotz Pappteller und Plastikstühlen sind die Gerichte oft weltklasse. Wer hygienische Bedenken hat, sollte nur Gekochtes, Durchgebratenes oder Geschältes essen. Neben den zahllosen Garküchen gibt es in Thailand jede Menge Restaurants – vom einfachen Lokal bis zum Gourmettempel. Internationale und westliche Küche findet man in allen größeren Städten und in den Urlauberzentren, allerdings oft auch zu westlichen Preisen. In Touristenvierteln stößt man auch auf Coffeeshops, Bäckereien und Fastfood-Ketten. An vielen Orten werden außerdem Kochkurse angeboten.

BESONDERE EMPFEHLUNGEN
RESTAURANTS

Barracuda 🔖 B 6
Beliebt für Seafood – Dieses kleine Restaurant in Sairee auf Ko Tao serviert frischen Fisch und Meeresfrüchte als Fusion-Küche mit asiatischen und westlichen Elementen. Ein ganz spezieller Leckerbissen ist die brutzelnde Seafood-Platte für zwei Personen.
Ko Tao | Sairee | 9/9 Moo 1 | Tel. 08 01 46 32 67 | www.barracudakohtao.com | abends | €€

L. Maladee 🔖 B 8
Köstlich und gemütlich – Eine frische und authentische Thai-Küche im gemütlichen Bambus-Ambiente. Frischer Fisch, freundlicher Service. Zu Recht eines der besten und beliebtesten Lokale auf der Insel Ko Lanta.
Ko Lanta | Saladan | Klong Dao | 75/1 Moo 1 | Tel. 08 78 91 31 49 | €€–€€€

Nahm ▶ Klappe hinten, östl. f 6
Weltklasse – Das Restaurant des australischen Sterne-Kochs David Thompson ist nicht nur eines der besten Thai-Etablissements in Bangkok, sondern zählt auch zu den 50 besten Gasthäusern der Welt und wurde 2014 zum besten Restaurant Asiens gekürt. Als Fan der Thai-Küche eröffnete er mit dem Nahm in London das erste Thai-Lokal in Europa, das mit einem Michelin-Stern ausgezeichnet wurde. Seit 2010 gibt es das Nahm im Bangkoker Metropolitan Hotel. Gekocht wird auf höchstem Niveau auf Basis alter Rezepte aus ganz Thailand. Toll: die gegrillten Muscheln als Vorspeise, das rote Curry mit Butterfisch im Bananenblatt und die raffinierten Desserts. Unbedingt reservieren!
Bangkok | 27 South Sathorn Road 8 | MRT: Lumpini | Tel. 02 62 53 38 8 | www.comohotels.com/metropolitan bangkok/dining/nahm | tgl. 19–22.30, Lunch Mo–Fr 12–14 Uhr | €€€€

On the Rock 🔖 A 8
Schlemmen mit Meerblick – Das On the Rock im Marina Phuket Resort erwartet an der Westküste auf Felsen am Meer seine Gäste und ist eines der ältesten und beliebtesten Restaurants von Phuket. Mit Blick auf das Wasser und den Sonnenuntergang schlemmt man hier in ausgesprochen romantischem Ambiente exzellentes Seafood und Barbecues zu einem kühlen Glas Wein. Auf der Speisekarte stehen sowohl thailändische als auch internatio-

nale Gerichte. Besonders empfehlenswert ist der frisch gefangene Lobster.

Phuket | Karon Beach | 47 Karon Road | Tel. 07633 0625 | www.marinaphuket. com | tgl. 10–22 Uhr | €€€–€€€€

Zazen ▶ S. 83, b 1

Feines Dinieren am Strand – Im Restaurant des gleichnamigen Boutique-Resorts schlemmt man in elegantem, romantisch-stimmungsvollem Ambiente am Ufer. Das Lokal ist spezialisiert auf französisch-europäische Küche wie Lammfilet an Ratatouille oder Kabeljau mit Chorizo, serviert aber auch thailändische Spezialitäten wie rotes Curry mit Phuket-Lobster sowie Cocktails und ausgezeichnete Weine.

Ko Samui | Bophut Beach | 177 Moo 1 | Tel. 07742 5085 | www.samuizazen.com | tgl. 11–17, 18.30–22.30 Uhr | €€€€

FOOD-TOUREN 🔖 B 3

Für Entdecker – Die Thai-Küche kennenlernen, gute Lokale finden, Streetfood probieren oder bei Einheimischen zu Gast sein – das alles kann man in Bangkok im Rahmen von Food-Streifzügen. **Bangkok Food Tours** hat verschiedene Ausflüge in seinem Programm, **Traveling Spoon** bietet ein Essen bei Locals an, und bei **Green Mango** gibt es eine deutschsprachigen Food-Spritztour durch Chinatown.

Bangkok | www.bangkokfoodtours.com, www.travelingspoon.com, www.green-mango.net

Weitere empfehlenswerte Adressen finden Sie im Kapitel THAILANDS SÜDEN ERKUNDEN.

Preise für ein dreigängiges Menü:

€€€€	ab 40 €	€€€	ab 25 €
€€	ab 10 €	€	bis 10 €

Erstklassige Thai-Küche in elegantem Ambiente: Das Nahm Restaurant (▶ S. 28) in Bangkoks Sathon-Distrikt bildet den perfekten Rahmen für ein exklusives Dinner zu zweit oder mit Freunden.

Grüner reisen
Urlaub nachhaltig genießen

Wer zu Hause umweltbewusst lebt, möchte vielleicht auch im Urlaub Menschen unterstützen, denen ein verantwortungsvoller Umgang mit der Natur am Herzen liegt. Empfehlenswerte Projekte, mit denen Sie sich und der Umwelt einen Gefallen tun können, finden Sie hier.

Die rasche Wirtschaftsentwicklung und ein Mangel an umweltpolitischen Maßnahmen haben dazu geführt, dass Thailand heute mit einer Reihe ökologischer Probleme zu kämpfen hat. Zu den größten Herausforderungen zählen die zunehmende Luft- und Wasserverschmutzung sowie die Abfallentsorgung, speziell von Industrie- und Sondermüll. Die Abgase aus Verkehr und Industrie, aber auch das Verbrennen von Rückständen verschmutzen die Luft und den Boden. Müll wird häufig nur in provisorischen Halden entsorgt. Zudem kämpft Thailand mit Wasserknappheit. Obwohl die Regierung seit den 1990er-Jahren eine Reihe von Gesetzen und Vorschriften erlassen hat und neue Investitionen tätigt, gibt es immer noch zu wenig Kläranlagen.
In der zweiten Hälfte des 20. Jh. wurde fast die Hälfte der Waldflächen gerodet, um wirtschaftlich nutzbares Land zu erschließen. Feuchtgebiete wurden in Reisfelder umgewandelt, Mangroven in Aquakulturen. Dies führte zu Erosion und dem Verlust von Lebensraum für Wildtiere, von

denen einige wie die Elefanten zusätzlich durch Wilderei und illegalen Handel bedroht sind. Durch Überfischung und Verschmutzung sind Meerestiere gefährdet. In den letzten Jahrzehnten wurden daher zahlreiche Nationalparks und Schutzgebiete inklusive der Meeresnationalparks eingerichtet, und die Regierung hat Maßnahmen zum Verbot von Abholzung und zum Erhalt von Wildtieren ergriffen. Zudem setzen sich mehrere Organisationen für den Schutz der Flora und Fauna in Thailand ein.

Auf den Inseln im Süden, wo meist eine geeignete Infrastruktur fehlt, trägt der wachsende Tourismus zu Problemen wie Müllentsorgung, Wasserknappheit und der Beschädigung von Korallen bei. Hier gibt es mittlerweile allerdings auch einige Hotels mit umweltfreundlichen Konzepten bzw. private Projekte und Initiativen zur Schonung der Umwelt.

ÜBERNACHTEN

Bangkok Tree House   C 3

Phra Padaeng ist eine grüne Oase mitten in Bangkok: eine dschungelige Insel im Fluss Chao Praya mit ein paar alten Dörfern und Tempeln und ohne jeglichen Autoverkehr. Hier befindet sich dieses Eco-Hotel, dessen aus Naturmaterialien, Stahl und Glas gestaltete Gebäude sich wunderbar in die grüne Umgebung einfügen. Sie nennen sich »nests« und verfügen neben Bad und Schlafzimmer über eine dritte Ebene auf dem Dach – mit Liegen und Sitzgelegenheiten über den Baumwipfeln. Neben der Architektur beinhaltet das Konzept auch die Nutzung von Solarenergie, einen eigenen Biogarten für das Restaurant, Recycling, Müllbeseitigung und Regenwassernutzung. Passenderweise kann man die Insel nur mit dem Boot erreichen (und dann mit hoteleigenen Leihfahrrädern erkunden). Bangkok | Phra Padaeng, 60 Moo 1, Soi Bua Phueng Pattana, Bang Namphueng | BTS: Bang Na, von dort Taxi | Tel. 08 29 95 11 50 | www.bangkoktreehouse.com | 10 Zimmer | €€–€€€

Tongsai Bay   B 6

Als Akorn Hoontrakul 1985 die kleine Bucht im Nordosten Ko Samuis das erste Mal erblickte, war er sofort begeistert und beschloss, an dieser Stelle ein Hotel zu errichten. Alle Gebäude sollten sich in die vorhandene Natur einfügen, kein Baum musste gefällt werden. Das Luxusresort wurde daraufhin zum ersten umweltfreundlichen Hotel der Insel und gilt mit seinen selbst entwickelten Maßnahmen als Vorreiter für andere Häuser. Dazu zählen u. a. Mülltrennung, Recycling und Kompostierung, Verzicht auf Insektengift, Düngemittel und chemische Reinigungsstoffe, energiesparende Klimaanlagen, Wasseraufbereitung. Das Hotel liegt in einer kleinen Bucht mit Privatstrand und weitläufiger Gartenanlage mit zahlreichen Tieren – allein 66 Vogelarten. Das Restaurant verwendet Zutaten aus dem hoteleigenen Biogarten. Mehr nachhaltige Hotels in Südthailand gibt es bei Green Pearls: www.greenpearls.com. Ko Samui | Bophut | 84 Moo 5 | Tel. 07 72 45 4 80 | www.tongsaibay.co.th | 83 Zimmer | €€€€

ESSEN UND TRINKEN

Glow Restaurant   C3

Hinter dem Glow Restaurant im Metropolitan Hotel in Bangkok steht eine eigene Philosophie des »Health Food« mit allerlei Rohkost, vegetarischen Gerichten und frischen Säften, aber auch Rezepte wie Wagyu-Steak mit Roter Beete. Verarbeitet werden nahezu ausschließlich frische, lokale Zutaten aus biologischem Anbau.

Bangkok | 27 South Sathorn Road | BTS: Surasak | Tel. 026253366 | www.comohotels.com/metropolitanbangkok/dining/glow | 6–21 Uhr | €€€

Soul Food Mahanakorn   C3

In dem kleinen gemütlichen Restaurant in Bangkoks trendigem Stadtteil Thong Lo gibt es leckere Thai-Küche aus lokalen Biozutaten – vom Fair-Trade-Reis bis zu den Kräutern und Früchten für die Cocktails. Beliebt bei Einheimischen wie auch bei Expats.

Bangkok | Sukhumvit Road, Soi 55 | BTS: Thonglor | Tel. 0859042691 | www.soulfoodmahanakorn.com | 18.30–1 Uhr | €€

EINKAUFEN

Urban Tree Organics   C3

Von Kaffir-Limetten-Shampoo über kalt gepresstes Kokosöl extra vergine und verschiedene Tees bis zu Naturseifen – in dem kleinen, liebevoll eingerichteten Bangkoker Laden gibt es Kosmetik, aber auch Tee und Reis – alles ist lokal, bio, fair trade und zudem auch noch hübsch verpackt.

Bangkok | 934 Samsen Road, Soi 24 | Expressboot: Khiao Khai Ka | Tel. 02243 2989 | www.urbantreeorganics.com | Mo–Sa 10–20 Uhr

AKTIVITÄTEN

Die Trash Heroes von Ko Lipe   B9

Die Insel Ko Lipe an der Grenze zu Malaysia ist die einzige der 51 Eilande im Tarutao National Park, die touristisch entwickelt werden darf. Heute platzt sie zur Hauptsaison aus allen Nähten. Mit dem zunehmenden Tourismus wachsen aber auch die Umweltprobleme.

Die Initiative »Trash Hero Thailand«, 2013 gegründet von einem Schweizer und einem Einheimischen, setzt sich für Müllbeseitigung, -vermeidung, und -entsorgung auf Ko Lipe und den Nachbarinseln ein und arbeitet dabei mit Inselbewohnern, lokalen Unternehmen, Schulen und Besuchern zusammen. Montags kann man bei Müllsammelaktionen auf den umliegenden Inseln mithelfen. Zudem lässt sich eine nachfüllbare Wasserflasche erwerben, die an verschiedenen Stationen auf der Insel kostenlos aufgefüllt werden kann.

Ko Lipe | Tel. 0873962465 | www.trash hero.org

Elephant Hills   A7

Der Khao Sok National Park ist das größte Regenwaldgebiet Südthailands, mit steil aufragenden Kalksteingebirgen und einer extrem vielfältigen Tier- und Pflanzenwelt. Hier leben u. a. noch wilde Elefanten, sie zu Gesicht zu bekommen, ist aber äußerst selten. Wer die Dickhäuter dennoch einmal aus nächster Nähe erleben will, hat bei Elephant Hills die Gelegenheit dazu. Das Elefantencamp setzt auf Nachhaltigkeit, daher sind Vorführungen und das Reiten auf dem Rücken der Tiere aus Artenschutzgründen tabu, doch beim Waschen und Füttern kann man den Mahuts helfen und mit den Tieren interagieren. Übernachtet wird im luxuriösen Zeltcamp im Dschungel oder auf dem See, bevor man den Regenwald auf geführten Trekking- oder Bootstouren weiter erkundet.

Khao Sok National Park | Tambon Klong Sok | 170 Moo 7 | Tel. 076 38 17 03 | www.elephant-hills.com

Meeresnaturschutz im Golf von Thailand ☙ B 6

Wer sich für den Schutz der fragilen und bedrohten Unterwasserwelt interessiert und Taucher ist, kann auf Ko Tao spezielle Kurse in Meeresnaturschutz und Rifferhaltung besuchen. Das Reef Conservation Program der New Heaven Dive School bietet ein- und mehrtägige bis mehrwöchige Kurse sowie spezielle Tauchzertifikate an. Auf Ko Phangan setzt sich dagegen die Organisation Core Sea (Center for Oceanic Research and Education) für den Schutz und die Erhaltung von Korallenriffen ein. Neben Praktika und Volunteering kann man dort auch spezielle Tauchkurse absolvieren (Tropical Research/Conservation Diver).

– Ko Tao | Tel. 077 45 70 45 | www.newheavendiveschool.com
– Ko Phangan | Tel. 08 72 73 96 63 | www.coresea.com

Zu Gast bei Einheimischen ☙ A 7

An der nördlichen Andamanenküste bietet Andaman Discoveries Homestays, Touren und Freiwilligenprojekte an, bei denen man auf authentische und nachhaltige Weise Einblicke in die Natur der Region, aber auch in Kultur, Traditionen und Alltag der einheimischen Bevölkerung erhält. So kann man in dem Fischerdorf Ban Talae Nok bei Einheimischen wohnen, Handwerk wie Batik erlernen, mit Schulkindern Englisch üben, kochen oder mit einem einheimischen Guide die Strände und Mangroven der Umgebung erkunden.

Kuraburi | Tel. 08 79 177 165 | www.andamandiscoveries.com

Im Bangkok Tree House (▶ S. 31) logiert man in stilvollen dreistöckigen Wohneinheiten aus Naturmaterialien. Das Areal auf einer Insel im Chao Praya ist nur mit dem Boot erreichbar.

Im Fokus
Thailands Elefanten

Elefanten sind ein Teil der exotischen Faszination des Landes. In der thailändischen Kultur spielen sie als göttliche Wesen und Symbol der Monarchie seit jeher eine wichtige Rolle – und doch sind sie stark bedroht.

Einst lebten sie zahlreich in den Wäldern, die den Großteil des Landes bedeckten. Verehrt und aufgrund ihrer Kraft geschätzt, wurden Elefanten in Thailand seit Jahrhunderten domestiziert. Ein altes Steinrelief in Angkor Wat in Kambodscha zeigt Thai-Krieger mit ihren Kriegselefanten, Bildnisse von Elefanten finden sich auch in weiteren mittelalterlichen thailändischen Tempeln, sie waren das Wappentier des Königreichs Siam. Weiße Exemplare gelten noch heute als heilig und als Königssymbol. Selbst die Form des Landes ähnelt einem Elefantenkopf.
Eine lange Geschichte und Tradition verbindet die Thais also mit diesen Tieren. Man nutzte sie für den Transport und die Landwirtschaft, für religiöse und zeremonielle Zwecke, Herrscher zogen mit Elefantenkorps in den Krieg. Später setzte man sie zahlreich als Arbeitshelfer in der Holzindustrie ein – bis die thailändische Regierung 1989 den kommerziellen Holzabbau verbot. Mit einem Schlag wurden die abgerichteten Elefanten »arbeitslos«, viele fristen nun als Touristenattraktion ein trauriges Dasein.

◄ Wilde Elefanten sind in Thailand inzwischen eher zur Seltenheit geworden.

Die asiatische Spezies hat im Vergleich zu den afrikanischen Vettern deutlich kleinere Ohren und ist allgemein etwas kleiner, erreicht aber immer noch eine beachtliche Schulterhöhe von 2 bis 3,50 m und ein Gewicht von bis zu 5 t. Kühe und Jungtiere leben in kleinen Herden, während die Bullen meist Einzelgänger sind. Pro Tag fressen Elefanten mindestens 150 kg pflanzliche Nahrung. Sie können ca. 60 Jahre alt werden.

In Thailand gibt es sie noch, die wilden Elefanten. Wer Glück hat, kann beim Trekking in einem der Nationalparks auf sie stoßen. Doch wie lange noch, ist die Frage, denn der asiatische Elefant steht auf der Roten Liste der gefährdeter Tierarten und gilt als besonders schutzwürdig.

WILDE ELEFANTEN: VOM AUSSTERBEN BEDROHT

Früher lebten Tausende von wilden Elefanten in den Wäldern Thailands, Ende des 19. Jh. sollen es 100 000 gewesen sein, 1950 noch rund 50 000. Ihre Zahl ist seither dramatisch zurückgegangen. Laut World Wide Fund for Nature (WWF) leben in Thailand noch etwa 1300 bis 2000 wilde Exemplare, vor allem im Gebirge entlang der Grenze zu Myanmar, doch genaue Zahlen gibt es nicht. Schätzungen zufolge könnten sie in wenigen Jahrzehnten ausgestorben sein. Die verbleibenden Populationen finden sich isoliert voneinander in stark fragmentierten Gebieten, was Forscher aus genetischer Sicht als bedenklich einschätzen. Die meisten wilden Elefanten in Thailand leben heute im Khao Yai National Park und in den Thung-Yai- und Huai-Kha-Schutzgebieten an der Grenze zu Myanmar im Westen. In Südthailand gibt es noch eine relativ große Population im Kaeng Krachan National Park in der Nähe von Phetchaburi. Auch im Khao Sok National Park bei Khao Lak sollen bis zu 100 wilde Elefanten leben.

Der Rückgang der Elefantenpopulation ging einher mit einem starken Bevölkerungswachstum und der Einschränkung ihres natürlichen Lebensraums, da immer mehr Gebiete gerodet und für die landschaftliche Nutzung erschlossen wurden. Dadurch kommt es auch immer häufiger zu gewalttätigen Begegnungen zwischen den Dickhäutern und Bauern, die ihre Felder und Dörfer vor hungrigen Individuen schützen wollen – ein Konflikt, den die Elefanten auf lange Sicht vermutlich verlieren werden. Wilderei spielte ebenfalls eine Rolle beim Rückgang der Herden, doch der Markt ist seit dem weltweiten Verbot des Elfenbeinhandels weitgehend zusammengebrochen. Trotzdem besteht immer noch eine gewisse Nachfrage, insbesondere nach Stoßzähnen, die bei den asiatischen Elefanten allerdings nur ein Teil der Bullen hat. Werden durch Wilderei aber nur männliche Tiere getötet, gefährdet dies wiederum die Fortpflanzung.

ARTERHALTUNG UND SCHUTZ

Wilde Elefanten sind in Thailand durch staatliche Gesetze und das Washingtoner Artenschutzabkommen (CITES) geschützt. Die Regierung verbot im Jahr 1989 die kommerzielle Abholzung in den verbleibenden ursprünglichen Wäldern. In den letzten Jahrzehnten wurden Nationalparks und Schutzgebiete eingerichtet wie die Thung Yai und Huai Kha Khaeng Wildlife Sanctuaries im westlichen Hochland an der burmesischen Grenze. Zudem setzen sich heute mehrere Organisationen für den Erhalt ein, beispielsweise das National Elephant Institute sowie NGOs und Stiftungen wie WWF, EleAid, die Save Elephants Foundation oder das Elephant Conservation Network. Die Maßnahmen umfassen Schutzgebiete, Forschungsprojekte, Eindämmung von Wilderei, Aufzucht der Tiere und Zentren für domestizierte Elefanten, die Rettung und medizinische Versorgung von verletzten Individuen, Bildung und Bewusstseinsschaffung und Konfliktlösungsstrategien zwischen Mensch und Elefant. Außerdem gibt es mehrere Einrichtungen wie den Elephant Nature Park bei Chiang Mai, der als Rettungs- und Schutzzentrum für Elefanten aus ganz Thailand fungiert, aber auch von Touristen besucht werden kann.

GEZÄHMTE ELEFANTEN

Elefanten als Nutz- und Arbeitstiere zu halten, hat in Thailand eine sehr lange Tradition. Schätzungen zufolge gibt es in ganz Thailand heute noch ca. 3000 bis 4000 domestizierte Dickhäuter, ihre Zahl war früher jedoch um ein Vielfaches höher. Ende des 19. Jh. sollen es sogar mehr als 100 000 gewesen sein, 1955 waren es immer noch mehr als 13 000. Sie wurden vor allem aufgrund ihrer Muskelkraft geschätzt und für Transportzwecke, aber auch zur Kriegsführung und später in der Forstindustrie für den Abtransport von Tropenhölzern aus dem Dschungel eingesetzt.
Die traditionellen Führer und Besitzer eines Arbeitselefanten heißen Mahut (auch Mahout geschrieben). Sie sind für die Pflege, Ernährung und Ausbildung des Elefanten verantwortlich und über Jahrzehnte mit ihrem Tier verbunden. Oft wachsen Mahut und Elefant gemeinsam auf und absolvieren eine spezielle Ausbildung. Der Mahut reitet auf dem Nacken des Rüsseltiers und dirigiert es mit seinen Beinen, mit Kommandos und einem speziellen Elefantenstab.

Das Verbot der kommerziellen Abholzung der Wälder durch die thailändische Regierung war natürlich positiv für den Naturschutz, stürzte aber viele der Elefantenhalter und Elefantenführer, vor allem aus ärmeren Dörfern, in die Krise. Garantierte ein Elefant vorher ein bescheidenes Einkommen, wurde er in arbeitslosem Zustand zur großen Belastung, da seine Haltung ein Vermögen verschlingt. Viele der Tiere wurden daraufhin Straßenelefanten oder landeten in Shows und Varietees.

ELEFANTEN ALS TOURISTENATTRAKTION

In den Urlauberzentren Thailands findet man heute zahlreiche Elefantenshows und Elefantencamps vor. Die Dickhäuter werden gebadet und gefüttert, sie malen, tanzen und vollführen vor staunenden Touristen zahlreiche Kunststückchen. Auch in den Städten werden Straßenelefanten von ihren Besitzern dazu gezwungen, mit westlichen Besuchern Geld zu verdienen, indem sie Tricks vorführen oder sich von ihnen füttern lassen. Die Haltung der Elefanten in den meisten Camps und als Straßenelefanten ist jedoch in der Regel nicht artgerecht, in der Folge geht es vielen Tieren gesundheitlich nicht besonders gut.

Sehr beliebt bei Touristen sind auch Ausritte auf dem Rücken der Elefanten durch den Dschungel. Sie werden auch als Elefantentrekking oder Elefantensafari bezeichnet und sind ein fester Bestandteil vieler Ausflüge und Touren in Thailand. Dazu sollte man wissen, dass die Elefanten auch in angeblichen »Eco Camps« häufig nicht artgerecht gehalten werden. Aus Artenschutzgründen ist daher auch umstritten, ob Elefanten überhaupt arbeiten und z. B. den ganzen Tag und oft ohne Schatten Touristen auf ihrem Rücken durch die Gegend tragen sollten. Wir empfehlen daher, Elefantenshows und Ausritte zu meiden oder sich im Vorfeld zu informieren, welche Anbieter und Camps Wert auf Nachhaltigkeit und den Schutz der Tiere legen. So gibt es Camps wie den Elephant Nature Park bei Chiang Mai oder Elephant Hills in Südthailand, in denen Besucher mithelfen dürfen, die Elefanten zu pflegen, z. B. zu baden und zu füttern, jedoch ohne Shows oder Reiten auf dem Rücken der Tiere.

Im Zuge der Tourismusindustrie wird es in Thailand auch weiterhin domestizierte Elefanten geben. Richtig praktiziert, kann sich der Tourismus jedoch positiv für die Dickhäuter auswirken und nachhaltig dazu beitragen, sie zu erhalten. Daher ist es wichtig, das Bewusstsein von Besuchern für die Situation dieser Spezies zu schärfen, alternative, nachhaltige Anreize für Mahuts zu schaffen, aber auch neue Gesetze zum Schutz domestizierter Elefanten zu etablieren.

EINKAUFEN

Thailand ist ein wahres Shoppingparadies – nicht nur für Kunsthandwerk und Souvenirs. Auch Kleidung und Elektronik, westliche Markenware und Luxusartikel sind beliebt, und vor allem Bangkok glänzt mit hochmodernen, schicken Einkaufspalästen.

Bangkok bietet von riesigen Shopping-Malls über Boutiquen und Märkte bis zu den zahllosen Straßenständen eine beeindruckende Vielfalt. Aber auch in anderen größeren Zentren findet man von internationalen Marken bis zu lokalen Erzeugnissen alles. Dabei sind Luxusartikel und internationale Markenware oft vergleichsweise preiswert.

KLEIDUNG, DEKORATIVES UND KUNSTHANDWERK

Viele Urlauber besuchen günstige Schneidereien, um sich vor Ort Kleidung nach Maß anfertigen zu lassen. Auch Brillen, Markenmedikamente und medizinische Behandlungen sind meist günstiger zu haben als hierzulande und werden immer beliebter. Beliebte Mitbringsel sind **Kleidung** aus Baumwolle oder Seide sowie Tücher und Sarongs. Thai-Baumwolle hat in den letzten Jahren wegen ihrer feinen Textur viel Anerkennung

◄ Die »Walking streets« (► S. 41) sind häufig
eine gute Adresse für traditionelle Textilien.

gefunden, Thai-Seide gilt ohnehin vielen als beste der Welt. Gerne werden auch Korbwaren, Möbel, Skulpturen und andere Dekogegenstände, aber auch Schmuck und Edelsteine erworben. Wer sich für traditionelles **Kunsthandwerk** interessiert, findet ein breites Sortiment an Holzschnitzereien, Lackarbeiten, Keramik, Schmuck und handgewebten Textilien. Überall werden Sie zudem auf **Buddha-Figuren** in den verschiedensten Größen und Formen stoßen, doch Vorsicht: Die Ausfuhr von Buddha-Statuen ist für Nichtbuddhisten untersagt, für Antiquitäten benötigen Sie ohnehin eine Sondergenehmigung.

Manchmal stößt man auf den Verweis »OTOP« (one tambon one product). Dabei handelt es sich um eine staatlich geförderte Initiative, bei der die Qualität und Vermarktung eines speziellen Produkts einer Dorfgemeinschaft (Tambon) gefördert wird. Das Programm umfasst inzwischen Kunsthandwerk, Kleidung, Stoffe, Lebensmittel, Möbel oder andere Gebrauchsgegenstände. Durch den Kauf dieser Erzeugnisse kann man zur Unterstützung lokaler Unternehmer und Handwerker beitragen.

MÄRKTE: EINKAUFEN ALS ERLEBNIS

Unbedingt zu empfehlen ist ein Besuch der zahlreichen **Straßen-** und **Nachtmärkte**, bei denen es eine Fülle an lokalen Waren gibt. Hier findet man Kleidung und Accessoires, Vintage- und Retro-Artikel, Elektronik, Kunsthandwerk und Souvenirs, aber auch Essen und Unterhaltung wie Vorführungen oder Livemusik. Bei Kleidung und Accessoires handelt es sich oft um gefälschte Markenware zu deutlich schlechterer Qualität, außerdem sind die Konfektionsgrößen eher klein. Zusätzlich zu den gemischten Straßen- und Nachtmärkten gibt es spezielle Blumen- oder Lebensmittelmärkte, schwimmende Märkte und Souvenir- bzw. Touristenmärkte.

Auf Märkten, bei Straßenhändlern und überall dort, wo keine Festpreise angezeigt sind, sollten Sie den Preis herunterhandeln. Ein guter Ausgangspunkt zum Feilschen ist etwa die Hälfte des zuerst genannten Preises, danach nähert man sich schrittweise an. Erwerben Sie keinesfalls Produkte, die aus dem Material geschützter Tiere hergestellt wurden, und behandeln Sie Antiquitäten mit Skepsis, sie sind oft gefälscht. Vorsicht ist auch bei Plagiaten internationaler Markenware geboten, diese kann ebenfalls vom Zoll beschlagnahmt werden. Über Versteuerung und Zollbestimmungen informieren die jeweiligen Botschaften im Internet.

BESONDERE EMPFEHLUNGEN

EINKAUFSZENTREN

Fisherman's Village ▶ S. 83, b 1

In den hübsch renovierten alten Häusern dieses historischen Straßenzugs im ehemaligen Fischerdorf Bophut gibt es kleine, feine Boutiquen, die beispielsweise Kleider und Accessoires von einheimischen Jungdesignern führen, Restaurants und Bars. Das bezaubernde Flair lädt zu einem Shoppingbummel ein. Anschließend kehrt man in die vielen kleinen Lokale oder Bars mit Blick aufs Wasser ein – der Strand ist nämlich gleich dahinter. Jeden Freitag Abend ist Walking Street (▶ S. 41).

Ko Samui | Bophut | Fisherman's Village

Siam Square, Shopping-Malls
▶ Klappe hinten, östl. f 4

Wer moderne Shopping-Malls mit internationaler Markenware bevorzugt, findet in Bangkoks futuristischem Viertel Siam entlang der Rama I Road gleich mehrere Shoppingtempel in unmittelbarer Nachbarschaft wie Siam Paragon, Siam Discovery Center, Siam Center und das Riesenkaufhaus CentralWorld mit beinahe 500 Shops. Hier gibt es alles von Kleidung und Schuhen über Elektronik, Schmuck, Sportartikel und Kosmetik bis zu Restaurants und Kinos. Rund um den Siam Square haben sich neben teuren Designerboutiquen auch kleine Marktstände, Vintage-Läden und Nachwuchsdesigner angesiedelt.

Bangkok | BTS: Siam

KULINARISCHES/NATURPRODUKTE

Lamphu Thai Botanicals ▶ S. 83, c 2

Der hübsche »health shop« in Lamai führt thailändische Produkte wie Naturkosmetik, Gewürze, Nahrungsmittel, Tee und Kaffee und interessante Mitbringsel wie kalt gepresstes Kokosöl extra vergine. Die meisten Artikel sind aus biologischem Anbau. Zum Shop gehört auch ein kleines Café mit Säften, Tees, Kuchen und Snacks.

Ko Samui | Lamai Beach | 130/1 Moo 4 (Main Road) | Tel. 077 23 10 79 | 10–20 Uhr

KUNSTHANDWERK

Hammock Lovers 🏷 B 6

An verschiedenen Orten auf Ko Phangan werden handgefertigte Hängematten aus bunten Stoffbahnen angeboten. Bei Hammock Lovers findet man stattdessen schön gewebte Hängematten aus Naturmaterialien, die von dem Bergvolk der Mlabri in Nordthailand auf Fair-Trade-Basis hergestellt werden. Die Matten sind leicht und farbenfroh, und es gibt sie in verschiedenen Ausführungen, von der Jumbo- bis zur Sitzhängematte – ein ausgefallenes Souvenir.

Ko Phangan | 85 Moo 1 (an der Hauptstraße nach Hat Rin) | 10–18 Uhr

MÄRKTE

Chatuchak Market
▶ Klappe hinten, nördl. f 1

Dieser Markt im Norden Bangkoks gilt als einer der größten der Welt. Jedes Wochenende kann man sich hier unter die Einheimischen mischen und auf dem riesigen Areal im Norden der Metropole zu ortsüblichen Preisen Kleidung, Accessoires, Elektronik, Möbel, Deko, Kunsthandwerk, Vintage-Waren und alles mögliche erstehen. Bei Ermüdungserscheinungen isst und trinkt man sich durch die zahlreichen Stände, Restaurants und Bars, sieht den jungen Thais beim Flanieren zu oder lässt sich an einem der Massagestände aufpeppen.

Nach dem Kaufrausch kann man praktischerweise seine Einkäufe per DHL oder Spedition nach Hause schicken.
Bangkok | BTS: Mo Chit, MRT: Kamphaeng Phet | www.chatuchak.org | Mi–So 6–18 Uhr (aber nur am Wochenende gibt es das gesamte Sortiment)

Walking Streets   A 8 und B 6
In vielen thailändischen Städten finden am Wochenende sogenannte Walking Streets statt, bei denen sich eine Straße abends in eine Fußgängerzone mit Straßenmarkt verwandelt. Neben Ständen mit Kleidung, Accessoires oder Kunsthandwerk gibt es auch jede Menge Essen, Vorführungen und Livemusik.
– Phuket Old Town | Lardyai | Thalang Road | So 16–22 Uhr
– Ko Samui | Mae Nam (Do Abend), Nathon (Sa Abend), Lamai (So Abend)

MUSIK
ZudRangMa Records
▶ Klappe hinten, südöstl. f 4

Der Plattenladen von DJ und Musiker Maft Sai vermittelt einen interessanten Einblick in die musikalische Subkultur und macht auf Genres aufmerksam, die bei uns weitestgehend unbekannt sind: Asiatische und afrikanische Einflüsse treffen auf Retro-Klänge der 1960er- und 1970er-Jahre, traditionelle Thai-Elemente auf Soul, Funk oder Dance. Hier kann man allerlei Schätze heben, das Label organisiert auch regelmäßig Events wie die »Isan Dancehall«-Party.
Bangkok | Sukhumvit Road, Soi 51 | BTS: Thonglor | www.zudrangmarecords. com | Di–So 14–21 Uhr

Weitere Geschäfte und Märkte finden Sie im Kapitel THAILANDS SÜDEN ERKUNDEN.

Interesse an Sixties-Pop aus Thailand samt fachkundiger Beratung? ZudRangMa Records (▶ S. 41) hat sich auf landestypisches Vinyl aus den Jahren 1950 bis 1980 spezialisiert.

SPORT UND STRÄNDE

Die vielen tropischen Inseln, Korallenriffe und Meeres-nationalparks sind ein Paradies für Taucher, Schnorchler und Wassersportler. Daneben gibt es eine Unzahl an Aktivitäten – von Dschungel-Trekking über Yoga bis hin zu Kochkursen.

In Thailand können Sie nicht nur ausgiebig und faul in der Sonne am Strand liegen, im Gegenteil: Es gibt sehr viele Möglichkeiten, in traumhafter Kulisse einen aktiven Urlaub zu verbringen, sich sportlich zu betätigen oder etwas Neues zu lernen.

EIN TROPISCHES TAUCH- UND SCHNORCHELPARADIES

An den Küsten und auf den Inseln Südthailands locken alle Arten von Wassersport. Sie wollten schon immer einmal beim **Schnorcheln** tropische Fische und Korallenriffe sehen? Oder endlich **Tauchen** lernen? Dann sind Sie auf Ko Tao richtig, doch der Süden Thailands beheimatet mit den Similan- und Surin-Inseln und weiteren Marine National Parks weitere erstklassige Tauch- und Schnorchelgebiete, die zu den besten der Welt zählen. Auch Kitesurfen, Wasserski, Wakeboarding oder Segeln sind möglich.

◀ Kajakausflug vor der imposanten Kulisse
der Ton Sai Bay (▶ S. 126) auf Ko Phi Phi Don.

Die Mangrovenwälder, Karstformationen und Höhlen in der Pha-Nga-Bucht bei Krabi erkundet man am besten von Kanu oder Kajak aus. Die steil aufragenden Karstfelsen bei Krabi und Raileh sind zudem erstklassige **Klettergebiete**. Das Hinterland mit Dschungel und Bergen bietet sich für **Wander-** und **Trekkingtouren** an. Zahlreiche Nationalparks und Schutzgebiete ermöglichen eindrucksvolle Erlebnisse in unberührter Natur und Wildnis, von einer leichten Wanderung zu einem Wasserfall oder Aussichtspunkt über das Beobachten von Vögeln und wilden Tieren bis zur mehrtägigen Campingtour. Bei jedweder sportlichen Betätigung sollte man allerdings stets das tropische Klima im Auge behalten und auf ausreichend Wasser und einen guten Sonnenschutz achten.

Auch wer sich für **Yoga** und **Meditation** interessiert, wird im Süden von Thailand fündig – vom Anfängerkurs bis zum längeren Retreat. Auch **Thai-Boxen** (Muay Thai) kann man lernen. Neben dem Aktivurlaub werden darüber hinaus Sprach- und Kochkurse sowie Unterricht in Thai-Massage oder traditionellen Handwerkstechniken angeboten.

KAJAK

Von Phuket, Krabi oder den Inseln in der Pha-Nga-Bucht aus kann man mit dem Kajak oder Kanu besonders schön die Mangrovenwälder und die bizarren Formationen der Karstfelsen mit ihren Lagunen und Höhlen erkunden. Auch auf vielen anderen Inseln gibt es geführte Paddeltouren. Häufig lassen sich Kajaks auch an Stränden und bei Resorts für ca. 150 Baht/Std. ausleihen.

Blue Stars Kayaking ⚑ B 6

Im Angebot sind Bootstouren zu den Inseln im Ang Thong Marine National Park ab Ko Samui und Ko Phangan; dort Erkundungen mit dem Seekajak.
Ko Samui | Chaweng Beach | 83/23 Moo 2, Chaweng Lake Road | Tel. 07730 0615 | www.bluestars.info

John Gray's Sea Canoe ⚑ A 8

Attraktive Kajakausflüge in die Pha-Nga-Bucht von Phuket aus, besonders stimmungsvoll ist z. B. die Abendtour »Hong by Starlight«. Auch mehrtägige Expeditionen mit Übernachtung.
Phuket | Taladyai | 86 Soi 2/3, Yaowarat Road | Tel. 0762545056 | www.john gray-seacanoe.com

KITESURFING, KITEBOARDING UND WAKEBOARDING

Kiteboarding Asia (KBA)

Diese Agentur offeriert Kiteboarding-Kurse inklusive Verleih an verschiedenen Locations: Ko Phangan, Ko Samui, Krabi, Hua Hin, Pattaya, Phuket.
Prachuap Khiri Khan (HQ) | 143/8 Soi 75/1 | Tel. 815914593 | www.kbaphan gan.com

KLETTERN

In den hoch emporragenden Felswänden von Raileh (Railay) und Ao Tonsai gibt es Hunderte von Kletterrouten unterschiedlicher Schwierigkeitsgrade. Mit fantastischen Steilwänden, zerklüfteten Felsen und wunderbaren Ausblicken aufs Meer bietet Raileh eine Traumkulisse für Anfänger und fortgeschrittene Kletterer. Von manchen überhängenden Punkten aus kann man sich sogar ins tiefe Wasser fallen lassen (»Deep Water Soloing«)! Mehrere Kletterschulen haben geführte Touren und Kurse (inkl. Ausrüstung) im Programm.

Base Camp Climbing ⚑ A 8

Diese große Kletterschule unter deutscher Leitung besteht seit 1996, und die dort beschäftigten Guides wurden nach den Standards des Deutschen Alpenvereins (DAV) ausgebildet.
Ao Tonsai (neben Tonsai Bay Resort) | Tel. 08 11 49 97 45 | www.basecamp tonsai.com

King Climbers ⚑ A 8

Bekannte Kletterschule mit langjähriger Erfahrung in Raileh mit ein- bis dreitägigen Kletterkursen und geführten Touren sowie Deep Water Solo.
Raileh East | 194/5 Moo 5 | Tel. 0 75 66 20 96 | www.railay.com

KOCHKURSE

Thailändische Kochkurse kann man an vielen Orten besuchen. Meist geht es als Erstes gemeinsam auf den Markt, wo die Zutaten gekauft und ausführlich erklärt werden. Anschließend kocht man in kleinen Gruppen unter Anleitung mehrere Thai-Gerichte, die dann zu guter Letzt genüsslich verspeist werden.

My Wok and Me ⚑ B 6

Professionelle Kochschule auf Ko Phangan. Mit dem Fahrrad stattet man im Team dem Markt in Thong Sala einen Besuch ab, anschließend wird in der Schule gekocht und gegessen.
Ko Phangan | Thong Sala | Tel. 0 77 37 78 46

Phuket Thai Cookery ⚑ A 8

Große Kochschule direkt am Strand mit sieben unterschiedlichen Kursen, Hier kann man auch die ausgefeilte Technik des Obstschnitzens erlernen.
Phuket | Rassada | 39/4 Thepatan Road | Tel. 076 25 23 55 | www.phuket thaicookery.com

Samui Institute of Thai Culinary Arts (SITCA) ⚑ B 6

Kochlehrgänge in Chaweng, wo man auch die Currypaste selbst zubereitet. Halbtageskurse kosten 2250 Baht.
Ko Samui | Chaweng Beach | 46/6 Moo 3 | Tel. 0 77 41 31 72 | www.sitca.net

MUAY THAI

Im Süden Thailands bieten mehrere Boxschulen Kurse und Trainingssessions in Muay Thai (Thaiboxen) an und organisieren Kämpfe. Die bekannteste Technik ist dabei der Kick mit dem blanken Schienbein.

Lanta Gym ⚑ B 8

In der internationalen Thai-Boxing-Schule Lanta Gym stehen Kurse für Anfänger und Fortgeschrittene auf dem Programm. Im Thai Boxing Stadium in Long Beach finden jeweils am Sonntag regelmäßig Wettkämpfe statt.
Ko Lanta | T. Saladan | 245 Moo 2 | www.lantagym.com

Suwit Muay Thai  A 8

Trainingssessions, Kurse und mehrwöchige Trainingscamps auf Phuket.

Phuket | T. Chalong | 15 Moo 1, Choa Fa Road | Tel. 076 37 43 13 | www.best muaythai.com

SEGELN

Sowohl der Golf von Thailand als auch die Andamanensee eignen sich bestens zum Segeln. Folglich gibt es zahlreiche Anbieter für Jachtcharter, Segelkurse, Segelausflüge sowie mehrtägige Segelkreuzfahrten und Live-Aboards, ganz besonders in Phuket. Hinzu kommen Spezialveranstalter für Segelreisen.

Island Cruises B 6

Jachtcharter ab Phuket, Ko Samui und Ko Tao, Segelkurse ab Ko Tao, dazu Segelausflüge und mehrtägige Live-Aboards im westlichen Golf von Thailand und in der Inselwelt um Phuket.

Ko Tao | Mae Hat | 6/10 Moo 2 | Tel. 077 45 70 02 | www.island-cruises.org

Lazy Tours B 7

Hier kann man fünftägige Segelkreuzfahrten durch Nationalparks der Andamanensee bzw. die Pha-Nga-Bucht ab Phuket oder Krabi buchen – auf einer traditionellen, 25 m langen Dschunke.

Krabi | Moo 4, Longprasong | Tel. 08 18 92 19 67 | www.lazytours.com

Samui Ocean Sports B 6

Die Agentur organisiert Jachtcharter und Segel-Cruises, besonders schön z. B. zum Sonnenuntergang.

Ko Samui | Bophut Beach | 123/117 Moo 1 | Tel. 08 19 40 19 99 | www.sailing-in-samui.com

Hoch hinaus: Die zerklüfteten Steilwände von Hat Phra Nang (▶ S. 124) dürften auch bei erfahrenen Kletterern noch für einen Adrenalinkick sorgen, Kletterschulen stellen die Ausrüstung.

Die Korallenriffe im Golf von Thailand entführen in eine märchenhafte marine Welt (▶ S. 46) – hier ein Taucher inmitten eines Schwarms Indopazifischer Großaugenbarsche.

Sun Sail ▶ A 8

Fünftägige Segelkurse für Anfänger und Fortgeschrittene sowie Jachtcharter.

Phuket | Ao Po Grand Marina | 113/1 Moo 6 | Tel. 08 98 71 16 70 | www.sunsail.de

TAUCHEN UND SCHNORCHELN

Zwei Küsten, zwei Ozeane und zahlreiche Inseln, dazu angenehme Wassertemperaturen um 27 °C, eine gute Sicht über 10 m und viele intakte Korallenriffe: Der Süden Thailands ist ein Schnorchel- und Tauchparadies. Mindestens einmal sollte man seinen Kopf unter das Wasser stecken und in diese faszinierende, fremde Welt voller bunter tropischer Meeresbewohner eintauchen. Wer Glück hat, kann dabei sogar einzigartige Begegnungen mit Meerestieren wie Schildkröten, Walhaien oder Rochen erleben. Durch den Tsunami 2004,

Umweltschäden und Korallenbleiche sind leider auch hier Korallenriffe beschädigt worden. Zu den besten Revieren zählen in der Andamanensee die Similan- und Surin-Inseln, Ko Phi Phi und der Tarutao-Meeresnationalpark bei Ko Lipe, im Golf von Thailand die Gebiete um Ko Tao und Ko Phangan. Thailand ist dank der günstigen Preise, einer großen Anzahl Anbieter und einer fantastischen Unterwasserwelt mit mehreren Meeresnationalparks einer der besten Orte der Welt, um das Tauchen zu lernen. Anlaufstelle Nr. 1 ist Ko Tao im Golf von Thailand. Nirgendwo sonst kann man so unkompliziert und günstig Tauchzertifikate erwerben. Doch auch auf anderen Inseln kann man diese Disziplin ausüben – oft ist es dort auch weniger überfüllt. Grundsätzlich konkurrieren im Süden Thailands eine große Anzahl Tauchschulen um die Gäste, Angebot und Preise ähneln sich sehr. Die meisten sind einer international anerkannten Tauchorganisation wie PADI angeschlossen. Zahlreiche Schulen haben deutschsprachige Kurse im Programm oder stehen sogar unter deutscher Leitung. Einige Veranstalter unterhalten eigene Unterkünfte für Kunden, die zum Teil im Kurspreis inbegriffen sind, manche Resorts haben eine eigene Tauchschule im Haus. Die meisten Agenturen bieten auch Schnuppertauchgänge an. Ein Anfängerkurs kostet etwa 10 000 bis 14 000 Baht, zwei Tauchgänge belaufen sich auf 2000 Baht. Bei der Wahl eines geeigneten Anbieters sollte man u. a. auf die Kursgröße, die Kursstruktur, Zertifikate, Versicherungen, die Notfallausrüstung und etwaige Zusatzgebühren achten. Neben einzelnen Tauchgängen oder Tagestouren kann man auch mehrtägige »Live-Aboards« buchen, bei denen man an Bord des Schiffes übernachtet. Spezialveranstalter bieten auch Tauchreisen an. Eine Alternative zum Tauchen ist das Schnorcheln: Viele Riffe liegen in Küstennähe vor fast allen Touristeninseln, oft kann man sogar schon vom Strand aus losschnorcheln. Ausrüstung wird in vielen Hotels kostenlos zur Verfügung gestellt oder kann dort günstig geliehen werden. Zudem werden fast überall Bootsausflüge für Schnorchler organisiert, die die besten Plätze ansteuern.

Adang Seadivers B 9

Die PADI-5-Star-Tauchschule mit eigener Lodge gibt sich umweltfreundlich.
Ko Lipe | T. Paknam A. La-ngu | 1076 Moo 2 | Tel. 09 00 70 02 33 | www.adangseadivers.com

The Adventure Club A 8

Die PADI-Tauchschule veranstaltet neben Kursen auch mehrtägige Touren, Schnorcheln mit Haien sowie Nacht- und Wracktauchen. Zudem engagiert sie sich für ein künstliches Riff und die Korallenaufzucht.
Ko Phi Phi | Tonsai | 125/19 Moo 7 | Tel. 08 18 95 13 34 | www.diving-in-thailand.net

Apnea Total B 6

Bei Apnea Total kann man in wenigen Tagen mit Hilfe von Atemübungen lernen, ohne Geräte auf Tiefen bis zu 30 m und mehr abzutauchen, nur mithilfe seiner eigenen Atemluft.
Ko Tao | Sairee | 9/5 Moo 1 | Tel. 08 19 56 57 20 | www.apneatotal.com

Ban's Diving Resort B 6

Großes, beliebtes PADI-Tauchzentrum auf Ko Tao, mit Kursen in vielen Sprachen, eigenem Resort, Pool und Spezialkursen wie Unterwasserfotografie oder dem Besuch von Wracks.
Ko Tao | Sairee | Tel. 07 74 56 46 66 | www.bansdivingresort.com

Haad Yao Divers B 6

Die PADI-5-Star-IDC-Tauchbasis bietet auch Kurse auf Deutsch, zudem Nachttauchgänge und Schnorcheltrips.
Ko Phangan | Hat Yao | 84/31 Moo 8 | Tel. 08 62 79 30 85 | www.haadyadivers.com

Lanta Fun Divers B 8

Die Tauchschule unter deutscher Leitung arrangiert PADI-Tauchkurse und Tauchgänge rund um Ko Lanta.
Ko Lanta | T. Saladan | 22/3 Moo 1 | Tel. 08 92 91 43 11 | www.lantafundivers.com

New Heaven Diving   🔖 B 6

Das Tauchzentrum im Süden von Ko Tao offeriert u. a. Kurse im Meeresnaturschutz und vergibt dazu spezielle Tauchzertifikate.

Ko Tao | Chalok Ban Kao | 48 Moo 3 | Tel. 077457045 | www.newheavendive school.com

Roctopus   🔖 B 6

Diese kleine, familiäre Tauchschule auf Ko Tao wartet mit einer großen Auswahl an Kursen (SSI) auf.

Ko Tao | Sairee | 11/2 Moo 1 | Tel. 077 456611 | www.roctopusdive.com

Samui Asia Divers   🔖 B 6

Die deutsche Tauchschule hat neben PADI-Kursen und Tauchtouren auch Live-Aboards als kombinierte Segel- und Tauchausflüge im Programm.

Ko Samui | Bophut Beach | 23/285 Moo 4, Road Bontji | Tel. 0857824792 | www.samui-asia-divers.com

Sunrise Divers   🔖 A 8

PADI-Tauchzentrum am Karon Beach, das neben Kursen eine Auswahl an Live-Aboards zu den Similan- und Surin-Inseln und in der Pha-Nga-Bucht vermittelt; für variierende Budgets und mit unterschiedlichen Bootstypen, z. B. einer chinesischen Dschunke.

Phuket | Karon Beach | 269/24 Patak Road, Karon Plaza | Tel. 0846264646 | www.sunrise-divers.com

Sea Bees   🔖 A 8

Deutsche Tauchschule mit eigener Bungalowanlage und SSI-Kursen, die auch mehrtägige Tauchsafaris zu den Similan-Inseln und Zielen in der Pha-Nga-Bucht im Programm hat.

Phuket | Chalong | 1/3 Moo 9, Viset Road | Tel. 076381765 | www.sea-bees.de

WANDERN UND TREKKING

Zum Wandern und für Trekkingtouren eignen sich vor allem die zahlreichen Nationalparks im Landesinneren mit ihren Gebirgen, Urwäldern, Höhlen, Wasserfällen und Aussichtspunkten. Die Parkverwaltung erteilt Auskünfte über Wanderwege und Guides. Von vielen Touristenzentren aus kann man auch geführte Touren in Nationalparks buchen. Interessant sind insbesondere der **Kaeng Krachan National Park** im Hinterland von Phetchaburi und der **Khao Sok National Park** bei Khao Lak mit seinen steil aufragenden Karstfelsen und der mannigfaltigen Tier- und Pflanzenwelt. Im Khao Sok National Park kann man zudem in verschiedenen Unterkünften wohnen, paddeln und auf einem Stausee übernachten.

Auch das Innere einiger Inseln ist durch Nationalparks geschützt, wie z. B. auf Ko Chang, Ko Lanta oder Ko Phangan, wo Berge, dichte Urwälder, Höhlen und Wasserfälle auch auf kürzeren Touren erkundet werden können – eine gute Abwechslung zum Strandurlaub.

Für die meisten Wanderungen benötigt man übrigens keine Wanderschuhe, leichte Turnschuhe reichen aus, es sei denn, man plant anspruchsvolle mehrtägige Touren. Die Nationalparks kosten meist 200 Baht Eintritt. In manchen kann man in einfachen Nationalparkunterkünften nächtigen, was z. B. auf einsamen Inseln interessant ist.

Übersicht aller Nationalparks und Reservierung: www.dnp.go.th/parkreserve/ nationalpark.asp?lg=2

YOGA, DETOX-RETREATS UND MEDITATION

An vielen Orten gibt es Yogaschulen mit Kursen und Sessions, auch einige Hotels bieten Yoga für ihre Gäste an. Zudem finden sich Resorts, in denen man mehrtägige Yoga-Retreats bzw. Detox-/Abnehmprogramme sowie Wellness- und Heilbehandlungen buchen kann.

Wat Prayong Gittivanaram International Meditation Center   C 3

Das internatonale Vipassana Meditationszentrum am Stadtrand von Bangkok veranstaltet Retreats auf Englisch, Deutsch und Thai.
Bangkok | Nong Chok | www.meditationthailand.com

STRÄNDE

Zwei Küsten und zahllose vorgelagerte Inseln: Im Süden Thailands kann jeder seinen »perfekten Strand« finden – ob einsam und wild, mit schattigen Bäumen oder von Felsen eingerahmt, mit Bungalows, Restaurants und Strandbars, mit vorgelagertem Riff, zum kilometerlangen Entlangspazieren oder als romantische versteckte Bucht.

Ko Chang   D 4

Vor allem am Nordende des White Sand Beach urlaubt es sich noch sehr entspannt zwischen Bungalowanlagen, Restaurants und Strandbars.

Ko Kradan   B 8

Der Oststrand dieses winzigen Eilands in der Andamanensee ist ein goldener Tropentraum vor Palmen und türkisem Wasser. Der Süden ist dank des vorgelagerten Korallenriffs ein Paradies für Schnorchler.

Ko Lanta   B 8

Lange goldgelbe Sandstrände, die nicht zu überlaufen sind und flach ins Meer abfallen, machen die Westküste attraktiv für Ruhesuchende und Familien.

Ko Lipe   B 9

An dem langen weißen Sunrise Beach kommt Südseefeeling auf. Am besten in einem der Bungalows absteigen und abends eine der Strandbars aufsuchen.

Ko Phayam   A 6

Fernab der Touristenströme finden Individualisten am Ao Yai und Ao Khao Kwai Beach noch einfache Bungalows an natürlichen Ufern.

Ko Phi Phi   A 8

Der weiße Strand in der lagunenartigen Maya Bay wird auch »The Beach« genannt – nach dem dort gedrehten Kino-Kultfilm. Sehenswert, aber auch mit Ausflüglern überlaufen.

Ko Samui   B 6

Der Maenam Beach im Norden ist für viele der schönste Strand der Insel. Trotz guter Infrastruktur geht es hier noch etwas ruhiger zu als im Süden.

Phuket   A 8

Im Sirinath National Park an der Nordwestküste überrascht die Ferieninsel mit naturbelassenen Stränden, eingerahmt von Kiefern und Mandelbäumen.

Raileh   A 8

Am Raileh Beach wie auch in Hat Phra Nang, inmitten von steil aufragenden Felswänden, feinem Puderzuckersand und bunt bemalten Booten, fühlt man sich wie in einer Thailand-Postkarte.

FESTE FEIERN

*Thais lieben Feste, und »sanuk«, Spaß, ist ein wichtiger
Teil dabei. Zu den buddhistischen Feiertagen, die sich am
Mondzyklus orientieren, gesellen sich zahlreiche staatliche,
königliche, geschichtliche und lokale Anlässe.*

In Thailand werden viele Festtage ausgiebig gefeiert, z. B. gleich drei verschiedene Neujahrsfeste: das buddhistische, chinesische und das westliche. Zu den Feierlichkeiten gehören natürlich immer Essen und Trinken
und je nach Anlass spezielle Dekorationen, Tempelprozessionen, Rituale,
Festzüge, Tänze oder ein Feuerwerk. Der Großteil der Feste und Gedenk-
tage hat seinen Ursprung im Buddhismus oder findet zu Ehren des Königs bzw. der königlichen Familie statt. Zudem gibt es westliche Feiertage
wie Silvester und Neujahr, Anlässe bestimmter Volksgruppen wie das
Chinesische Neujahr und eine Menge lokaler Feierlichkeiten.
Die buddhistischen Feiertage richten sich nach dem **Mondkalender**, weshalb die Termine schwanken und nach dem traditionellen thailändischen
Kalender in buddhistischer Zeitrechnung angegeben sind. Nationale und
geschichtliche Ehrentage fallen nach dem westlichen Kalender immer auf

◀ Tausende Laternen steigen beim Lichterfest Loy Krathong (▶ S. 53) in den Himmel.

dasselbe Datum. Banken, Behörden und Büros bleiben dann geschlossen. Wer Mitte April nach Thailand reist, wird mit großer Wahrscheinlichkeit ziemlich nass. Denn dann wird drei Tage lang ausgiebig **Songkran** begangen, das buddhistische Neujahrsfest. Einer der Bräuche ist das traditionelle Übergießen mit Wasser, das sich vor allem in Bangkok, Chiang Mai und Phuket zu ausgelassenen Wasserschlachten in den Straßen entwickelt hat. Symbolisch werden die Sünden des alten Jahres fortgewaschen. Doch auch Rituale wie das Baden von Buddha-Statuen, Tempelbesuche mit speziellen Gaben an die Mönche, Segnungen, das Zubereiten von buddhistischen Festtagsspeisen, Festumzüge und Vorführungen gehören dazu.

SCHWIMMENDE KRATHONGS ZUM LICHTERFEST

Besinnlich wird es zum buddhistischen Lichterfest **Loy Krathong** im November, dem vielleicht schönsten Fest Thailands. In der Vollmondnacht des zwölften Mondmonats werden kleine Schiffchen (»Krathongs«) aus Bananenblättern und Kerzen, Räucherstäbchen und Blumen zu Wasser gelassen. Sie sollen Sünden und Böses forttragen und die lebensspendende Göttin des Wassers ehren. Von kleinen lotusförmigen Krathongs bis zu riesigen Styroporkreationen ist alles dabei. Flüsse und Kanäle verwandeln sich in ein Lichtermeer, doch auch am Himmel spielt sich Loy Krathong ab, wenn vielerorts Laternen in den Himmel aufsteigen und ein Feuerwerk abgebrannt wird. Besonders schön ist Loy Krathong in Chiang Mai und Sukhothai. Hinzu kommen regional variierend Tempelzeremonien, Festumzüge, Schönheitsköniginnenwahlen und andere Festivitäten.

JANUAR
Songkran/Neujahr
Am 1. Januar beginnt auch in Thailand offiziell das amtliche neue Jahr mit einem staatlichen Feiertag.
1. Januar

FEBRUAR
Chinesisches Neujahr
Die vielen Einwohner chinesischer Abstammung feiern am Neumond zwischen dem 21. Januar und dem 21. Februar das neue Jahr nach chinesischer Tradition. Drei Tage dauern die Feierlichkeiten mit viel Feuerwerk, Böllern, Umzügen, Zeremonien und kulinarischen Köstlichkeiten.
Meist Mitte Februar

MÄRZ
Makha Bucha
Einer der wichtigsten buddhistischen Feiertage zu Ehren Buddhas und seiner Lehre. Er erinnert an eine wichtige Pre-

digt des Meisters vor 1250 Mönchen, bei der er nach seiner Erleuchtung die Regeln verkündete, nach denen ein Buddhist leben soll, und an die richtige Prophezeiung seines eigenen Todes. Traditionell gehen Buddhisten an diesem Tag in den Tempel, bringen den Mönchen Gabenspenden und hören ihre Predigten. Abends findet eine Kerzenprozession um den Tempel statt.

1. Vollmondtag im März

APRIL
Chakri-Tag
Feier der Thronbesteigung von Rama I. (1782), dem ersten König und Begründer der Chakri-Dynastie.

6. April

Songkran
Buddhistisches Neujahr und einer der wichtigsten Feiertage des Jahres. Die Zeremonien ziehen sich über mehrere Tage und dienen der Reinigung und einem Neuanfang. Die Wasserrituale haben sich zu ausgelassenen Wasserschlachten in den Straßen entwickelt. Es sind Ferien, und alle sind unterwegs.

Mitte April

MAI
Tag der Arbeit
Ein arbeitsfreier Feiertag, an dem nach westlichem Vorbild häufig Versammlungen von Gewerkschaften und Nichtregierungsorganisationen stattfinden.

1. Mai

Krönungstag von König Bhumipol
Jahrestag der Krönung des hochverehrten derzeitigen Königs Bhumipol Adulyadej (Rama IX.) im Jahr 1950.

5. Mai

Vesakha Bucha
Erinnert an die drei wichtigsten Ereignisse im Lebenslauf von Buddha: seine Geburt, Erleuchtung und seinen Eintritt ins Nirwana und wird mit Lichterprozessionen in Tempeln, Predigten und Gaben an die Mönche zelebriert.

Erster Vollmondtag im Mai

JULI
Asanha Bucha
Prozessionen mit Blumen und Kerzen in Tempeln zum Gedenken an die erste öffentliche Predigt Buddhas. Danach beginnt die Fastenzeit, viele junge Männer lassen sich zum Mönch ordinieren.

Erster Vollmondtag im Juli

AUGUST
Geburtstag der Königin
Geburtstag der Königin und First Lady Thailands Sirikit sowie Muttertag.

12. August

SEPTEMBER
Sat Thai
Der Gedenktag zu Ehren der Verstorbenen wird in den Häusern und im Tempel gefeiert. Kein offizieller Feiertag.

Neumondtag am Ende des 10. Mondmonats

OKTOBER
Phuket Vegetarian Festival
Neuntägiges Fest der chinesischstämmigen Einwohner, die eine strenge vegetarische Diät halten, um sich zu reinigen, und mit Ritualen und Prozessionen den Göttern huldigen, indem sie sich ihre Gesichter mit Metallspießen und Messern durchbohren oder über glühende Kohlen gehen.

Anfang–Mitte Oktober

Chulalongkorn

Todestag des Königs Chulalongkorn (Rama V.), der von 1868 bis 1910 Siam regierte und einer der wichtigsten Monarchen in der Geschichte Thailands ist. Er schaffte die Sklaverei ab und entwickelte eine moderne Infrastruktur.
23. Oktober

NOVEMBER

Loy Krathong

Buddhistisches Lichterfest, bei dem zu Ehren der Göttin des Wassers Tausende kleine Boote aus Lotus- und Bananenblättern in Flüssen und Kanälen zu Wasser gelassen werden – reich geschmückt mit Kerzen, Räucherstäbchen, Blüten und anderen Opfergaben. Die Feierlichkeiten werden begleitet von Laternen, Feuerwerk, Prozessionen und Paraden.
Zweite Novemberhälfte

DEZEMBER

Geburtstag des Königs

Wichtiger Nationalfeiertag anlässlich des Geburtstags des amtierenden Königs Bhumipol Adulyadej (Rama IX.) 1927, der auch als Vatertag zelebriert wird: mit großen öffentlichen Festveranstaltungen und einem Feuerwerk.
5. Dezember

Verfassungstag

Feiertag zum Gedenken an die Verkündung der ersten Verfassung Thailands im Jahr 1932, die den Wechsel zur konstitutionellen Monarchie begleitete.
10. Dezember

Silvester

Der letzte Tag des offiziellen Jahres ist ebenfalls ein Feiertag.
31. Dezember

Bei den Wasserschlachten zum thailändischen Neujahr Songkran (▶ S. 51) wird man schnell nass, das Fest wird aber auch mit bunten Prozessionen und Tempelbesuchen begangen.

MIT ALLEN SINNEN
Thailands Süden spüren & erleben

Reisen – das bedeutet aufregende Gerüche und neue Geschmacks-
erlebnisse, intensive Farben, unbekannte Klänge und unerwartete
Einsichten; denn unterwegs ist Ihr Geist auf besondere Art und Weise
geschärft. Also, lassen Sie sich mit unseren Empfehlungen auf das
Leben vor Ort ein, fordern Sie Ihre Sinne heraus und erleben Sie
Inspiration. Es wird Ihnen unter die Haut gehen!

◀ Yogastunde (▶ S. 57) nach Anleitung – in der Morgendämmerung auf Ko Kood.

ESSEN UND TRINKEN

Im siebten Streetfood-Himmel in Bangkok 🡒 C 3

Nach Einbruch der Dunkelheit verwandeln sich ganze Straßenzüge auf einmal in Essensmeilen. Bürgersteige werden zu Freiluftrestaurants, mobile Garküchen kommen angefahren, und scheinbar an jeder Ecke wird gebrutzelt und gesnackt – besonders in Bangkok! Lassen Sie sich von dem unscheinbaren Äußeren der Garküchen nicht abschrecken, sondern machen Sie es wie die Einheimischen und kehren Sie einfach mal an einem der Stände ein.

Auf kleinen Plastikbänkchen sitzend beobachten Sie das Treiben und lassen sich erstaunlich delikate und unschlagbar günstige Leckereien wie Papaya-Salat, zartes Schweinefleisch oder süße Pfannkuchen schmecken. Bestellt wird zur Not durch Daraufzeigen, wer hygienische Bedenken hat, bestellt nur Gekochtes und Durchgebratenes. Gute Anlaufstellen für Einsteiger sind die Sukhumvit Soi 38 oder die Yaowarat Road mit ihren Nebenstraßen in Chinatown, die sich jeden Abend in eine Art Food Court unter offenem Himmel verwandeln. Einfach vorbeischauen, inspirieren lassen, probieren!

Bangkok | Sukhumvit Soi 38 (unterhalb der BTS Station Thong Lo) oder Chinatown, Yaowarat Road | ab 18 Uhr | €

Thai-Küche genießen – und selbst die Rezepte lernen 🡒 B 6

Nicht wenige kommen vor allem ihretwegen nach Thailand: Geschmack und kulinarische Vielfalt der Thai-Küche sind legendär, die Märkte voller neuer Eindrücke und noch nie gesehener Produkte. Doch noch besser schmeckt es, wenn man ein ganzes Menü selbst zubereitet hat – und zwar egal, ob man Kochanfänger ist oder nicht. Zahlreiche Kochschulen haben in Thailand halb- und ganztägige Kurse im Angebot. Da geht es dann erst einmal auf den Markt, wo die exotischen Zutaten ausführlich erklärt und gemeinsam gekauft werden, dann wird geschnitten und gehackt, die Currypaste gemischt und schließlich alles im Wok gebrutzelt und anschließend stolz in der Gruppe verspeist. Und wieder zu Hause holt man sich die Erinnerung mithilfe der neuen Rezepte ganz einfach zurück.

Ko Samui | Chaweng Beach | Samui Institute of Thai Culinary Arts | 46/6 Moo 3 | Tel. 077 41 31 72 | www.sitca. net | €€€

AKTIVITÄTEN

Einfach mal abtauchen 🡒 B 6

So schön die Inseln im Süden Thailands mit ihren wunderbaren Stränden sind, unter der Wasseroberfläche wartet eine komplett neue, geheimnisvolle Welt, die Ihnen verborgen bleibt, wenn Sie nicht mindestens einmal abtauchen:

Dort locken faszinierende Korallenriffe und bunte tropische Fische sowie eine Vielzahl exotischer Meeresbewohner wie Schildkröten oder Riesenmuscheln. Beim Schnorcheln kann man in Thailand bereits sehr viel sehen, aber warum nicht gleich einen Tauchkurs machen? Die Grundlagen lassen sich in drei Tagen erlernen. Ganz besonders gut geht das in Ko Tao (▶ S. 98): Nirgendwo sonst kann man so gut und günstig tauchen lernen, Tauchschulen gibt es jedoch auf fast allen Inseln. Wer es aber einfach nur einmal ausprobieren möchte, besucht einen Schnupperkurs.

KULTURERFAHRUNG
Feste miterleben

Auf Pick-ups fahren die jungen Leute mit lauter Musik durch die Straßen und bespritzen die feiernde Menge am Straßenrand mit Wasser. Es ist Mitte

April und wer zu Songkran, dem buddhistischen Neujahrsfest im Land ist, der bleibt mit ziemlicher Wahrscheinlichkeit nicht trocken. Besonders in Bangkok rings um die Khao San Road, in Chiang Mai und Phuket werden dann Straßenfeste mit ausgelassenen Wasserschlachten gefeiert. Das Über-

gießen mit Wasser ist Teil eines traditionellen Reinigungs- und Erneuerungsrituals. Zeremonien in Tempeln, Paraden und Vorführungen, ein Feuerwerk und natürlich Essen und Trinken gehören auch dazu. Thais lieben Feste, und auch wer nicht zu Songkran im Land ist, hat das ganze Jahr über Gelegenheit, diverse Feierlichkeiten zu religiösen, staatlichen und anderen Anlässen, aber auch lokale Feste mitzuerleben: einfach unters Volk mischen, schauen und die Vorführungen bestaunen, einen Tempel besuchen, essen und trinken und »sanuk« (Spaß) haben.

Zu Gast bei Einheimischen 🐾 A7

Anstatt nur Strandurlaub im Resort zu machen, gewinnen Sie im Rahmen von »homestays« (Übernachten bei einer Gastfamilie) und speziellen Touren einen interessanten Einblick in die Kultur und Lebensweise der einheimischen Bevölkerung. An der nördlichen Andamanenküste können Sie abseits der Touristenpfade in einem ursprünglichen Inseldorf der Moken (»Seenomaden«) übernachten, das nach dem Tsunami von 2004 wieder aufgebaut wurde. Dort darf man bei verschiedenen Aktivitäten zusehen und mithelfen – etwa Fischernetze auslegen, Palmdächer weben, Cashew-Nüsse ernten, gemeinsam kochen, mit Schulkindern Englisch üben oder mit einheimischen Guides auf Erkundungstour durch die Mangroven oder zu einsamen Inseln fahren. Und ganz nebenbei unterstützen Sie dabei noch einheimische Familien und lokale Gemeinden.

Andaman Discoveries | Kuraburi | Tel. 08 79 17 71 65 | www.andaman discoveries.com

WELLNESS
Thai-Massagen

»Uralte heilsame Berührung« (»nuad phaen boran«) heißt diese spezielle Massagetechnik auf Thai. Sie besteht aus passiven, dem Yoga entnommenen Streckpositionen und Dehnbewegungen, aus Gelenkmobilisationen und Druckpunktmassagen. Das fühlt sich im ersten Moment keineswegs immer angenehm an: Ausgewählte Punkte werden kraftvoll bearbeitet, Gliedmaßen gedehnt und gestreckt. Und dabei kommen schon mal Handballen, Ellenbogen, Füße oder Knie zum Einsatz, an ein Nickerchen ist dabei nicht zu denken. Doch der Schmerz gehört zum Glück dazu: Wenn er nachlässt, setzt eine wunderbar tiefe Entspannung ein. Schwört man sich beim ersten Mal vielleicht noch, es nie wieder zu tun … Man wird es wieder tun! Zum Glück ist eine Thai-Massage nicht nur unschlagbar günstig (5–10 €/Std.), es gibt sie auch an nahezu jeder Straßenecke.

Yoga und Detox unter Palmen 🌿 B 6

Der Süden Thailands bietet zahlreiche Möglichkeiten, inmitten von tropischem Grün und mit Blick auf Strand und Meer den Alltagsstress hinter sich zu lassen und etwas für sein eigenes Wohlbefinden zu tun. Zahlreiche Resorts bieten Yogasessions für die Gäste an, und an vielen Orten gibt es Kurse in Yogazentren und -schulen. In speziellen Resorts kann man zudem mehrtägige bis mehrwöchige Yoga-Retreats absolvieren, oft kombiniert mit Wellness. Beliebt sind auch Entschlackungs-, Abnehm-, Spa- und Heilprogramme.
– Ko Phangan | Hat Tien Bay | The Sanctuary | Tel. 08 12 71 36 14 | www.thesanctuarythailand.com
– Ko Samui | Lamai Beach | The Spa Resorts | 171/2 Moo 3 | Tel. 07 723 08 55 | www.thesparesorts.net
– Ko Samui | Na Muang | Kamalaya Wellness Sanctuary and Holistic Spa Resort | 102/9 Moo 3, Laem Set Road | Tel. 077 42 98 00 | www.kamalaya.com

Durch Mangroven kann man mit einheimischen Guides (▶ S. 56) an der Andamanenküste paddeln, oder auch bei Ko Hong in der Pha-Nga-Bucht (▶ MERIAN TopTen, S. 123).

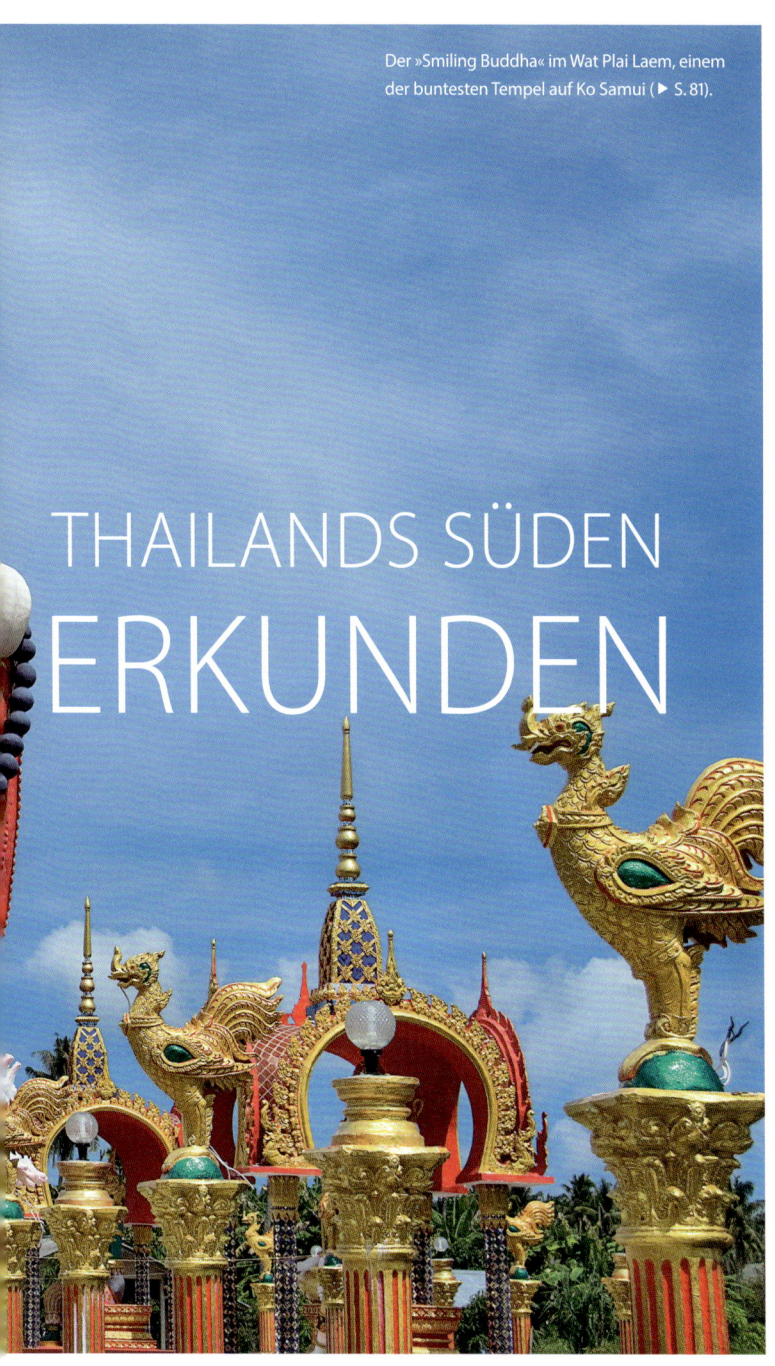

Der »Smiling Buddha« im Wat Plai Laem, einem der buntesten Tempel auf Ko Samui (▶ S. 81).

THAILANDS SÜDEN
ERKUNDEN

BANGKOK ⭐

Bangkok ist riesig, heiß, laut, anstrengend, aber auch überaus faszinierend. Ob prunkvolle Tempel, alte Gassen und traditionelle Märkte oder die modernen, trendigen Seiten der Metropole – es gibt immer etwas Neues zu entdecken.

Sobald man seinen ersten Schritt aus dem ultramodernen Suvarnabhumi Airport hinaus macht, empfängt einen Bangkok mit einer Wand aus warmer feuchter Luft. Im klimatisierten Taxi geht es hinein in die Stadt, über mehrspurige futuristische Highways in ein urbanes Meer aus Beton und Hochhäusern, Skytrains, Verkehrsstaus und Leuchtreklamen. Vergangenheit, Gegenwart und Zukunft sind hier schon längst kollidiert, ebenso Tradition und Moderne, Asien und westliche Welt, Reichtum und Elend. Bangkok ist ein Moloch, schwül und laut, geschäftig und aufreibend. Aber auch unglaublich vielseitig und fesselnd, ursprünglich und schick zugleich. Unzählige Tempelanlagen liegen wie kleine Oasen der Ruhe zwischen den modernen Straßenschluchten, träge windet sich der große Strom **Chao Praya** mitten hindurch, vorbei an der Altstadt mit dem großen Königspalast. Vom Taxiboot sieht man den »Tempel der Morgenröte« im

◄ Bangkoks imposante Skyline – im Vordergrund der Tempel Wat Phra Kaeo (▶ S. 62).

Abendlicht leuchten oder begibt sich auf die Spuren des alten Bangkok auf einem der letzten Kanäle (Klongs), die die Stadt einstmals durchzogen und ihr den Beinamen »Venedig des Ostens« gaben.

Zurück auf den Straßen ist man umgeben von einem Gewirr aus Gassen (Sois), brutzelnden Garküchen und Märkten für alles. Daneben ragen futuristische Shoppingtempel auf, umgeben von trendigen Clubs und erstklassigen Restaurants. Man taucht einfach ein, lässt sich von Bangkok verschlucken und andernorts wieder ausspucken. Einen besseren Kontrast zu einem Urlaub in der Inselwelt Südthailands gibt es nicht.

DIE »STADT DER ENGEL«

Der thailändische Name von Bangkok ist übrigens »Krung Thep Mahanakhon« oder einfach »Krung Thep«, »Stadt der Engel«. 1772 machte General Taksin das am Westufer des Chao Praya gelegene **Thonburi** zu seinem neuen Sitz, nachdem die alte Königsstadt Ayutthaya von den Birmanen zerstört worden war. Wenige Jahre später wurde Bangkok unter König Rama I. zur Hauptstadt. Unzählige Kanäle durchzogen die Stadt, bevor die meisten im 19. Jh. zugeschüttet und durch gepflasterte Straßen ersetzt wurden. Heute konzentrieren sich hier die thailändische Wirtschaft und Kultur und zahllose Träume für ein besseres Leben. Die Stadt hat heute gut 8 Mio. Einwohner, der gesamte Großraum ca. 15 Mio. (doch so genau weiß das keiner). Bangkok ist konstant im Fluss, und das ist ja gerade das Schöne: Bei jedem Besuch gibt es immer wieder etwas Neues zu entdecken.

Die Megametropole erkundet man am besten, indem man sich einzelne Viertel vornimmt. An das historische Zentrum Rattanakosin mit dem Königspalast schließt nördlich der alte Bezirk Banglampoo mit dem Backpacker-Viertel um die Khao San Road an. Weiter im Süden liegen **Chinatown** und mit Sathorn und Silom die moderne **Downtown**. Siam ist das moderne Shoppingviertel, und entlang der Sukhumvit Road befindet sich ein weiteres attraktives Quartier mit angesagten Shops, Bars und Restaurants.

Buddhistische Mönche auf den Stufen zum Haupttempel des Wat Arun (▶ S. 63). Die frommen Männer in den safrangelben Roben genießen stets großen Respekt in der Bevölkerung.

⭐ BANGKOK ◀ C3

Stadtplan ▶ Klappe hinten
8,2 Mio. Einwohner

SEHENSWERTES

1 Golden Mount

Einer der ältesten Tempel der Stadt (Wat Saket) mit einem großen vergoldeten Chedi, der auf einem künstlich aufgeschütteten Hügel weithin sichtbar aus der Altstadt emporragt. Der faszinierende Rundumblick auf Bangkok von der Terrasse lohnt den schweißtreibenden Aufstieg über 318 Stufen.

1344 Ban Bat, Pom Prap Sattru Phai | tgl. 8.30–17 Uhr | Eintritt frei

2 Grand Palace und Wat Phra Kaeo

Am weitläufigen Platz Sanam Luang schlägt das historische Herz von Bangkok mit dem Großen Palast und dem Königstempel Wat Phra Kaeo. Das Areal zählt zu den größten Attraktionen Thailands, dementsprechend touristisch geht es hier zu. Einmal sollte man sich das Ensemble jedoch auf jeden Fall anschauen, denn Pracht und Prunk sind kaum zu übertreffen. Vom 18. bis zur Mitte des 20. Jh. residierten hier die Könige von Siam, heute wird der Palast noch für offizielle Anlässe genutzt. Im Lauf der Zeit wurde er erweitert und besteht heute aus mehreren Gebäuden unterschiedlicher Baustile. Neben dem Grand Palace ist das königliche Kloster Wat Phra Kaeo der interessanteste Teil der Anlage mit dem Tempel, Schreinen (Chedis), Wandgemälden sowie in der Sonne glitzernden Ornamenten und Figuren. Er beherbergt ein bedeutendes Heiligtum: den Smaragd-Buddha aus Jade, dem magische Kräfte zugeschrieben werden. Dresscode: angemessene, lange Kleidung.

🕐 Am besten frühmorgens hingehen.
Na Phra Lan Road | www.palaces.thai.net | tgl. 8.30–16.30 Uhr | Eintritt 500 Baht

❸ Mit dem Boot durch die Klongs

Das Boot knattert den Kanal entlang, vorbei an einfachen alten Holzhäusern auf Stelzen. Das Leben hier spielt sich an und auf dem Wasser ab, auf Stegen, Veranden, in kleinen Gassen wie rings um die portugiesische Kirche, in Hinterhöfen, versteckten Tempeln und an Bord von kleinen Booten. Früher war Bangkok von einem weit verzweigten Kanalsystem durchzogen, seit dem 19. Jh. wurden die Klongs aber nach und nach zugeschüttet und durch Straßen ersetzt. In Thonburi gibt es jedoch noch einige, die erahnen lassen, wie es damals ausgesehen haben mag. Fast fühlt man sich, als wäre man in einem Dorf.

Tour z. B. über Green Mango | 296 Soi Indramara 45 | BTS: Saphan Taksin | www.green-mango.net | ab 45 €/Person

❹ Wat Arun

Der »Tempel der Morgenröte« liegt am anderen Ufer des Chao Praya. Sein beinahe 80 m hoher zentraler Tempelturm (Prang) ist schon von Weitem sichtbar. Besonders schön erstrahlt er im Abendlicht und in der Nacht. Seitlich führen Treppen hinauf auf vier Ebenen, die das Leben Buddhas bis zur Erleuchtung erzählen. Der Tempelbau aus dem späten 18. Jh. symbolisiert das buddhistische Universum und ist von einem Mosaik aus chinesischem Porzellan, Spiegelsteinchen und Muscheln überzogen.

Mit dem Expressboot vom Tha Tien Pier | tgl. 8–17.30 Uhr | Eintritt 50 Baht

❺ Wat Pho

Der Klostertempel erhebt sich im Süden des Königspalasts und ist einer der ältesten und wichtigsten königlichen Sakralbauten des Landes. Er stellt zugleich die älteste Universität Thailands dar. Hauptattraktion ist der 46 m lange und 15 m hohe liegende vergoldete Buddha, bei dessen Anblick man selbst bei 35 °C Gänsehaut bekommt. Seine Fußsohlen sind mit filigranen Perlmutt-Einlegearbeiten verziert.

Auch der Rest des Klosters ist wunderschön mit seinen zahlreichen Chedis (buddhistischen Reliquienschreinen), Wandgemälden, Mosaiken und Figuren. Zudem befindet sich im Tempel ein Ableger einer traditionellen Thai-Massageschule, wo man sich vor Ort durchkneten lassen kann. Interessierte können dort sogar Kurse absolvieren (www.watpomassage.com).

2 Sanamchai Road | www.watpho.com | tgl. 8–18.30 Uhr | Eintritt 200 Baht

MUSEEN UND GALERIEN

❻ Jim Thompson House

Das historische Haus im traditionellen Thai-Stil gehörte dem früheren amerikanischen Geheimagenten und späteren Gründer der Thai Silk Company James H. W. Thompson, bevor dieser am Ostersonntag 1967 spurlos im malaysischen Dschungel verschwand. Der Komplex besteht aus mehreren rund 200 Jahre alten Teakholz-Häusern und birgt eine tolle Sammlung an Kunst und Kulturgegenständen, von Buddha-Statuen bis zu hochwertiger Thai-Seide.

6 Soi Kasemsan 2, Rama 1 Road | BTS: National Stadium | www.jimthompsonhouse.com | tgl. 9–17 Uhr | Eintritt 100 Baht

Skulptur im Eingangsbereich des Museum of Contemporary Art (▶ S. 64). Thailands wichtigste Sammlung moderner Kunst entstand auf Initiative des Unternehmers Boonchai Bencharongkul.

Museum of Contemporary Art (MOCA) ▶ Klappe hinten, nördl. f 1

Größte Sammlung und Ausstellung zeitgenössischer thailändischer Kunst in einem futuristisch-modernen weißen Gebäude im Norden Bangkoks.

499 Kamphaengphet 6 Road | BTS: Mo Chit, von dort Taxi | www.mocabang kok.com | Di–Fr 10–17, Sa, So 11–18 Uhr | Eintritt 180 Baht

❼ Nationalmuseum

Das größte Museum Thailands befindet sich auf dem Gelände eines früheren Palasts aus dem 18. Jh. und beherbergt eine unfangreiche Sammlung an Kunst und lokalem Kunsthandwerk aus verschiedenen Epochen des Landes. Das Spektrum reicht von archäologischen Funden über Skulpturen und Keramik, prunkvollen Sänften, Textilien, Puppen, Waffen, Wandmalereien und Holzschnitzereien bis hin zur Architektur. Zu empfehlen ist die deutschsprachige Führung jeweils mittwochs um 9.30 Uhr (www.museumvolunteers bkk.net/html/germanpage.html).

Na Phrothat Road (in der Nähe des Königspalasts) | Mi–So 9–16 Uhr | Eintritt 200 Baht

ÜBERNACHTEN

Beat Hotel ⚑ ▶ Klappe hinten, östl. f 5

Künstlerisch – Die Zimmer des Design-hotels wurden individuell von jungen Bangkoker Künstlern gestaltet. Poppig und modern, mit Café/Bar mit Büchern und angeschlossener Kunstgalerie.

Sukhumvit Road, Soi 69/1 | BTS: Phra Khanong | Tel. 02 178 00 77 | www.beat hotelbangkok.com | 53 Zimmer | €€

Grande Centre Point Terminal 21
▶ Klappe hinten, östl. f 5

Super Lage – Das moderne, luxuriöse Hotel befindet sich direkt am Shopping-center Terminal 21 und der BTS Station Asok, mitten im Geschäftsviertel Sukhumvit. Inklusive Dachgarten mit Pool.

Sukhumvit Road, Soi 19 | BTS: Asok | Tel. 02 681 90 00 | www.grandecentre pointterminal21.com | 498 Zimmer | ♿ | €€€–€€€€

❽ Loy La Long ▶ S. 24

❾ Phranakorn Nornlen 👫

Zum Wohlfühlen – Liebevoll gestalte-tes kleines Hotel mit einem schönen Innenhof in einer ruhigen Gegend ca. 15 Min zu Fuß von der Khao San Road. Die Zimmer sind individuell und far-benfroh eingerichtet. Bar auf dem Dach, Gemüsegarten, Biofrühstück.

46 Thewet Soi, 1 Kung Kasem Road, Bang Khunprom Phranakorn | Expressboot: Thewet Pier | Tel. 02 628 81 89 | www. phranakorn-nornlen.com | 31 Zimmer | €€

❿ Warehouse Hotel

Modern und funktional – Budget-Ho-tel mit stylisch-minimalistischem In-dustriedesign. Sehr gute Lage mitten in der Altstadt, nettes Café.

Sundowner hoch über den Dächern der Stadt ❶

Wenn die Metropole langsam in glutrotem Licht versinkt und sich in ein Glitzermeer verwandelt, sollte man eine der spektakulären Rooftop Bars Bangkoks aufsuchen (▶ S. 12).

120 Bunsiri Road, San chao por sua, Phra Nakhon | Tel. 02 622 29 35 | www.theware housebangkok.com | 36 Zimmer | €€

ESSEN UND TRINKEN

RESTAURANTS

⓫ Eat Sight Story ⚑

Blick auf Wat Arun – Eine Alternative zu Arun Residence und Sala ist dieses Restaurant direkt am Ufer des Chao Praya, von dessen Terrasse man eben-falls eine unverstellte Sicht auf den Fluss und Wat Arun, den »Tempel der Morgenröte« hat. Auf der Karte stehen originelle, Thai-westliche Fusion-Ge-richte und Cocktails – doch eigentlich kommt man wegen des Blicks hierher, vor allem zum Sonnenuntergang.

45/1 Maharaj Road, Soi Ta Tien (gegenüber Wat Pho) | Expressboot: Thewet Pier | Tel. 02 622 21 63 | 11–22 Uhr | €€–€€€

⓬ Harmonique

Thai-Gartenlokal – Charmantes kleines Lokal mit nicht zu scharfer Thai-Küche in einem alten chinesischen Haus. Im Innenhof sitzt man im Grünen zwi-schen einem Sammelsurium an Pflan-zen, Antiquitäten und Figuren. Das Seafood ist besonders zu empfehlen.

22 Charoenkrung Road, Soi 34 | Express-boot: Wat Muang Khae Pier | Tel. 02 237 8175 | Mo–Sa 11–22 Uhr | €€

13 Nahm ▶ S. 28

14 Sheepshank Public House
Comfort-Food im Bootshaus – Neu eröffnetes Restaurant in einem renovierten Gebäude am Flussufer, mit modern-industriellem Flair und Blick auf das Wasser. Auf der Speisekarte steht kreatives, westliches Comfort Food aus lokalen und biologischen Zutaten, auch viel Vegetarisches. Dazu gibt es Cocktails, Weine und Craft Beer.
47 Phra Athit Road | Expressboot: Phra Athit Pier | Tel. 026295165 | www.sheepshankpublichouse.com | Di–So 17–1 Uhr | €€

Streetfood   ▶ Klappe hinten, östl. f 5
Unkompliziert Durchschlemmen – Bangkok ist berühmt für sein vielfältiges und qualitativ gutes Streetfood – vor allem am Abend poppen auf den Straßen die Garküchen auf, und unerschrockene Esser sitzen dann auf Plastikstühlchen zwischen Einheimischen und lassen sich erstaunlich gutes und günstiges Thai-Essen schmecken. Wer hygienische Bedenken hat, bestellt nur gekochte und durchgebratene Speisen – zur Not mit Händen und Füßen.
– Sukhumvit Road, Soi 38 | BTS: Thonglor – Yaowarat Road | Expressboot: Rachavongse Pier | ab ca. 18 Uhr | €

CAFÉS

15 Farm to Table
Das Café baut nicht nur sein eigenes Gemüse und Obst an, sondern bereitet daraus auch leckere Kuchen und Eiscreme mit Sorten wie schwarzer Sesam, Weizengras oder Mango zu. Am Mittag gibt es wechselnde Tagesgerichte. Das Café befindet sich hinter dem Wat Pho.

179 Asdang Road, Ecke Wonburapapirom | Expressboot: Ta Tien Pier oder Taxi | Tel. 021152625 | www.facebook.com/farm totableorganiccafe | tgl. 10–20 Uhr

Rocket Coffeebar 🚩
▶ Klappe hinten, östl. f 5
Bei jungen Thais geht der Trend derzeit hin zu richtig gutem Kaffee in stylischem Ambiente. So könnte man sich fast in einem hippen New Yorker oder Berliner Coffeeshop wähnen, wenn man das Rocket betritt: Man stößt auf eine helle, minimalistische Einrichtung mit Industrie-Chic. Dort genießt man frisch gebrühte Kaffeespezialitäten, es gibt aber auch Frühstück, Pasta, gesunde Sandwiches, Salate und Desserts.
Sukhumvit Road, Soi 49 | BTS: Thonglor | Tel. 026626638 | www.rocketcoffeebar. com | 7–23 Uhr

BARS

Iron Fairies   ▶ Klappe hinten, östl. e 5
Wer diese Cocktail- und Jazzbar betritt, fühlt sich wie in einer Märchenwelt des 19. Jh.: dunkel, verwinkelt, viel Holz, Messing und antike Apparaturen, Feenstaubgläser (ja, es sind kleine Feenfiguren versteckt). Und Burger gibt's auch.
Sukhumvit Road, 402 Soi Thonglor | BTS: Thonglor | Tel. 027148875 | www.theironfairies.com | tgl. 18–2 Uhr

16 Red Sky Bar
Eine der besten Rooftop Bars in Bangkok, im 55. Stock des Centara Grand Hotel in der Shopping-Mall Central World. Schick machen und bei einem 360-Grad-Panoramablick auf die fast endlose Skyline einen kühlen Cocktail genießen, während die Stadt unter einem langsam glutrot versinkt.

999/99 Rama 1 Road | BTS: Siam |
im Centara Grand @CentralWorld |
www.centarahotelsresorts.com/
redsky | tgl. 18–1 Uhr

🔴17 Sala Rattanakosin Eatery & Bar

Von der Rooftop Bar hat man einen
wunderbaren Panoramablick über den
Fluss und den Wat Arun am anderen
Ufer – besonders schön zum Sonnenuntergang. Wer will, kann auch im da-
zugehörigen Restaurant essen.
The Rooftop at Sala Rattanakosin Hotel |
39 Maharat Road | Tel. 026221388 |
www.salaresorts.com/rattanakosin |
tgl. 17.30–22.30 Uhr

WTF Bangkok   ▶ Klappe hinten, östl. f 5

Gemütliche und stilvolle Bar mit leckeren Cocktails, Tapas und regelmäßigen
Events in Sukhumvit, dazu gesellt sich

eine Kunstgalerie im Obergeschoss.
Gemischtes Thai-/Expat-Publikum.
Sukhumvit Road, Soi 51 | BTS: Thonglor |
Tel. 026626246 | www.wtfbangkok.com |
Bar Di–So 18–24, Galerie Di–So 15–20 Uhr

EINKAUFEN

EINKAUFSZENTREN
🔴18 Siam Square, Shopping-Malls
▶ S. 40

MÄRKTE
Chatuchak Market ▶ S. 40

Train Night Market 🚩
▶ Klappe hinten, südöstl. f 6

Geheimtipp mit Vintage-Flair – Am
Wochenende verwandelt sich das Gelände hinter der Seacon Square Mall
im Osten Bangkoks in einen spannen-
den Open-Air-Nachtmarkt mit loka-

Glitzernde Konsumtempel prägen die Gegend rund um Bangkoks Siam Square. Die Siam Paragon Mall (▶ S. 40) steht für hochwertige Luxusgüter und eine markenbewusste Kundschaft.

Heerscharen von Straßenhändlern säumen auf dem Mae Klong Railway Market (▶ S. 69) die Gleise. Beim Pfeifen des herannahenden Zuges wird alles im Handumdrehen beiseitegeräumt.

lem Flair, der bisher noch kaum von Touristen entdeckt wurde. Stände und kleine Shops bieten Kleidung, Accessoires und Kunsthandwerk feil. Ein Fokus liegt auf Retro und Vintage: Shop-Gebäude im Retro-Look haben Kleidung, Möbel und Accessoires, sogar Oldtimer im Sortiment. Zwischendurch probiert man sich durch die zahlreichen Essensstände, schaut jungen Thai-Hipstern beim Flanieren zu und nimmt einen Drink in einer der Retro-Bars, die beispielsweise aus einem umfunktionierten alten VW Bulli oder Käfer bestehen.

Srinakarin Road, Soi 51 (hinter Seacon Square Mall) | BTS: Udon, von dort Taxi | Do–So 17–24 Uhr

MUSIK
ZudRangMa Records ▶ S. 41

SERVICE

AUSKUNFT

Tourism Authority of Thailand (TAT)

D2 Building 8th Floor, Preecha Complex, 48/11 Ratchadapisek Road | Tel. 0 22 76 27 20 | www.tourismthailand.org

Ziele in der Umgebung

◎ AYUTTHAYA 🏷 C2

Stadtplan ▶ S. 159

53 000 Einwohner

In der Kleinstadt nördlich von Bangkok befinden sich die Überreste der alten Königsstadt Ayutthaya, die 400 Jahre lang Hauptstadt des Reiches Siam war, bevor sie 1767 von den Birmanen erobert und zerstört wurde. Zu ihrer Blütezeit während des 17. Jh. soll Ayutthaya 1 Mio. Einwohner gehabt haben und war als pulsierendes Handels- und Machtzentrum mit mehr als 300 Tempeln und 29 Festungen bis nach Europa bekannt. Die Stadt diente als Vorbild für den späteren Königssitz Bangkok. Ihre Pracht ist legendär, aber heute nur noch schwer zu erahnen. Trotzdem lohnen die Ruinen, die zum UNESCO-Weltkulturerbe zählen, einen Besuch.

Ayutthaya liegt auf einer Insel, die durch den Zusammenfluss des Chao Praya mit zwei weiteren Flüssen gebildet wird. Zu den Highlights der Anlage zählen Tempel wie der **Wat Mahathat** im Khmer-Stil mit seinen Reihen von kopflosen Buddha-Statuen sowie einem häufig fotografierten Buddha-Kopf, der von den Wurzeln eines Feigenbaums umwachsen ist; außerdem der **Wat Ratchaburana** mit seinem restaurierten Turm und der Grabkammer, der gewaltige **Wat Phra Si Sanphet** sowie das Areal des alten Königspalasts. Zum **Wat Lokayasutha** gehört ein riesiger liegender Buddha aus Stuck.

70 km nördl. von Bangkok

ÜBERNACHTEN

Baan Thai House

Gepflegte Anlage – Bungalows auf Stelzen im traditionellen Thai-Stil in einem schönen Garten mit Teich. Mit AC, Kühlschrank, TV, WiFi. Fahrräder und Frühstück inklusive. Ruhige Umgebung in der Nähe des Bahnhofs.

Pailing | 199/19 Moo 4 | Tel. 03524 5555 | www.baanthaihouse.com | 12 Bungalows | €€

SERVICE

AUSKUNFT

Tourism Authority of Thailand (TAT)

Tambon Phratuchai | 108/22 Moo 4 | Tel. 035246 07 67 | www.tourism thailand.org/ayutthaya

◎ AMPHAWA   ⚑ B3

56 300 Einwohnohner

Das kleine, auf Stelzen erbaute Städtchen liegt inmitten eines Obstanbaugebiets und hat sich zu einem beliebten Wochenend-Ausflugsziel für die Bewohner der Hauptstadt entwickelt. Das Highlight ist der **Schwimmende Markt von Tha Kha** am Ufer eines Flüsschens. Am besten sitzt man einfach auf den Treppenstufen am Kanal, beobachtet das Schauspiel und probiert sich durch die Leckereien, die einem direkt von den Booten aus angeboten werden, oder man kehrt in eines der vielen kleinen Seafood-Restaurants ein.

Zu erreichen mit dem Auto, Minibussen oder als gebuchte Tour

80 km südwestl. von Bangkok

◎ MAE KLONG RAILWAY MARKET
⚑ B3

Wenn die kleine Schmalspurbahn in die enge Gasse einrollt, traut man seinen Augen nicht: Direkt auf den Schienen findet ein Markt statt! Bei Ankunft des Zuges werden dann in Windeseile die Markisen eingezogen und die Stände und Waren so zur Seite geschafft, dass der Zug mit nur wenigen Millimetern Abstand an den Händlern und deren buntem Angebot vorbei in den Bahnhof einfahren kann. Dieses Spektakel wiederholt sich jeden Tag mehrere Male, aber auch die abenteuerliche Fahrt mit dem Bummelzug in die Provinz vorbei an Feldern, Salinen und dem Fischmarkt von Samut Sakhon ist ein besonderes Erlebnis.

Zu erreichen mit dem Zug ab Wongwian Wai Station oder per Auto bzw. als gebuchte Tour

60 km südwestl. von Bangkok

NÖRDLICHE GOLFKÜSTE

Hier warten auf den Besucher Entdeckungen abseits der Touristenpfade wie die alte Stadt Phetchaburi mit ihren vielen Tempeln, unerforschte Nationalparks und beeindruckende Höhlen, aber auch Strände und königliche Seebäder.

Die nördliche Golfküste ist ein schmaler Landstrich zwischen dem Golf von Thailand und der Grenze zum Nachbarstaat Myanmar. An der Küste ziehen sich Strände, Mangroven und Feuchtgebiete entlang. Das Hinterland ist von dichten Urwäldern und Hügeln geprägt, die bis zum Zentralgebirge an der Grenze zu Myanmar aufsteigen. An vielen Orten dieser Region bewegt man sich fernab der bekannten Urlauberhochburgen und kann noch ein Stück »echtes« Thailand erfahren.

KÖNIGLICHE SEEBÄDER, VIEL NATUR UND EINE ALTE STADT

An der Küste entdeckte das Königshaus im 19. und frühen 20. Jh. die Orte **Hua Hin** und **Cha-Am**, die durch die Errichtung monarchischer Sommerresidenzen und den Bau der Eisenbahnstrecke Bangkok–Singapur zu königlichen Seebädern wurden und noch heute wichtige Badeorte sind –

◀ Der Wat Mahathat Worawihan (▶ S. 71) in
Phetchaburi bewahrt kostbare Reliquien.

Bangkok

Nördliche
Golfküste

Die Ostküste

Nördliche
Andamanen-
küste

Die Golf-Inseln

Der tiefe Süden

Phuket, Krabi
und die Pha-
Nga-Bucht

allerdings eher für einheimische als für westliche Touristen, die hier meist nur durchfahren auf ihrem Weg zu den Inseln im Süden.

Neben dem Seebad Hua Hin zählt die alte Stadt **Phetchaburi** (auch »Phetburi« genannt) besonders für Geschichts- und Kulturinteressierte zu den interessantesten Zielen. Sie blickt auf eine reiche Geschichte zurück, von der heute noch eine Vielzahl von Tempelanlagen und Palästen aus verschiedenen Jahrhunderten zeugen, dennoch ist die Stadt erfrischend untouristisch. Im bergigen Hinterland mit seinen Urwäldern, Wasserfällen und wilden Tieren gibt es interessante Nationalparks und Höhlen zu entdecken.

⭐ PHETCHABURI 🔖 B 3

40 000 Einwohner

Die Provinzhauptstadt Phetchaburi ist eine der ältesten Städte in Thailand. Ursprünglich eine Siedlung der Mon im 8. Jh., wurde sie im Mittelalter unter dem Einfluss der Khmer zu einem wichtigen religiösen Zentrum. Zudem war sie lange eine wichtige Station auf dem Handelsweg zwischen der malaiischen Halbinsel und Indien. Edelsteinfunde im nahen Flussbett trugen im 17. und 18. Jh. zum Reichtum der »Diamantenstadt« bei, im 19. Jh. entdeckten sie Mitglieder der Königsfamilie als Erholungs- und Rückzugsort. Noch heute bestimmen über zwei Dutzend Tempelanlagen und Paläste das Stadtbild und künden von der früheren Bedeutung.

Zu erreichen per Zug, Bus oder Auto
170 km südl. von Bangkok

SEHENSWERTES

Die schönsten Tempel

Von fast überall in der Stadt sieht man den blendend weißen Prang (Tempelturm) des **Wat Mahathat Worawihan** leuchten. Er ist ungefähr 45 m hoch und von mehreren schneeweißen Chedis umgeben. Die Klosteranlage soll der Legende nach 1000 Jahre alt sein und beherbergt die drei wichtigsten Buddha-Figuren der Stadt, Buddha-Reliquien und kunstvolle Wandgemälde.

Die Sandsteinruinen des verfallenen **Wat Kamphaeng Laeng**, des ältesten Tempels der Stadt, stammen aus der Khmer-Zeit im 12. Jh. und erinnern an ähnliche Bauten in Angkor Wat.

Der aus der Ayutthaya-Periode stammende **Wat Ko Kaeo Sutharam** ist aus Holz gefertigt und verfügt über beeindruckende Stuckarbeiten. Von Einheimischen kann man sich den Schlüssel zum »Bot« geben lassen. Dort warten ein großer goldener Buddha und wunderschöne Wandmalereien auf den Besucher. Der **Wat Yai Suwannaram** aus dem 17. Jh. hat beeindruckende Holzgebäude und Holzschnitzereien, aber auch schöne Wandgemälde.

Khao Wang

Auf einem Hügel am nördlichen Ortseingang thront der Palast **Phra Nakhon Khiri**, der 1860 als Sommerresidenz von König Mongkut (Rama IV.) errichtet wurde. Zur Anlage gehören die königliche Residenz, die Thronhalle, der königliche Tempel, ein Observatorium und ein Museum. Achtung: Auf dem Hügel lauert eine freche Affenbande.
Ratchavithi Road (zu erreichen per Seilbahn oder Fußweg) | tgl. 9–16 Uhr | Eintritt 150 Baht

ÜBERNACHTEN

Royal Diamond Hotel

Bewährt – Das Hotel ist eine geeignete Mittelklasse-Alternative zu den Guesthouses mit deutlich niedrigerem Standard. Komfortable saubere Zimmer mit TV und WiFi, jedoch etwas abgewohnt. Restaurant, Bar, Garten.
Thanon Petchkasem | 555 Moo 1 | Tel. 032 411 61 70 | www.royaldiamond hotel.com | 54 Zimmer | €

ESSEN UND TRINKEN

Rabieng Rim Nam

Im Guesthouse am Fluss – Die Zimmer in dieser Herberge in einem Teakholzhaus direkt am Fluss sind zwar nicht unbedingt zu empfehlen, aber das Restaurant serviert gute thailändische Küche und westliche Gerichte in

freundlicher Atmosphäre. Der Balkon befindet sich direkt am Fluss.
1 Chisra-in Road | Tel. 032 425 707 | €

SERVICE
AUSKUNFT
Tourism Authority of Thailand (TAT)
500/51 Phetkasem Road | Tel. 03 2471 00 56 | www.tourismthailand.org/phetchaburi

Ziele in der Umgebung
◎ **KAENG KRACHAN NATIONAL PARK**   ⚑ B 4
Der Nationalpark liegt an den Ausläufern des Tenasserin-Gebirges, ist das größte Schutzgebiet Thailands und erstreckt sich bis zur burmesischen Grenze. Er besteht aus einer bergigen Wildnis mit Regen- und Nebelwäldern und ist für seine Artenvielfalt bekannt. In den Tiefen des Waldes leben noch wilde Elefanten, Tiger, Leoparden und Bären, aber auch Gibbons, Makaken, Echsen und viele andere Spezies wie Hunderte Vogelarten und Schmetterlinge. Der Park ist bis heute wenig besucht und kaum erforscht.

Die vielleicht interessanteste Trekkingtour ist der zweitägige, anspruchsvolle Trek auf den **Khao Panoen Thung**, den mit 1207 m höchsten Berg der Region. Er lässt sich mit einem Besuch des 18-stufigen Wasserfalls Thortip verbinden. Führer und Zelte ordert man bei der Nationalparkverwaltung. Es sind aber auch kürzere Wanderungen möglich, von Phetchaburi oder Hua Hin aus gibt es auch Tagestouren.

Am östlichen Ende des Parks beginnt der riesige **Kaeng-Krachan-Stausee**, in dessen Umgebung das Nationalpark-

Office und das Dorf sowie einige Unterkünfte und Restaurants liegen. Die ideale Reisezeit ist Dezember bis März, von August bis November ist der Park geschlossen (Eintritt 200 Baht).
Im Westen von Phetchaburi

ÜBERNACHTEN

Die meisten Besucher übernachten in den einfachen Bungalows der Nationalparkverwaltung oder auf einem der Campingplätze. Weitere Bungalows und komfortablere Hotels findet man auch entlang des Flusses, im Dorf selbst und direkt am Seeufer.

Kaengkrachan Boathouse Paradise Resort

Hausboote am See – In dem Resort unmittelbar am See übernachtet man in komfortabel ausgestatteten, traditionellen hölzernen Hausbooten. Garten, Pool mit Blick über den See, Fahrradverleih, Restaurant, WiFi.
T. Soongpeenong | A. Kaengkrachan | 309 Moo 2, Wangwon Soi 5 | €€–€€€

Park-Unterkünfte

Informationen und Reservierung unter Tel. 02 5620760 bzw. www.dnp.go.th/parkreserve/asp/style1/default.asp

◎ KHAO-LUANG-HÖHLE ⚑ B 3

Tham Khao Luang ist ein Höhlentempel, der aus mehreren miteinander verbundenen Tropfsteinhöhlen in einem Berg besteht. Unzählige Buddha-Statuen in verschiedensten Variationen zieren die Höhle und die Felsnischen, dazu Chedis und Altäre mit Opfergaben. Besonders eindrucksvoll ist der golden glänzende, 6 m lange liegende Buddha.

Wie in den mythischen Hades fällt das gleißende Licht in die erste der drei unterirdischen Kalksteinkavernen der Khao-Luang-Höhle (▶ S. 73) mit ihren buddhistischen Heiligtümern.

🕐 Um die Mittagszeit fällt das Sonnenlicht durch ein Deckenloch und taucht die große Grotte in ein mystisches Licht.
Zu erreichen mit dem Taxi | tgl. 9–16 Uhr
5 km nördl. von Phetchaburi

HUA HIN ⚓ B 4

45 000 Einwohner

Die Entwicklung des einstigen Fischerdorfs zum königlichen Seebad begann in den 1920er-Jahren mit dem Bau der Eisenbahn von Bangkok nach Singapur und dem Hua Hin Railway Hotel (heute: Centara Grand Beach Resort). Der Bahnhof gilt als schönster in Thailand. Seit dieser Zeit hat auch die königliche Familie ihre Sommerresidenz im Palast **Wang Klai Kangwon**, der während ihrer Abwesenheit geöffnet ist.

Hua Hin ist heute vor allem bei thailändischen Urlaubern und der Bangkoker High Society beliebt, von denen viele hier ihre Feriendomizile haben. An der lang gezogenen Bucht reihen sich luxuriöse Hotels internationaler Ketten, insgesamt geht es jedoch etwas ruhiger zu als z. B. in Pattaya. In Hua Hin findet man auch sehr gute Restaurants, Spas, Shoppingmöglichkeiten und Golfplätze, zudem gibt es Touren in die nähere Umgebung oder in die Nationalparks.
Zu erreichen mit Zug, Auto oder Bus
Ca. 200 km südl. von Bangkok

Ein kräftiger Schluck aus der frischen Kokosnuss

Mit einer Machete wird die frische Nuss aufgeschlagen, und schon beim ersten Schluck merkt man, was für ein perfekter Durstlöscher das kühle reine Kokoswasser ist (▶ S. 12).

ÜBERNACHTEN

Baan Kang Mung

Bed & Breakfast am Strand – Das kleine freundliche B & B ist ganz in Weiß gehalten und befindet sich in einem alten Holzhaus am Strand. Zimmer mit Veranda, Sonnenterrasse mit Liegen.
122 Soi Moo Baan Takieb | Tel. 0 32 53 67 27 | www.baankangmung.com | 17 Zimmer | €€

Centara Grand Beach Resort

Im Kolonialstil – Der luxuriöse Komplex im Kolonialstil wurde in den 1920ern als Hua Hin Railway Hotel erbaut, steht in einer wunderschönen Parkanlage direkt an einem der attraktivsten Strandabschnitte und hat eine riesige Poollandschaft.
1 Damnernkasem Road | Tel. 0 32 51 20 21 38 | www.centarahotelsresorts.com | 249 Zimmer | ♿ | €€€–€€€€

ESSEN UND TRINKEN

Chao Lay

Seafood am Meer – Ein doppelstöckiger Pfahlbau direkt am Wasser beherbergt dieses beliebte Restaurant. Es gibt leckeren frischen Fisch und Krustentiere sowie authentische Thai-Küche.
15 Naresdamri Road | Tel. 0 32 51 34 36 | mittags bis spät | €€

Nachtmarkt

Schlemmen und Shoppen – Der Nachtmarkt ist aufgrund seiner guten Auswahl an Kleidung, Kunsthandwerk und Souvenirs sowie des frisch zubereiteten Essens sehr zu empfehlen. Hier kann man sich auf unkomplizierte Weise durch die lokale Küche probieren.
Zwischen Petchkasem Road und Bahngleisen | tgl. 18–23 Uhr | €

Beinahe surreal schmiegt sich der 1890 errichtete königliche Kuha Karuhas Pavillon unter die überhängende Wand der Phraya-Nakhon-Höhle im Khao Sam Roi Yot National Park (▶ S. 75).

Ziele in der Umgebung

◎ KHAO SAM ROI YOT NATIONAL PARK 🦋 B 4

Der Nationalpark erstreckt sich am Golf von Thailand und besteht aus einem schroffen, aus der Ebene emporragenden Kalksteingebirge und Sumpfgebieten sowie Mangroven, Stränden und kleinen Inseln an der Küste. Hier leben einige seltene Tierarten wie die vom Aussterben bedrohte Fischkatze. Besonders bekannt ist der Park jedoch für seine artenreiche Vogelwelt.

Der berühmteste Ort ist die **Phraya-Nakhom-Höhle**, die schon von mehreren Königen besucht wurde. Durch ein großes Loch in der Decke fällt das Sonnenlicht in die Grotte und taucht sie in ein schönes mystisches Licht. Inmitten des illuminierten Bereichs steht ein Pavillon, der für den Besuch von König Chulalongkorn (Rama V.) im Jahr 1890 errichtet wurde. Übernachten kann man in einfachen Nationalparkunterkünften, z. B. am Laem-Sala-Strand, oder in der Dolphin Bay (Phu Noi Beach).

www.dnp.go.th/parkreserve/asp/style1/default.asp?npid=8&lg=2 |
Eintritt 200 Baht
35 km südl. von Hua Hin

Im Fokus
Buddhismus, Magie und Geisterglaube

Thailand ist ein buddhistisches Land. Knapp 95 Prozent der Bevölkerung bekennen sich zu diesem Glauben, der tief im kulturellen und historischen Erbe des Landes verwurzelt ist und sich in vielen Traditionen und Bräuchen, in Architektur und Kunst manifestiert.

Bei einer Reise nach Thailand wird man auf jeden Fall mit dem Buddhismus in Berührung kommen, auch wenn man sich im muslimisch geprägten Süden aufhält. Doch wer war Buddha eigentlich, und was beinhaltet seine Lehre? Der Buddhismus basiert auf den Erkenntnissen von Siddharta Gautama, einem Prinzen, der im 5. Jh. v. Chr. in Nordindien lebte.

DIE LEHRE DES »MITTLEREN WEGS«

Nach mehreren Jahren der Askese als Bettelmönch erlangte er im Alter von 35 Jahren die Erleuchtung (»bodhi«), d.h. grundlegende Einsichten in das Leben und die Überwindung allen irdischen Leidens. Dabei wurde ihm klar, dass ein »Mittlerer Weg« zwischen den beiden Extremen Askese und Hedonismus der richtige ist, um alles menschliche Leiden abzustreifen. In den folgenden Jahren legte er seine Erkenntnisse dar, zog lehrend von Ort zu Ort und scharte die ersten Jünger um sich, bevor er im Alter von 80 Jahren starb und in das Nirwana (»Verlöschen«) eintrat.

◄ Von Wurzeln umschlungener Buddha-Kopf
in Ayutthaya (▶ MERIAN TopTen, S. 68).

Der Kern von Buddhas Lehre sind seine »Vier Edlen Wahrheiten«. Die erste beinhaltet die Erkenntnis, dass alles Leben von Leiden geprägt ist. Die zweite benennt die Ursachen des Leidens: Begierden, die zum Anhaften an Dinge führen, Hass und Unwissen. Die dritte Wahrheit handelt von der Aufhebung des Leidens durch die Aufgabe dieser Begierden, und die vierte beschreibt den Weg, der zur Befreiung führt: den Edlen Achtfachen Pfad. Er besteht aus rechter Erkenntnis, rechter Absicht, rechter Rede, rechtem Handeln, rechtem Lebenserwerb, rechter Übung, rechter Achtsamkeit und rechter Meditation.

Zentral ist die Vorstellung vom ewigen leidvollen Daseinskreislauf aus Tod und Wiedergeburt (»samsara«), dem alle unerleuchteten Wesen unterworfen sind. Das Ziel ist es, sich aus diesem Kreislauf des Leidens und der Wiedergeburt durch das »Erwachen« zu befreien. Dies wird erreicht durch ein Loslösen (nicht mehr Anhaften) von allen weltlichen Dingen und egoistischen Bedürfnissen, durch ethisches Verhalten und Tugenden wie Mitgefühl, die das Karma verbessern, aber auch Meditation und allumfassende Weisheit. Mittels einer untadeligen spirituellen Entwicklung kann man also bereits zu Lebzeiten die Erleuchtung und den Zustand des Nirwana, des endgültigen Verlöschens, erlangen.

DER THAILÄNDISCHE BUDDHISMUS

Über das Mon-Königreich Hairpunchai kam der Buddhismus vermutlich im 8. Jh. ins heutige Thailand, erlangte jedoch erst im 13. Jh. unter König Ramkhamhaeng von Sukhothai Bedeutung, der ihn zur Staatsreligion erhob. Dabei handelt es sich um den Theravada-Buddhismus, der auch in Laos, Kambodscha, Myanmar und Sri Lanka praktiziert wird. Diese Richtung unterscheidet sich von der anderen Hauptströmung, dem Mahayana-Buddhismus, der u. a. in China, Japan und Korea verbreitet ist. Der Theravada-Buddhismus stammt aus Nordindien bzw. Sri Lanka und beruft sich auf die ersten Anhänger des Buddha und deren Mönchsgemeinde. Er orientiert sich streng am Pali-Kanon, den ältesten zusammenhängend überlieferten Schriften der Lehrreden Buddhas, und erhebt somit Anspruch auf die »wahre« Lehre. Der Pali-Kanon wurde im 1. Jh. v. Chr. in Sri Lanka niedergeschrieben und ist heute der wichtigste religiöse Text in Thailand. Das mit dem Sanskrit verwandte Pali ist auch heute noch in Thailand die Sakralsprache, wird aber in thailändischer Schrift geschrieben.

Die Thais besuchen regelmäßig den Tempel, um zu beten und zu spenden. Von Männern wird erwartet, dass sie mindestens einmal im Leben für mehrere Monate als Mönch in ein Kloster gehen und dort die buddhistische Weisheit und das Meditieren lernen, traditionell während der Regenzeit. Im Wat müssen sie enthaltsam und ohne materiellen Besitz leben und dürfen nur das essen, was sie als Spende von Gläubigen empfangen. Mönche werden in Thailand in höchstem Maße verehrt. Sie führen Zeremonien durch und werden zu wichtigen Anlässen wie Hochzeiten eingeladen.

Im religiösen Leben Thailands finden sich neben dem Buddhismus aber auch weitere Einflüsse, z. B. den aus Indien stammenden Brahmanismus und Hinduismus, deren Elemente noch heute in Opferritualen, Zeremonien und Schreinen fortleben. Daneben spielt der animistische Volksglaube mit seinen Geistern und der Ahnenverehrung eine wichtige Rolle. Das mag zunächst eigenartig klingen, doch der Buddhismus ist jenseits jeglichen Gottverständnisses anzusiedeln und weder institutionalisierte Kirche noch offizielle Staatsreligion, sodass andere Glaubensrichtungen, Götter und Geister durchaus mit ihm koexistieren können. Und das tun sie!

GEISTERGLAUBE UND MAGIE

Der Animismus ist vor allem bei den Bergvölkern im Norden und in ländlichen Gegenden verbreitet und wird im religiösen Alltag mit der buddhistischen Lehre und seinen Ritualen vereinbart. Der Glaube an »Phi« (Geister) spielt dabei eine wichtige Rolle. Sie haben Einfluss auf das diesseitige Leben und stellen eine behütende, aber auch strafende Macht dar. Darüber hinaus gibt es in jeder Familie noch die Schutzgeister der Ahnen. In dieser religiösen »Parallelwelt« werden spezielle Riten für die Schutzgeister, aber auch zur Vertreibung schädlicher Wesen ausgeführt, hauptsächlich von Ritual- und Geisterspezialisten in den Dörfern (die ihre Macht wiederum häufig aus dem Befolgen buddhistischer Regeln erlangen).

Am offensichtlichsten ist der Geisterglaube in den bunt geschmückten Geisterhäuschen, die man in ganz Thailand vor jedem Gebäude findet. Es handelt sich dabei um einen kleinen Schrein auf einem Sockel, der einem Miniaturtempel ähnelt und zur Besänftigung von Erdgeistern dient, die durch die Bebauung des Geländes ihre Heimat verloren haben und in dem Häuschen eine neue bekommen sollen. Sie werden mit einer speziellen Zeremonie eingeweiht und regelmäßig mit Opfergaben wie Reis, Süßigkeiten oder Getränken bestückt und mit Blumen, Figuren und Räucherstäbchen geschmückt. Die Familien erhoffen sich dadurch Schutz, Glück und Gesundheit. Geisterhäuser finden sich auch an markanten

Orten wie Höhlen oder Felsen. Oft sieht man auch Bäume, die mit bunten Tüchern umwickelt sind – auch in ihnen leben Geister, die Phi Ton Mai. In Thailand sind zudem Amulette und Talismane sehr beliebt. Wer z. B. den Amulettmarkt in Bangkok besucht, wird dort verschiedenste Amulette und magische Gegenstände entdecken: Steine, Ringe, Keramikplättchen, Figuren, Armbänder, Metallschmuck oder Münzen. Sie sollen den Träger vor Unglück, Geistern und negativen Energien schützen und Wohlstand und Gesundheit und Segen bringen. Die Amulette sind oft aus Ton oder Stein und mit einer Buddha-Figur versehen. Sie können die unterschiedlichsten Ingredienzien beinhalten, z. B. Rezepturen aus gemahlenen Pflanzen, denen magische Fähigkeiten nachgesagt werden. Gegenstände, die von Mönchen oder für diese geschaffen wurden, gelten als besonders heilig. Manchmal trifft man Amulettverkäufer auch in Tempeln an. Astrologie und Numerologie spielen ebenfalls eine wichtige Rolle im Brauchtum.

SAK YANT – HEILIGE TATTOOS

Eine jahrhundertealte Tradition im thailändischen Buddhismus sind Tempeltattoos. Sie werden »Sak Yant« oder Yantra-Tätowierung genannt und von Mönchen in die Haut gestochen. Die Designs der »Yants« sind geometrische Ornamente mit Namen wie »Acht Richtungen«, die mit einer Pali- oder Sanskrit-Schrift versehen sind bzw. mit Buddha-Figuren, dem heiligen Berg Meru aus der buddhistischen Kosmologie oder dem Affenkönig Hanuman. Viele Motive stammen aus dem Hinduismus oder Brahmanismus und wurden später adaptiert. Sak Yants geben den Trägern magischen Schutz, Stärke, Glück oder andere Eigenschaften und sollen Übel von ihnen fernhalten, da sie von Mönchen gestochen und gesegnet werden.

Tätowiert wird traditionell aus der Hand heraus mit einer großen, bis zu 50 cm langen, spitz zulaufenden Stahlnadel (früher mit einem spitzen Bambusstäbchen). In der Regel sucht der Mönch das für den Träger passende Tattoo heraus. Der Tinte werden häufig pflanzliche Stoffe beigemischt, die geheimen »magischen« Zutaten variieren allerdings je nach Tempel. Während des Tätowierens werden meist Räucherstäbchen verbrannt und Lehrtexte rezitiert. Damit die Sak Yants ihre Macht entfalten, müssen sie nach dem Stechen durch rituelle Handlungen, z. B. Gebete, aktiviert werden. Bezahlt wird mit einer Spende an den Tempel.

Sak Yants werden traditionell nur von Männern getragen. Im Westen wurden sie bekannt, als sich Schauspielerin Angelina Jolie 2003 ein Sak Yant stechen ließ. Bekannte Tempel für die buddhistischen Tattoos in Thailand sind Wat Phra Bang in Nakhon Pathom und Wat Tong Nai in Bangkok.

DIE GOLF-INSELN

Strandurlaub, Aktivurlaub, Tauchen oder Feiern
am Strand: Die Golf-Inseln Ko Samui, Ko Phangan und
Ko Tao sind für viele das Highlight ihrer Thailand-Reise
– doch jede Insel hat ihren eigenen Charakter.

Vor der Südostküste Thailands liegen drei Inseln, die seit Jahren zu den beliebtesten Zielen von Thailand-Urlaubern gehören: Ko Samui, Ko Phangan und Ko Tao. Sonnenanbeter und Pauschalreisende bräunen sich gern an den palmengesäumten Stränden **Ko Samuis**. Die größte der drei Inseln ist auch am stärksten touristisch entwickelt, folglich findet man hier eine erstklassige Infrastruktur mit Unterkünften und Unterhaltungsangeboten jeglicher Art. Diese ist stark auf die westlichen Besucher ausgerichtet, was Ko Samui zu einem geeigneten Einsteigerziel in Thailand macht.

FULL MOON PARTIES UND HOTSPOTS FÜR TAUCHER

Individualisten fühlen sich eher auf der ursprünglicheren Insel **Ko Phangan** wohl, wo junge Traveller aus der ganzen Welt jeden Monat bei einer der Vollmondpartys am Strand oder im Dschungel feiern und man

◄ Strandidylle mit Kokospalmen am Lamai
Beach (▶ S. 81) im Südosten von Ko Samui.

Bangkok

Nördliche
Golfküste

Die Ostküste

Nördliche
Andamanen-
küste

Die Golf-Inseln

Der tiefe Süden

Phuket, Krabi
und die Pha-
Nga-Bucht

(noch) für wenig Geld seinen Inseltraum von einem kleinen Bungalow am weißen Strand leben kann.
Tauchenthusiasten und solche, die
es werden wollen, zieht es weiter
nach **Ko Tao**, der kleinsten der drei,
die weltweit als Tauchmekka bekannt ist, aber auch für Nicht-Tau-
cher eine Menge zu bieten hat.
Alle drei Inseln sind durch häufige
Fährverbindungen untereinander
und mit dem Festland verbunden,
was ein unkompliziertes Inselhopping möglich macht. In der Umgebung
befinden sich noch mehr als 40 weitere, unbewohnte Inseln, die Teil des
1980 ins Leben gerufenen **Ang Thong Marine National Park** sind. Auch
sie können im Rahmen von Tagesausflügen besucht werden.

KO SAMUI ⚑ B 6

Karte ▶ S. 83
46 000 Einwohner

Noch vor 30 Jahren war die »Kokos-
nussinsel« vor allem von Fischern und
Kokosbauern bewohnt. Heute hat sich
das 14 km breite und 29 km lange Eiland mit seinen vielen schönen Sandstränden an türkis schimmerndem Wasser neben Phuket als beliebtestes Urlaubsziel im Süden Thailands etabliert.
Entlang der Ringstraße reihen sich Ho-
tel- und Bungalowanlagen an Geschäfte
und Restaurants. Die Insel bietet viel
Komfort und auf den Geschmack westlicher Besucher ausgerichtete Unterkünfte, Lokale, Unterhaltungsangebote
und Shoppingmöglichkeiten. Sie ist somit gut für Einsteiger geeignet und auch
bei Pauschalurlaubern sehr beliebt.

Die touristischen Zentren sind die beiden Hauptstrände **Chaweng** und **Lamai Beach** an der Ostküste. Hier ist am
meisten los, und insbesondere in Chaweng tobt das Nachtleben. Im Norden
und Nordosten können Sie an den herrlichen Stränden von **Mae Nam**, **Bophut**
und **Choeng Mon** ein ruhigeres Samui
erleben. Hier findet man von einfachen
Hütten bis zu Luxusunterkünften eine
große Bandbreite. Abseits der Hotelanlagen und Touristenpfade gibt es aber
noch einiges zu entdecken, z. B. nicht
überlaufene Buchten wie Taling Ngam
im Südwesten, Wasserfälle zum Baden, Aussichtspunkte im Inselinneren,
buddhistische Tempel und chinesische
Schreine, Märkte und Schlemmerlo-
kale. Auch die Hauptstadt **Nathon** hat
sich einen lokalen Charakter bewahrt.

Es gibt jedenfalls so viel zu sehen, dass man nicht nur an ein und demselben Strand seinen Urlaub verbringen sollte.

Zu erreichen per Flugzeug von Bangkok oder mit der Fähre von Surat Thani

SEHENSWERTES

❶ Big Buddha

Die 12 m hohe, vergoldete Buddha-Statue ist das Wahrzeichen der Insel und ein beliebtes Postkartenmotiv. Bereits aus mehreren Kilometern Entfernung sieht man die auf einer Plattform im Kloster Wat Phra Yai errichtete Figur in der Sonne glänzen. Von oben hat man einen schönen Blick.

Ko Fan (bei Ban Plai Laem) | Eintritt frei (Spenden erwünscht), wie immer in Tempeln konservative Kleiderordnung

❷ Na-Muang-Wasserfall

Zwei schöne Wasserfälle im Dschungel des Inselinneren, die über Felsen fließen und dann in die Tiefe stürzen. Dabei bilden sie einen natürlichen Pool, in dem man baden kann.

An der Straße zwischen Hua Thanon und Nathon | Eintritt frei

❸ Wat Khunaram

Der Tempel beherbergt die Mumie des verehrten Mönchs Luong Por Daeng, der hier 1973 in derselben meditierenden Position starb, in der er auch heute noch in einem Glaskasten zu sehen ist.

Ringstraße (bei Na Muang und Hua Thanon) | Eintritt frei (Spenden erwünscht)

❹ Wat Plai Laem

Der Thai-chinesische Tempel inmitten eines künstlichen Sees mit Schildkröten und Hunderten Fischen ist eindrucksvoll und farbenfroh, besonders die Wandgemälde und die große Statue der Göttin Guanyin mit 18 Armen und die Figur eines lachenden Buddhas.

Bei Ban Rak, Ban Plai Laem (in der Nähe des Big Buddha) | Eintritt frei (Spenden erwünscht)

ÜBERNACHTEN

❺ Escape Beach Resort 👫

Zum Erholen – Die Lage abseits des Touristenrummels am Ende des schönen Mae Nam Beach garantiert Ruhe und Erholung. Die Einrichtung der Zimmer und Bungalows ist hell, freundlich und stylisch. Das familienfreundliche Resort liegt direkt am Strand, hat einen Pool mit Kinderbecken, Restaurant, Bar, WiFi, Frühstück inklusive.

Mae Nam Beach | 5/1 Moo 1 | Tel. 07724 7405 | 69 Zimmer | €€–€€€

❻ The Library 🚩

Außergewöhnliches Design – Minimalistisches, ultramodernes Design-Boutique-Hotel in einem weitläufigen Garten an einem attraktiven Strandabschnitt in Chaweng. Kubusartige Gebäude, viel Weiß und Industrie-Chic vermischt mit hervorstechenden Farbakzenten wie dem rot gekachelten Pool. Ungewöhnlich ist auch die riesige Bibliothek mit einer großen Auswahl an Büchern, Bildbänden, DVDs und Musik. Mit zwei Restaurants und Strandbar.

Chaweng Beach | 14/1 Moo 2 | Tel. 0774 227678 | www.thelibrary.co.th | 26 Zimmer | €€€€

❼ Mövenpick Resort Laem Yai Beach 👫

Strandurlaub pur – Modernes, luxuriöses Strandhotel in ruhiger Lage am abgeschiedenen »Sunset Beach« Laem

Yai. Restaurant und Bar befinden sich direkt am Wasser, dazu drei Pools, ein Spa sowie ein Kinderspielplatz.

Laem Yai | 57/6-7 Moo 5 | Tel. 077 42 17 21 | www.moevenpick-hotels.com | 50 Zimmer und Villen | ♿ | €€€–€€€€

8 Moonhut Bungalows

Unter Palmen – Sehr einfache Bungalows am Mae-Nam-Strand im schattigen Palmengarten unweit vom Ort. Die Häuschen mit AC stehen vorn, die mit Ventilator weiter hinten im Grünen.

Mae Nam Beach | 67/2 Moo 1 | Tel. 077 42 52 47 | www.moonhutsamui.com | 21 Bungalows | €–€€

9 Poppies Samui Resort

Ruhepol in Chaweng – Trotz der zentralen Lage fühlt man sich hier wie in einer Oase. Die Bungalows im Thai-Stil sind ruhig in einem idyllischen Garten gelegen, davor befindet sich einer der schönsten Strandabschnitte von Chaweng. Pool, Spa, gutes Restaurant.

Südl. Chaweng Beach | Tel. 077 42 24 19 | www.poppiessamui.com | 24 Bungalows | €€€

10 The Scent Hotel

Kleines Boutique-Hotel – Individuelle Hotelanlage am Strand mit geschmackvoll eingerichteten Zimmern mit viel

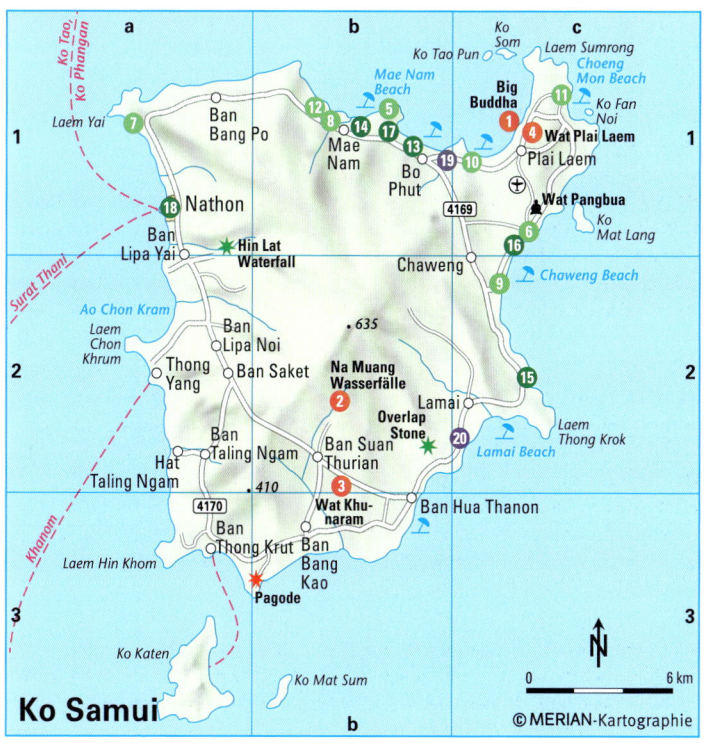

Milde wacht die 18-armige Göttin Guanyin über den Tempelbezirk von Wat Plai Laem (▶ S. 82) auf Ko Samui. Sie ist chinesischen Ursprungs und steht für Mitgefühl und Barmherzigkeit.

dunklem Holz um einen Pool. Das Restaurant ist etwas teuer – lieber mit dem Taxi, Fahrrad oder Scooter (Verleih über das Hotel) die Gegend erkunden.
Bangrak Beach | 58/1 Moo 4 | Tel. 077 96 21 98 | www.thescenthotel.com | 13 Zimmer | €€€–€€€€

⓫ Tongsai Bay

Eine eigene Bucht – Das familiengeführte Luxusresort liegt in einer ruhigen kleinen Bucht mit Privatstrand und verfolgt ein umweltfreundliches Konzept. Die Zimmer und Bungalows haben Veranden und Meerblick und sind in einer weitläufigen Gartenanlage mit alten Bäumen verteilt. Zwei Pools und Restaurants, eigener Biogarten, Spa.
Bophut Beach | 84 Moo 5 | Tel. 077 24 54 80 | www.tongsaibay.co.th | 83 Zimmer und Bungalows | €€€€

⓬ Wandee Bungalows

Relaxte Strandunterkunft – Ein einfacher Bungalow bei einer entzückenden alten Dame, von dem man sich nur ein paar Meter weit weg an den Strand bewegt, ein kühles Getränk in der Hand und die Entscheidung, ob man lieber im Liegestuhl oder in der Hängematte Platz nimmt. Was braucht man mehr?
Mae Nam Beach | 151/1 Moo 1 | Tel. 077 42 56 09 | www.wandeebungalows.com | 8 Bungalows | €–€€

ESSEN UND TRINKEN
RESTAURANTS
⓭ Barracuda

Seafood mit Stil – Restaurant neben der beliebten Fisherman's Wharf in Bophut mit elegantem Ambiente aus dunklem Holz und unverputzten Wänden. Auf der kleinen, feinen Speisekarte stehen innovative Gerichte mit Fisch und Meeresfrüchten, aber auch Fleisch, Pasta und Salat.

Bophut Beach | The Wharf | Tel. 077 43 0003 | www.barracuda-restaurant.com | Mo–Sa 18–23 Uhr | €€€–€€€€

14 Café Talay

Schlemmen am Strand – In diesem gemütlichen Restaurant kann man am Wasser in netter Atmosphäre vorzüglich und günstig thailändisch schmausen. Besonders zu empfehlen: die brutzelnde Seafood-Platte, das Curry im Bananenblatt und die Cocktails.

Mae Nam Beach (beim chinesischen Tempel) | mittags–spät | €–€€

15 The Cliff Bar & Grill

Toller Blick – Über einer Bucht zwischen Lamai und Chaweng genießt man eine delikate mediterrane Küche zu gehobenen Preisen, aber mit herrlichem Blick von der Terrasse.

Lamai Beach | 124/2 Tambon Maret | Tel. 077 44 85 08 | www.thecliffsamui. com | 12–1 Uhr | €€€–€€€€

16 Spirit House 🚩

Zeitreise zum Dinner – Wenn man das Anwesen betritt, glaubt man zunächst gar nicht, dass man noch mitten im trubeligen Chaweng ist. Kein Wunder: Teile der Anlage stammen aus Ayutthaya und wurden hier wieder aufgebaut. Das Restaurant ist eine Oase aus Teakholz und tempelartigen Gebäuden in einem tropischen Garten. Abends ist alles stimmungsvoll erleuchtet. Auf den Tisch kommt exzellente Thai-Küche.

Chaweng Beach | 155/60 Moo 2 | Tel. 077 30 02 83 | 12–22.30 Uhr | www.spirithousesamui.com | €€–€€€

17 Zazen ▶ S. 29

CAFÉS

18 June's About Art Café

Gesundes und hausgemachtes Fusion-Food steht in diesem gemütlichen Café auf der Speisekarte, auch viele vegetarische Gerichte sind darunter. Außerdem gibt's Frühstück und Kaffee.

Nathon | Pier, Nathon und Ringstraße | Tel. 08 97 24 96 73 | www.juneartcafe. com | Nathon 8–17, Bophut 9.30– 18.30 Uhr

BARS

13 Coco Tam's Beach Bar

Schicke Strandbar mit Sitzgelegenheiten direkt im Sand bei großer Cocktailauswahl. Häufig stehen Livemusik und Feuershows auf dem Programm.

Bophut Beach | 99/1 Moo 1 | Tel. 08 07 75 38 85 | 16 Uhr–spät

EINKAUFEN

19 Fisherman's Village ▶ S. 40
20 Lamphu Thai Botanicals ▶ S. 40

KULTUR UND UNTERHALTUNG

Walking Street Markets

An verschiedenen Abenden der Woche finden auf der Insel Open-Air-Märkte, die sogenannten Walking Streets, statt, bei denen man nicht nur shoppen und flanieren kann, sondern auch die Möglichkeit hat, sich an den zahlreichen Essensständen wunderbar durchzuprobieren – von Cocktails bis zu gebratenen Insekten ist so einiges geboten. Die Fisherman's Village Walking Street in Bophut findet am Freitagabend statt, die Walking Street in Mae Nam am Donnerstagabend, in Nathon samstags, in Lamai sonntags (▶ S. 41).

AKTIVITÄTEN

BOOTSAUSFLÜGE

Südlich von Ko Samui liegen mehrere kleine Inseln, zu denen man mit dem Boot Ausflüge unternehmen kann. Die **Five Islands** sind von Seenomaden bewohnt, deren Hütten auf hölzernen Stelzen in den Felsen thronen und die die Schwalbennester der felsigen Inseln vor Wilderern bewachen. Bei den Inseln **Ko Tan** und **Ko Matsum** kann man gut schwimmen und am Korallenriff schnorcheln. Tagestouren ab 1300 Baht. Der Anbieter TK Tour organisiert auch Kajaks und Fischen: www.tktoursamui.com. Ein weiteres lohnenswertes Ziel für Bootsausflüge ist der Ang Thong Marine National Park (▶ S. 87).

KOCHKURSE

Samui Institute of Thai Culinary Arts (SITCA) ▶ S. 83, c 2

Professionelle Kochschule in Chaweng, wo man z. B. auch lernt, die Currypaste selbst zuzubereiten. Die Halbtageskurse belaufen sich auf 2250 Baht.
Chaweng Beach | 46/6 Moo 3 | Tel. 077 41 31 72 | www.sitca.net

RETREATS UND YOGAKURSE

Wer auf der Suche nach Entspannung und Meditation ist, wird auf Ko Samui garantiert fündig. Mehrere Resorts bieten Yoga- oder Detox- und Wellness-Retreats auch mit Unterkunft an.

Absolute Sanctuary ▶ S. 83, c 1
Cheong Mon Beach | 88 Moo 5 | Tel. 0776 01 19 09 | www.absolutesanctuary.com

Kamalaya ▶ S. 83, b 3
Na Muang | 102/9 Moo 3, Laem Set Road | Tel. 077 42 98 00 | www.kamalaya.com

Vikasa Yoga ▶ S. 83, c 2
Tambon Maret | Moo 4 | Tel. 09 04 91 58 90 | www.vikasayoga.com

Yogarden ▶ S. 83, b 1
Bophut Beach | Fisherman's Village | Tel. 8 57 90 34 09 | www.theyogarden samui.com

SEGELN

Island Cruises ▶ S. 83, c 1
Jachtcharter, Segelkurse, Segelausflüge und mehrtägige Live-Aboards zum Ang Thong Marine National Park und im westlichen Golf von Thailand.
Tel. 077 45 70 02 | www.island-cruises.org

Samui Asia Divers ▶ S. 83, b 1
Mehrtägige Segel- und Tauchtouren als Live-Aboard auf einem Segelkatamaran.
Bophut Beach | 23/285 Moo 4, Road Bontji | Tel. 08 57 82 47 92 | www.samui-asia-divers.com

Samui Ocean Sports ▶ S. 83, b 1
Jachtcharter sowie Segel-Cruises, beispielsweise zum Sonnenuntergang.
Bophut Beach | 123/117 Moo 1 | Tel. 08 19 40 19 99 | www.sailing-in-samui.com

STANDUP PADDLEBOARDING (SUP)

Naish SUP Samui ▶ S. 83, c 1
Hier gibt es Kurse, Verleih von Boards (300 Baht/Std.) und sogar SUP-Yoga.
Chaweng Beach | 111 Moo 2 | Tel. 08 69 47 72 33 | www.naishsupsamui.com

TAUCHEN

Es gibt mehrere Tauchschulen, die von Ko Samui aus die besten Tauchplätze im Ang Thong Marine National Park (▶ S. 87) und bei Ko Tao (▶ S. 95) ansteuern. Live-Aboards als kombinierte

Segel- und Tauchtour bietet die deutsche Tauchschule Samui Asia Divers an.

Calypso Diving ▶ S. 83, c 2
Chaweng Beach | 27/5 Moo 3 | Tel. 077 422437 | www.calypso-diving.com

Easy Divers ▶ S. 83, c 1
Chaweng Beach | Big Buddha | Tel. 077 413373 | www.easydivers-thailand.com

Samui Asia Divers ▶ S. 83, c 1
Bophut Beach | 23/285 Moo 4, Road Bontji | Tel. 0857824792 | www.samui-asia-divers.com

SERVICE
AUSKUNFT
Tourism Authority of Thailand (TAT)
Tambon Ang Thong | 370 Moo 3 | Tel. 077420504 | www.tourismthailand.org/koh-samui

Ziele in der Umgebung

◎ **ANG THONG MARINE NATIONAL PARK** 📖 B 6

Dieser Meeresnationalpark besteht aus 42 wilden, dschungelbedeckten und zerklüfteten Inseln. Wie die Perlen einer zersprungenen Kette liegen sie im türkisblauen Meer und sind aufgrund ihrer Kalksteinberge und -klippen besonders hübsch anzusehen. Die meisten Inseln verfügen über Strände, häufig mit feinem weißen Sand. Manche haben zudem Höhlen, versteckte Lagunen oder Korallenriffe. Sie, und nicht etwa Ko Phi Phi in der Andamanensee, sollen Alex Garland zu seinem 1996 veröffentlichten Backpacker-Kultroman »Der Strand« inspiriert haben.

Das Highlight ist der Aussichtspunkt **Koh Wuatalab**, von dem aus das Auge über die Inselformationen im blaugrün schimmernden Ozean schweift – einer

Ein Bootsausflug zur Inselwelt des Ang Thong Marine National Park (▶ S. 87) gehört zu den Highlights an der Golfküste. Der Archipel besteht aus insgesamt 42 unbewohnten Inseln.

der schönsten Ausblicke in ganz Thailand! Zu dem Viewpoint müssen vom Strand aus etwa 250 Höhenmeter auf einem mit einem Seil gesicherten Weg bewältigt werden. Eine andere Strecke führt vom Strand hinauf zur **Bua-Bo-ke-Höhle** mit ihren interessanten Tropfsteinformationen und außergewöhnlichen grünen (mit Moos überzogenen) Tropfsteinen. Nicht verpassen sollte man auch den »Inneren See« (Emerald Sea) auf **Ko Mae Ko**, einer Lagune im Inselinneren, deren Wasser in einem hellen Mintgrün schimmert.

Tagestouren zu den Inseln des Ang Thong National Park mit verschiedenen Bootstypen werden ab Ko Phangan, Ko Tao oder Ko Samui von verschiedenen Anbietern für ca. 2000 Baht organisiert. Manche Veranstalter wie Blue Stars Kayaking führen auch Er-kundungen mit dem Kajak durch (Tel. 07 73 00 6 15, www.bluestars.info).
Eintritt Nationalpark 200 Baht
45 km westl. von Ko Samui

ÜBERNACHTEN

Auf **Ko Wuatalab** stellt die Nationalparkverwaltung einfache Bungalows für Übernachtungsgäste zur Verfügung, man kann aber auch zelten.
Tel. 0 25 62 07 60 | www.dnp.go.th/park
reserve/asp/style1/accommodation.asp

KO PHANGAN B 6
8000 Einwohner

Obwohl Ko Phangan hauptsächlich als Austragungsort der berühmt-berüchtigten »Full Moon Party« bekannt ist, hat die kleinere Nachbarinsel von Ko Samui noch weit mehr zu bieten. Wunderschöne Strände mit jeweils eigenem

Bilderbuchstrand in der Wok Tum Bay: Der Dreiklang Sonne, Strand, Spaß prägt auch Ko Phangan (▶ S. 88), das sich nicht hinter seiner großen Schwester Ko Samui zu verstecken braucht.

Charakter findet man genauso wie kleine Buchten, Berge, Dschungelgebiete und Wasserfälle. Dabei ist die Insel auf eine erfrischende Weise entspannter und weniger massentouristisch als die Nachbarinsel Ko Samui und zieht eher Individualisten an. Wer möchte, findet hier eine interessante Club- und Partyszene und kann mit den Füßen im Sand oder mitten im Dschungel zu Trance- und Techno-Rhythmen tanzen, aber auch absolute Ruhe in einer der abgelegeneren Buchten finden, den persönlichen Inseltraum in einem Bungalow am Strand ausleben, an einem Yoga- oder Meditations-Retreat teinehmen, einen Berg besteigen, eine traditionelle Kräutersauna in einem Tempel besuchen oder sich mit dem Roller auf abenteuerliche Erkundungstouren begeben. Oder einfach nur Strandurlaub machen.

Die meisten Fähren kommen in der kleinen Inselhauptstadt **Thong Sala** an, ein trubeliger Ort mit der Infrastruktur eines Fischerdorfs, das sich in eine Kleinstadt verwandelt hat. Entlang der Südküste mit den Ortschaften **Ban Kai** und **Ban Tai** ziehen sich lange, palmengesäumte Sandstrände, die sich zwar nur bei Flut zum Baden eignen, bei Ebbe kann man dafür kilometerlang am Ufer entlangwandern. Bekanntester Ort und Partyzentrum der Insel ist das auf einer Landzunge im Süden gelegene **Hat Rin**. Am Sunrise Beach findet jeden Monat die Full Moon Party statt, die für Tausende, meist jüngere Backpacker aus aller Welt mittlerweile fester Programmpunkt ihrer Reiseplanung ist. Zu Vollmond ist hier die Hölle los. Ohne Full Moon Party ist der Sunrise Beach ein hübscher Strand mit weißem Sand, aber bebaut mit Unterkünften

und Strandbars. Alternativen sind die Strände Leela Beach und Sunset Beach. Ruhiger ist es weiter im Norden mit dem Fischerdorf **Chaloklum** als Zentrum. Thong Nai Pan Noi/Yai zählen mit zu den schönsten Stränden, interessant für Ruhesuchende ist auch der abgelegene Bottle Beach, der auch heute noch nur per Boot oder über eine abenteuerliche Piste zu erreichen ist. Entlang der Westküste zählen die »Piratenbucht« Hat Salad mit ihrem weichen, weißen Sand und der schöne lange Hat Yao zu den beliebtesten Stränden.
Zu erreichen mit der Fähre von Surat Thani bzw. von Ko Samui oder Ko Tao

SEHENSWERTES

Chinesischer Tempel Kuan Yin

Der Tempel liegt an einem Berghang an der Hauptstraße nach Chaloklum und wurde erst in den 1990er-Jahren erbaut. Neben hübsch verzierten Gebäuden gibt es farbenfrohe Figuren und lachende chinesische Buddha-Statuen zu bestaunen. Von oben genießt man einen herrlichen Blick.
Tgl. 8–17 Uhr | Eintritt 40 Baht

Phaeng-Wasserfall und Aussichtspunkt

Der schöne Phaeng-Wasserfall bildet kleine Pools, in denen man vor allem zwischen November und Januar gut baden kann. Er liegt im Inselinneren an der Hauptstraße und ist Teil des **Than Sadet National Park**, der sich über Teile von Ko Phangan erstreckt. Vom Wasserfall aus führt ein Pfad hinauf zum Aussichtspunkt Dom-Sila, von dem aus man eine fantastische Sicht auf die umliegenden Wälder und das Meer bis hinüber nach Ko Samui hat.

Than-Sadet-Wasserfall

Schon mehrere thailändische Könige haben diesen Wasserfall besucht und ihre Inschriften im Fels hinterlassen, so Rama V. (Chulalongkorn) im 19. Jh. und der derzeitige König Bhumipol (Rama IX.). Er liegt im Than Sadet National Park, zieht sich über insgesamt 3 km bis zur Ostküste und bildet dabei mehrere Wasserbecken. Am besten man wandert an ihm entlang und geht zwischendurch immer wieder plantschen.

Wat Khao Noi

Der Tempel in der Nähe von Thong Sala ist bereits um die 600 Jahre alt. Besonders hübsch ist sein blütenweißer, 12 m hoher Chedi. Von der Verehrung des Klostergründers Luang Poh Pet zeugen noch heute eine goldene Statue und sein heiliger Fußabdruck.

Wat Khao Tahm

Auf einem Berg im Hinterland von Ban Tai liegt dieser Tempel, der als einer der wenigen Thailands von einer buddhistischen Nonne geleitet wird. Bekannt ist er vor allem wegen des angegliederten Meditationszentrums (▶ S. 94), doch er birgt auch den größten liegenden Buddha der Insel und einen Fußabdruck Buddhas. Von dort oben eröffnet sich ein toller Blick über die Insel.

Wat Pho

Kleine schöne Tempelanlage nahe Ban Tai. Hier gibt es nachmittags ein traditionelles Kräuterdampfbad.

ÜBERNACHTEN

B52 Beach Resort

Mit Tropenflair – Bungalowanlage am Strand unter Palmen, im Thai-Stil mit Palmdächern und viel dunklem Holz. Restaurant, Beach Bar, Pool, Zimmer mit AC, TV, Warmwasser, Kühlschrank, aber etwas in die Jahre gekommen. Thong Sala | 31/22 Moo 1 | Tel. 0 77 37 79 27 | www.b52resort.com | 23 Bungalows | €€

The Blue Parrot

Einfach und farbenfroh – Kleine charmante Anlage mit Zimmern in Reihenhäusern im Bungalowstil in einem Garten. Restaurant/Bar am Strand mit Hängematte und Sitzkissen. Die Ausstattung ist sehr einfach, die Zimmer mit AC sind zu empfehlen. Ebenso das Restaurant – insbesondere die Pizza. Ban Tai Beach | 100/45 Moo 1 | Tel. 077 23 87 77 | www.theblueparrotphangan. com | 19 Zimmer | €–€€

Cocohut Village Beach Resort & Spa 🛉💧

Gute Wahl – Hübsche weiße Bungalows aus Stein ziehen sich vom palmengesäumten Leela Beach den Hang hinauf. Ruhige Lage, doch zu Fuß nur wenige Minuten nach Hat Rin. Professionelles Spa, Poollandschaft, Beachvolleyball. Leela Beach | 130/20 Moo 6 | Tel. 07 73 75 36 9 | www.cocohut.com | 79 Zimmer | €€–€€€€

Haad Yao High Life Bungalows

An der Westküste – Familiengeführte einfache, aber gepflegte Bungalows mit Klimaanlage am Hang des schönen langen Hat Yao, mit einer tollen Aussicht von Pool und Restaurant. Eine Treppe führt hinunter zum Strand. Hat Yao | 85/5 Moo 8 | Tel. 0 77 34 91 14 | www.haadyaohighlife.com | 30 Bungalows | €€

Eine chinesische Dame aus Bangkok initiierte in den 1990er-Jahren den Bau der farbenprächtigen Pagoden in der chinesischen Tempelanlage Kuan Yin (▶ S. 89) im Nordwesten von Ko Phangan.

Kupu Kupu Beach Villas & Spa

Zauberhaft und exklusiv – Schöne Anlage mit Zimmern, Bungalows und Villen mit Privatpool im balinesischen Stil an der Westküste. Mit Spa, Restaurant und Pool, auch für Familien geeignet.
Naiwok | 69/13 Moo 4 | Tel. 07737 7384 | www.kupuphangan.com | 22 Bungalows | €€€–€€€€

Milky Bay Resort

Zum Wohlfühlen – Großzügige, komfortable und schön dekorierte Zimmer und Bungalows in einem Bambushain am Strand in ruhiger Lage, die Villas sind besonders zu empfehlen. Sehr aufmerksamer und freundlicher Service, schöner Restaurant- und Barbereich.
Ban Tai Beach | 103/4 Moo | Tel. 07723 8566 | www.milkybaythailand.com | 39 Zimmer und Bungalows | €–€€€

Seetanu Bungalows

Bungalows unter Palmen – Schön gelegene Budgetunterkunft am Hat Chao Phao, einem der schönsten Strände an der Westküste. Einfache weiße Bungalows mit Veranda sowie Restaurant.
Ao Chao Phao | 81/3 Moo 8 | Tel. 077349113 | www.seetanu.com | 16 Bungalows | €–€€

ESSEN UND TRINKEN
RESTAURANTS
The End Beach Bar and Restaurant

Lounge am Strand – Im Candle Hut Resort nimmt man an Tischen direkt am Strand oder im Lounge-Bereich mit Sitzkissen Platz. Kleiner Pool, internationale Küche, große Cocktailkarte.
Thong Nai Pan Yai (Nordende) | Tel. 077 445119 | www.candlehutresort.com | 10 Uhr bis spät | €€–€€€

Chillen, feiern, tanzen mit den Füßen im Sand

Was gibt es Besseres, als den Tag in einer Strandbar aus Treibholz mit bunten Liegestühlen mit einem kühlen Singha-Bier oder einem Cocktail ausklingen zu lassen (▶ S. 13)?

Fish at Thip's

Seafood am Strand – In einem offenen Restaurant sitzt man unter dem großen Palmdach direkt am Wasser und lässt sich in der romantischen Atmosphäre frischen Fisch und Meeresfrüchte schmecken. Der Eigentümerin gehört auch die Kochschule My Wok and Me.
Ban Tai Beach | Ban Tai Road | Tel. 0878 933804 | 13–23 Uhr | €€–€€€

Mama Pooh's Kitchen

Einfach und rustikal – Vom unscheinbaren Äußeren des Lokals sollte man sich nicht abschrecken lassen – bei Mama Pooh gibt's authentisches, günstiges Thai-Essen in netter Atmosphäre.
Srithanu | 84/8 Moo 8 | Tel. 087381 7598 | ganztägig | €–€€

Markt und Walking Street

Landestypisch speisen – Auf dem Markt in Thong Sala genießt man preiswertes Essen. Auf der Walking Street, die jeden Samstagabend in der Talad Kao Road stattfindet, kann man sich beim Shopping auch sehr gut an den zahlreichen Essensständen durchprobieren.
Thong Sala | €

Milky Bay Restaurant

Pizza und BBQ mit Stil – Im gemütlichen, stilvollen Open-Air-Restaurant des Milky Bay Resorts gibt es abends ein BBQ und wirklich exzellente Steinofenpizza. Der Service ist sehr freundlich, und man sitzt direkt am Strand.
Ban Tai Beach | 103/4 Moo 1 | Tel. 07723 8566 | www.milkybaythailand.com | ganztägig | €€–€€€

Peppercorn

Steakhouse – Leckere Steaks und gehobene europäische Küche (auch vegetarisch) in Hat Salad an der Westküste.
Hat Salad | 58/28 Moo 8 | Tel. 087896 4363 | www.restaurantpeppercorn.com | Mo–Sa 16–22 Uhr | €€–€€€

BARS

Amstardam Restaurant & Bar

Perfekt zum Sonnenuntergang: In den Bergen in der Nähe von Thong Sala hat man von der hölzernen Terrasse einen fantastischen Ausblick auf den Golf von Thailand in netter, entspannter Atmosphäre. Es gibt thailändische und westliche Küche sowie Cocktails.
Ao Play Laem | Tel. 0772384477 | www.amstardambar.com

EINKAUFEN
Hammock Lovers ▶ S. 40

KULTUR UND UNTERHALTUNG
PARTYS
Full Moon Party

Jeden Monat zu Vollmond findet am Sunrise Beach in Hat Rin die berühmte Full Moon Party statt, wo Tausende zu elektronischen Beats den Strand in eine einzige Tanzfläche verwandeln. Eimerweise alkoholische Mixgetränke, Feuershows und Bodypainting in Neonfarben gehören ebenfalls dazu, die Preise ziehen dann deutlich an. Wer nicht zur

Party hier ist, sollte diese Zeit des Monats lieber meiden (oder an einen ruhigeren Teil der Insel ausweichen). www.fullmoonparty-thailand.com

Weitere Partys

Das **Half Moon Festival** findet zwei Mal im Monat im Dschungel in Ban Tai statt, hier legen DJs aus der ganzen Welt Techno, House und Trance auf. Zu Neumond wird bei **Black Moon Culture** am Strand in Ban Tai gefeiert. Alternativen sind die **Full Moon Afterpartys** Ban Sabai (am Strand in Ban Tai) und Backyard (in einer Resort-Ruine auf einem Hügel mit Meerblick bei Hat Rin). Bei der **Sramanora Waterfall Party** ist der Name Programm, denn man feiert im Dschungel bei Ban Kai bei einem Wasserfall. Bei der Pirate Bar tanzt man in einer kleinen, abgelegenen Bucht direkt am Strand.

AKTIVITÄTEN

FAHRRADTOUREN

Die Westküste eignet sich gut zum Fahrradfahren. Geführte Touren gibt es bei Phangan Bicycle Tours, sowohl als »Easy Going Sightseeing Tour«, bei der man z. B. eine Kautschukplantage besucht und zum Khao-Ra-Aussichtspunkt fährt, oder als anspruchsvollere Mountainbike-Tour mit Dschungel-Treks (5 Std. ca. 1150 Baht).

Phangan Bicycle Tours

Ban Tai Beach | 99/121 Moo 1 | Tel. 08 95 93 97 32 | www.phanganbicycletours.com

KAJAK

Kajaks bekommt man bei manchen Unterkünften und an vielen Stränden bei Verleihern (ab 100–150 Baht/Std.).

KITESURFING UND WAKEBOARDING
Kiteboarding Asia (KBA)

Ban Tai Beach | Tel. 08 15 91 45 93 | www.kbaphangan.com

Kitesurf Asia

Ban Tai Road, 100/46 Moo 1 | Tel. 08 06 92 68 12 | www.kitesurfing-kohphangan.com

Wake Up! Wakeboarding

Chaloklum | 71/3 Moo7 | Tel. 08 72 83 67 55 | www.wakeupwakeboarding.com

KOCHKURSE

Als Erstes geht es gemeinsam auf den Markt, wo die Zutaten gekauft und erklärt werden. Anschließend kocht man in kleinen Gruppen unter Anleitung mehrere Thai-Gerichte, die dann zu guter Letzt genüsslich verspeist werden (Halbtageskurs ca. 1500–2000 Baht).

My Wok and Me

Thong Sala | Tel. 07 73 77 84 6

C&M Cooking Class

Srithanu | Tel. 08 94 87 62 07 | www.thai 2study.com/thai-cooking-classes

TIERSCHUTZ
PhaNgan Animal Care (PAC)

Die Non-Profit-Hilfsorganisation kümmert sich seit 2001 um Straßentiere, für die es sonst keine tierärztliche Hilfe auf der Insel gibt. Die verletzten oder kranken Hunde und Katzen werden aufgesammelt und in der Klinik der Organisation behandelt, bevor sie wieder in die Freiheit entlassen werden. Die Initiative finanziert sich ausschließlich aus Spendengeldern und freut sich neben Zuschüssen auch über Volunteers. Tel. 08 98 75 75 13

SCHNORCHELN UND TAUCHEN

Einige der schönsten Schnorchelgebiete von Ko Phangan befinden sich an der Nord- und Westküste bei Hat Salad, Hat Yao, Hat Chom, Hat Chao Prao. Touren mit dem Longtail-Boot fahren die besten Strände und Schnorchelreviere an, ebenso die kleine vorgelagerte Insel Ko Ma oder die Eilande des Ang-Thong-Meeresnationalparks. Tagesausflüge mit dem Longtail-Boot um Ko Phangan ca. 850 Baht, nach Ang Thong mit dem Speedboat ca. 1800 Baht.

Rund um Ko Phangan liegen zehn bis 20 Tauchspots, vor allem vor der West- und Nordküste. Weitere gute Tauchgebiete für Anfänger und Fortgeschrittene findet man um die Nachbarinsel Ko Tao und im Ang Thong Marine National Park (▶ S. 87). Obwohl Ko Tao als Tauchzentrum Nr. 1 gilt, haben sich auch auf Ko Phangan mehrere Schulen angesiedelt. Kurse kosten ab 8500 Baht, zwei Tauchgänge ca. 2000 Baht.

The Dive Inn

Chaloklum | 37/1 Moo 7 | Tel. 07737 4262 | www.the-diveinn.com

Phangan International Diving School

Ban Tai Beach | 100/3 Moo 1 | Tel. 07737 7247 | www.pidsthailand.com

Reefers Dive Resort

Hat Yao | Tel. 0878940637 | www.reefersdiving.com

SILBERWORKSHOPS

Ein besonderes Souvenir bekommt man hier: In ein- bis dreitägigen Kursen kann man die Techniken des Silberschmiedens erlernen und dabei sein eigenes Schmuckstück kreieren. Vorkenntnisse sind hier nicht erforderlich. Der Tageskurs kostet 1500 Baht, der Dreitageskurs 4500 Baht.

In Thong Sala und Hat Rin | Tel. 0890346036 | www.workshopsilverkohphangan.com

TREKKING

Das hügelige, waldbedeckte Inselinnere, das zum Teil durch den Than Sadet National Park geschützt ist, eignet sich gut für Trekkingtouren, beispielsweise auf den **Khao Ra**, den mit 630 m höchsten Berg der Insel (ca. 2–3 Std.). Oben genießt man einen herrlichen Ausblick. Guides gibt es beim Phaeng-Wasserfall. Lohnenswert ist auch die etwa zweistündige Wanderung zum **Bottle Beach** von Chaloklum aus.

YOGAKURSE UND RETREATS

Mehrtägige Yoga-, Detox-, Fasten- oder Meditations-Retreats sowie Spa- und Heilbehandlungen kann man inklusive Unterkunft bei verschiedenen Resorts buchen.

Agama Yoga

Srithanu | 42/4 Moo 8 | Tel. 0892330217 | www.agamayoga.com

Ananda Wellness Resort

Ao Hin Kong | 16/3 Moo 6 | Tel. 0813976280 | www.anandaresort.com

Kow Tahm Insight Meditation Center

Das internationale Meditationszentrum im Wat Khao Tahm veranstaltet zehntägige Meditations-Retreats.

Wat Khao Tahm | Tel. 0835933597 | www.kowtahm.com

The Sanctuary

Hat Tien Bay | Tel. 08 12 71 36 14 |
www.thesanctuarythailand.com

The Yoga Retreat

Hat Salad | 65/4 Moo 8 | Tel. 0 77 37
43 10 | www.yogaretreat-kohphangan.
com

The Yoga Studio

Thong Nai Pan Yai | Tel. 0 77 44 51 92 |
www.yogakohphangan.com

ZIPLINE UND HOCHSEILGARTEN
Just for Fun

An Stahlseilen saust man durch die
Baumwipfel und bewegt sich auf kleinen Brücken in bis zu 22 m Höhe durch
den Dschungel von Baum zu Baum.
Ban Tai Beach | Thong Nai Pan Road |
Tel. 08 79 08 86 10

Ziele in der Umgebung

◎ KO TAO   B 6

Ko Tao ist die kleinste der drei Golf-
Inseln. Der Name bedeutet »Schildkrö-
teninsel«, doch die sind heute fast alle
verschwunden. Dennoch ist die ledig-
lich 21 qkm große Insel aufgrund ihrer fantastischen Tauchgründe weltbe-
rühmt. Nirgendwo auf der Welt (außer
in Cairns, Australien) machen so viele
ihre ersten Erfahrungen unter Wasser.
Die 25 Tauchgebiete sind top, die Insel
ist bildschön, und Dutzende Tauchschulen bieten Kurse zu sehr günstigen
Preisen an. Auch für Nichttaucher hat
das 45 km nördlich von Ko Phangan
liegende Eiland einiges zu bieten: Klettern, Wandern, Schnorcheln, Kajaken,
Yoga und Wellness, Feiern am Strand –
oder entspannte Ruhe in kleineren
Buchten abseits des Trubels.

Sairee Beach ist der beliebteste Strandabschnitt im Taucherparadies Ko Tao (▶ S. 95).
Hier haben sich eine ganze Reihe von Guesthouses, Restaurants und Bars angesiedelt.

Gemütliche Sitzsäcke, gute Cocktails, chillige Lounge-Musik: Die Fizz Beach Lounge (▶ S. 98) an Ko Taos Sairee Beach ist der geeignete Ort für den stimmungsvollen Sundowner.

Die Insel war nicht immer so bevölkert wie heute – lange Zeit war sie sogar unbewohnt. Von 1933 bis 1947 diente sie als Gefängnisinsel für politische Häftlinge. Erst danach ließen sich die ersten Siedler nieder, in den 1980er-Jahren entdeckten die ersten Rucksacktouristen Ko Tao. Heute sind es immer noch viele Individualreisende, die die Insel besuchen, aber zunehmend mischt sich das Publikum. Neben Buchten mit Stränden ist die Küste von Ko Tao von malerischen Felsformationen geprägt, an die sich Bungalows schmiegen.

Das touristische Zentrum ist die Westküste: **Mae Hat**, wo die Fähren ankommen, und das benachbarte **Sairee** mit seinem langen Strand. Hier findet man die meisten Hotels und Bungalowanlagen, Infrastruktur, Tauchschulen und Nachtleben. Auch im Süden bei **Chalok**

Ban Kao gibt es schöne Buchten und Unterkünfte. Für Ruhesuchende eignet sich die weniger erschlossene Ostküste.

Zu erreichen mit der Fähre von Chumphon oder Surat Thani, Ko Samui oder Ko Phangan
45 km nördl. von Ko Phangan

ÜBERNACHTEN
Baan Talay Resort

Umwelt, Tauchen und Yoga – Kleines Eco-Resort in einer ruhigen Bucht mit weißem Strand und Korallenriffen. Die rustikalen Bungalows mit Hängematte, Ventilator oder AC laden zum Entspannen ein, es gibt aber auch Tauchkurse, Yogalehrgänge und Schulungen in Meeresnaturschutz.

Ao Leuk | Tel. 077457045 | www.baantalaykohtao.com | 8 Bungalows | €–€€

Dusit Buncha

Mit Meerblick – Die luxuriöse Anlage thront auf runden Felsen am Meer. Toller Blick zum Sonnenuntergang auf die Nang-Yuan-Inseln. Großzügige, helle Bungalows mit Terrasse. Bootstouren und Schnorcheltrips direkt vom Resort. Felsige Bucht, Pool, kein Strand.
Sairee | 31/3 Moo 1 | Tel. 077457098 | www.dusitbuncharesort.com | 30 Bungalows | €€–€€€

Ko Tao Cabana

Bungalows mit Charme – Gemütliche, weiß getünchte Cottages im Garten oder Holzbungalows mit Palmdächern am Hang. Gute Lage am ruhigen Nordende des Sairee Beach, von wo man zu Fuß in zehn Minuten im Ort ist. Liegewiese unter Palmen am schönen Strandabschnitt, Spa und Pool.
Sairee | 16 Moo 1 | Tel. 077456505 | www.kohtaocabana.com | 33 Bungalows | €€€–€€€€

The Place

Romantisch – Das kleine Luxus-Boutique-Hotel räumte zahlreiche Preise ab, u. a. als »romantischstes Hotel 2015«. Kein Wunder: In den Hügeln oberhalb von Sairee residiert man in neun kleinen, detailverliebt gestalteten Villen mit privatem Infinity Pool.
Sairee Hills | Tel. 0878875066 | 9 Villen | €€€€

Sai Thong Resort

Rustikal und ruhig - Einfache Holz- und Mattenbungalows mit Ventilator wie aus alten Tagen unter Palmen am kleinen abgelegenen Sai-Nuan-Strand. Restaurant, Terrasse mit Hängematte, günstige Massagen.

Hat Sai Nuan | Moo 2 | Tel. 022072552 | www.saithongresort.info | 23 Bungalows | €–€€

Sensi Paradise Beach Resort

Paradiesisches Ambiente – Am südlichen Ende der Bucht von Mae Hat am Strand gelegen, mit schönen komfortablen Holzbungalows im Thai-Stil. Dazu Poollandschaft und Restaurant.
Mae Hat | 27 Moo 2 | Tel. 077456244 | www.sensiparadiseresort.com | 70 Bungalows | €€–€€€

ESSEN UND TRINKEN
RESTAURANTS
Barracuda ▶ S. 28

Porto Bello

Mediterranes Bistro – Beliebter Italiener in Sairee, auf den Tisch kommen Antipasti, hausgemachte Pasta, Steinofenpizzas und italienische Weine.
Sairee | 9/39 Moo 1 | Tel. 077457029 | www.portobellokohtao.com | tgl. 15–23 Uhr | €€–€€€

Taste of Home

Schmeckt vertraut – Wer mal wieder Lust auf ein Schnitzel oder Buletten hat, ist in dem kleinen deutschen Restaurant von Expat Uschi richtig. Besonders lecker: die Mousse au Chocolat mit dem selbst gemachten Baileys.
East Sairee | Tel. 0860120727 | tgl. 18–22 Uhr | €€

Whitening

Ganz in Weiß – In romantischem Ambiente mit Lichtern und weißer Deko gibt's Seafood und Grillspezialitäten.
Mae Hat | 17/2 Moo 2 | Tel. 077456199 | tgl. 13–1 Uhr | €€–€€€

BARS

Fizz Beach Lounge

Schicke Strandbar mitten am Sairee Beach mit hölzerner Plattform und Sitzsäcken. Man serviert in entspannter Atmosphäre gute Cocktails, westliche Gerichte und Thai-Essen.

Sairee Beach (neben Big Blue Diving)

Wollen Sie's wagen?

In Thailands erster Freediving-Schule Apnea Total kann man mit Hilfe von Atemübungen lernen, ohne Geräte auf Tiefen bis zu 30 m und mehr zu tauchen und Ruhe und Freiheit unter Wasser zu erleben. Ein zweitägiger Anfängerkurs kostet 5500 Baht.

Sairee Beach | 9/5 Moo 1 | Tel. 819 56 57 20 | www.apneatotal.com

---

AKTIVITÄTEN

KLETTERN, BOULDERN UND TRAPEZ

Ko Tao eignet sich aufgrund seines felsigen Kalkstein-Terrains gut zum Klettern, Bouldern und Klippenspringen. Kurse hat beispielsweise Goodtime Adventures im Angebot. Auch Akrobatik am Trapez oder an Slacklines kann man hier erlernen.

Sairee Beach | Tel. 08 72 75 36 04 | www.gtadventures.com

SCHNORCHELN

Um Ko Tao liegen zahlreiche gute Schnorchelplätze, an denen man Korallen und viele Fische bestaunen kann, z. B. bei der Insel Ko Nang Yuan, in der Mango Bay und Tanote Bay oder in der Shark Bay, wo man mit etwas Glück ungefährliche Schwarzspitzen-Riffhaie

bestaunen kann. Mehrere Anbieter offerieren täglich Bootsausflüge zu den besten Plätzen (Tagestour ca. 700 Baht).

SEGELN

Island Cruises

Jachtcharter, Segelkurse, Segelausflüge und mehrtägige Live-Aboards zum Ang Thong Marine National Park und im westlichen Golf von Thailand.

Mae Hat | 6/10 Moo 2 | Tel. 07 7 45 70 02 | www.island-cruises.org

⭐ TAUCHEN

Die Aktivität Nr. 1 auf Ko Tao, das international als eines der besten Tauchgebiete auch für Anfänger gilt. Um die Insel liegen ca. 25 Spots mit Tiefen von 5 bis 30 m, wo man intakte Korallenriffe und eine Vielfalt an Meeresbewohnern wie Barrakudas, Oktopoden, Seepferdchen, Riffhaie, Rochen und sogar Walhaie beobachten kann.

Auch bei Schnorchlern beliebt sind die Gebiete bei den drei kleinen Nachbarinseln **Ko Nang Yuan**, die durch einen malerischen weißen Sandstrand miteinander verbunden sind. Am **Green Rock** gibt es korallenbewachsene Höhlen und Tunnel zum Durchschwimmen, am White Rock Korallen, aber auch Rochen, Muränen, und sogar Schildkröten, nachts Oktopoden und Barrakudas. Haie sieht man bei **Shark Island** zwar keine, dafür jede Menge andere Tiere.

Chumphon Pinnacle ist für viele das beste Gebiet im Golf von Thailand: ein Unterwasserfelsen, bei dem man in 14 bis 30 m Tiefe Korallen bestaunen kann, aber auch Muränen, Oktopoden, große Fischschwärme, plus die beste Chance, Walhaie zu sehen. Etwas weiter draußen befindet sich ein weiteres Highlight: **Sail**

Rock mit großen Fischschwärmen und einem Kamin zum Durchschwimmen. Die Gebiete werden im Rahmen von Tagestouren angefahren. Da Ko Tao bei Tauchern so beliebt ist, sollte man bedenken, dass man trotz kleiner Tauchgruppen immer auch auf andere Boote trifft. Kurse gibt es ab 9800 Baht, zwei Tauchgänge kosten ca. 2000 Baht.

Ban's Diving Resort
Hat Sairee | Tel. 077 45 64 66 | www.bansdivingresort.com

Crystal Dive Resort
Mae Hat | Tel. 077 45 61 06 | www.crystaldive.com

Dive Point
Mae Hat | 16 Moo 2 | Tel. 077 45 62 31 | www.divepoint-kohtao.com

New Heaven Diving
Chalok Ban Kao | 48 Moo 3 | Tel. 077 45 70 45 | www.newheaven diveschool.com

Roctopus
Sairee | 11/2 Moo 1 | Tel. 077 45 66 11 | www.roctopusdive.com

YOGA

Yogakurse gibt es bei Shambhala Yoga in Sairee, Ocean Sound Yoga im Tropicana Resort in Chaloklum und in der New Heaven Diving School in der Tanote Bay. Lehrgänge und mehrtägige Retreats hat auch das Baan Talay Resort in seinem Programm.
www.shambhalayogakohtao.com, www.oceansoundyoga.com, www. newheavendiveschool.com/yoga-koh-tao, www.baantalaykohtao.com

Bei Ebbe verbindet eine schmale Sandbank die drei kleinen Inseln von Ko Nang Yuan (▶ S. 98) miteinander. Auf Holzstegen gelangt man zu den Bungalows des einzigen Resorts.

NÖRDLICHE ANDAMANENKÜSTE

Traumhafter Strandurlaub in Khao Lak, die fantastische Unterwasserwelt der Similan- und Surin-Inseln, Übernachten im Baumhaus im Regenwald und der weitgehend unentdeckte Norden versprechen viel Abwechslung.

Die nördliche Andamanenküste erstreckt sich von der Grenze zu Myanmar im Norden bis kurz vor Phuket im Süden. Am bekanntesten ist die Urlaubsregion **Khao Lak**, die für viele den Traum vom perfekten Strandurlaub verkörpert. Der fand am 26. Dezember 2004 zunächst ein jähes Ende, als die Region schwer von dem Tsunami getroffen und weitgehend zerstört wurde. Mittlerweile ist alles wieder aufgebaut. Heute macht man hier gepflegten, ruhigen Strandurlaub an kilometerlangen Sandstränden, an denen man wunderbar entlangwandern kann.

WILDER DSCHUNGEL UND BIZARRER KALKSTEIN

Vor der Küste liegen die Similan- und Surin-Inseln, die aufgrund der Artenvielfalt ihrer Unterwasserwelt zu den besten Tauch- und Schnorchelgebieten der Welt zählen. Das bergige, bewaldete Hinterland der Region

◀ Lang gestreckte Strände wie Nang Thong
(▶ S. 101) prägen die Gegend um Khao Lak.

Bangkok

Nördliche
Golfküste

Die Ostküste

Nördliche
Andamanen-
küste

Die Golf-Inseln

Der tiefe Süden

Phuket, Krabi
und die Pha-
Nga-Bucht

ist größtenteils noch mit Primär-Regenwald bedeckt, weite Teile stehen unter Naturschutz. Hier gibt es interessante Nationalparks wie den Khao Sok National Park mit seiner mannigfaltigen Flora und Fauna sowie den ungewöhnlichen Kalksteinformationen, der zu den spektakulärsten in Thailand gehört. Hier können Sie z. B. in Baumhäusern im Dschungel oder in schwimmenden Hütten auf einem See übernachten. Je weiter man von Khao Lak Richtung Norden fährt, desto ursprünglicher und unentdeckter wird die Landschaft, die daher auch für diejenigen interessant ist, die abseits der bekannten Strandurlaubsziele Neues erkunden wollen. Ganz im Norden an der Grenze zu Myanmar finden Ruhe suchende Individualurlauber noch einfache Bungalows am Strand auf der Insel **Ko Phayam.**

KHAO LAK A 7

Nur 80 km nördlich von Phuket liegt die beliebte Urlaubsregion Khao Lak. Sie ist den meisten spätestens seit dem verheerenden Tsunami vom 26. Dezember 2004, der hier besonders schwere Zerstörungen anrichtete, ein Begriff (▶ S. 108). Der Ort wurde größtenteils zerstört. Innerhalb kurzer Zeit wurde alles jedoch wieder aufgebaut und ist heute größer und schicker als zuvor. Statt Backpacker-Bungalows dominieren in Khao Lak nun luxuriöse Resorts. Der Küstenstreifen ist von lang gezogenen Stränden gesäumt, die von Schatten spendenden Nadelbäumen und Palmen eingerahmt werden. Sie erstrecken sich über ca. 25 km und sind durch Felsformationen voneinander getrennt. Hier kann man schier endlos weit am Ufer entlangwandern.

Die Unterkünfte ziehen sich an mehreren Stränden an der Küste entlang, dahinter beginnt schon der Regenwald. Das touristische Zentrum bilden die beiden Strände **Nang Thong** und **Bang Niang.** Die schönsten und einsamsten Uferstreifen mit weißem Sand, schattigen Bäumen und urigen Thai-Lokalen finden sich im Norden ab **Khuk Khak,** besonders am **Pakweeb, Bangsak und Pakarang Beach.** In der näheren Umgebung von Khao Lak liegen ganze sieben Nationalparks, die im Rahmen von Tagesausflügen erkundet werden können. Und auch die fantastischen Tauch- und

Blicke in eine faszinierende Unterwasserwelt 4

Unter der türkisblauen Oberfläche der Andamanensee offenbart sich im glasklaren Wasser eine fremde Welt voller Korallengärten und exotischer Meeresbewohner (▶ S. 13).

Schnorchelgebiete der Similan-Inseln (▶ S. 106) sind von Khao Lak besonders schnell zu erreichen.

ÜBERNACHTEN

Casa de la Flora Resort & Spa

Designhotel – Stilvoll entspannen in den modern-minimalistischen Kubus-Bungalows aus Beton mit Glasfronten und Teakholz sowie eigenem Pool. Die Unterkünfte öffnen sich zum Meer hin. Aufmerksamer Service, Minibar und Snacks am Nachmittag inklusive.
Khuk Khak | Takuapa | Bang Niang Beach | 67/213 Moo 5 | www.casadela flora.com | 36 Zimmer | €€€€

Khao Lak Green Beach Resort

Beach-Bungalow – Hier nächtigt man in einfachen Stein-Bambus-Bungalows am Strand unter alten Bäumen, mit Bad, Veranda, Ventilator oder AC. Liegestühle am Strand, zentrale Lage.
Nang Thong Beach | 13/51 Moo 7 | Tel. 076 48 58 45 | www.khaolakgreen beachresort.com | 43 Bungalows | €€

The Sarojin

Ein Traum – Boutique-Luxushotel in ruhiger Lage am schönen White Sand Beach. Sehr persönlicher, zuvorkommender Service, Privatsuiten in einer tropischen Parkanlage, dazu Restaurants, es gibt aber auch Privatdinner, u. a. am Wasserfall mit 1000 Kerzen.
Khuk Khak | 60 Moo 2 | Tel. 076 427 90 04 | www.sarojin.com | 56 Zimmer | ♿ | €€€€

Thai Life Homestay

Paradiesisch – Zur Ruhe kommen kann man in diesem Homestay Resort an einem schönen privaten Strandabschnitt nördlich von Khao Lak. Schöne Bungalowvillen im Thai-Stil, palmgedeckte Cabanas mit Liegen am Strand, Restaurant, Strandbar, Pool, Massagen, Fahrradverleih, kleines Meditationszentrum.
Bang Muang | Takuapa (nahe Tsunami Memorial Park) | 1/5 Moo 2 | Tel. 081 812 03 88 | www.thailifehomestay.com | 20 Zimmer | €€–€€€

ESSEN UND TRINKEN

RESTAURANTS

Takieng 👫

Gute Thai-Küche – Das beliebte, große Restaurant direkt an der Hauptstraße serviert leckere Gerichte in rustikalem Ambiente. Zu empfehlen: das Zitronenhühnchen und das Massaman Curry. Auch Fisch, Seafood und Cocktails.
Bang Niang | Petchkasem Road (beim Polizeiboot) | tgl. 12–22 Uhr | €€

BARS

Memories Beach Bar

Die gemütliche Holz-Palmwedel-Strandbar errichtete der Besitzer an derselben Stelle wieder, wo vor dem Tsunami das Restaurant der Familie stand. Es gibt neben Drinks auch Thai-Food, einfache Bungalows stehen bereit.
Pakarang Beach (neben Apsaras) | Tel. 089 729 22 51 | www.memoriesbar khaolak.com | ganztägig

AKTIVITÄTEN

TAUCHEN

In Khao Lak bieten dutzende Tauchzentren mit Kursen, Tagestauchtouren und Live-Aboards ihre Dienste an. Die ungefähr 60 km vor der Küste liegende Inselgruppe der Similan-Inseln (▶ S. 106) gehört zu den besten Tauchgebieten der Welt, dementsprechend haben zahlreiche Anbieter Tagestauchtouren für ca. 4500 bis 6000 Baht mit verschiedenen Bootstypen zu den Inseln in ihrem Programm.

Als weitere hervorragende Tauchreviere erweisen sich die Surin-Inseln sowie Ko Bon, Richelieu Rock (unglaublich artenreicher Fels, u. a. Walhaie), das Bonsong Wrack und Ko Tachai.

🕐 Tauchsaison ist von November bis April, da die Meeresnationalparks außerhalb dieser Zeit geschlossen sind.

Sea Bees

Erfahrene deutsche Tauchschule. SSI, PADI und CMAS-Kurse, Tagestouren mit dem Highspeed-Katamaran, mehrtägige Tauchsafaris.

Khuk Khak | 21/21 Petchkasem Road | Tel. 076 48 54 34 | www.sea-bees.de

Wetzone Divers

Kleine individuelle Tauchschule unter deutscher Leitung. Neben Tauchkursen Tagestouren und Tauchsafaris gemeinsam mit Partnern. Auch Süßwassertauchen im Stausee (Khao Sok).

Khuk Khak | 33/5 Moo 7 | Tel. 076 48 58 06 | www.wetzonedivers.com

TOUREN UND AUSFLÜGE

Holiday Service

Der Holiday Service von Peter Stiller bietet verschiedene Tages- und Mehr-

Die 56 Villen in der großzügigen Gartenanlage des Hotels The Sarojin (▶ S. 102) gruppieren sich rund um einen Pool, dessen hölzerne Baldachin-Terrassen ein echter Blickfang sind.

Der Chiao-Lan-See im Khao Sok National Park (▶ MERIAN TopTen, S. 104) entstand 1982 durch den Bau des Ratchaprapha-Staudamms. Derzeit gibt es 14 schwimmende Resorts auf dem See.

tagestouren um Khao Lak an, darunter Ausflüge zu Tempeln und Höhlen, zum Khao Sok National Park oder Bootstouren zu den Similan- und Surin-Inseln und in die Pha-Nga-Bucht.

T. Lamkean | A. Thaimuang | 8/15 Moo 2 | Tel. 076 48 46 30 | www.holiday-service-khaolak.com

Khao Lak Land Discovery

Ein etablierter Touranbieter mit Tagestouren im Speedboat zu den Similan- und Surin-Inseln und nach Ko Tachai, Ausflüge in die Pha-Nga-Bucht, nach Phuket und in den Khao Sok National

Park bzw. »Drei-Tempel-Tour«. Aufregend: die Offroad Jeep Safari durch den Dschungel inklusive Paddeln im Kanu.

Nang Thon Beach | 21/5 Moo 7, Petchkasem Road | Tel. 076 485411 | www.khaolaklanddiscovery.com

Ziele in der Umgebung

KHAO SOK NATIONAL PARK ⭐ 🚹 🏕A7

Dieser Nationalpark ist das größte Regenwaldgebiet Südthailands und berühmt für seine Kalksteingebirge, die steil emporragen und mit Urwald bewachsen sind, sowie für seine extrem vielfältige Tier- und Pflanzenwelt. In den Tiefen des Schutzgebiets sollen noch über 100 wilde Elefanten leben, aber auch Wildschweine, Tapire, Bären und sogar Tiger. Wahrscheinlicher ist, dass man Gibbons oder Makaken zu Gesicht bekommt bzw. exotische Vögel wie die großen Nashornvögel. Im Park wächst auch die Rafflesia, die größte Blume der Welt mit Blüten bis zu 80 cm. Der Park ist von zahlreichen Wanderwegen durchzogen, die z. B. zu Höhlen, Wasserfällen oder Aussichtspunkten führen (Infos beim Parkzentrum). Auf geführten Dschungel-Treks kann man zu Vogel- und Tierbeobachtungen aufbrechen. Besonders interessant: Ein Teil des Parks wurde geflutet und ist nun ein riesiger See. Da der Regenwald direkt bis an die Ufer reicht, kann man auch vom Boot oder Kajak aus Wildtiere beobachten und die besondere Atmosphäre im Morgennebel genießen, wenn das Geschrei der Affen über den See hallt.

Zu erreichen per Auto, Bus oder Touren von Khao Lak und Phuket | www.dnp. go.th | Eintritt 300 Baht Ca. 80 km nordöstl. von Khao Lak

ÜBERNACHTEN

Elephant Hills ▸ S. 24

Khao Sok Paradise Resort

Zum Wohlfühlen – Man wohnt in netten, komfortablen Baumhäusern und Bungalows auf Stelzen im Dschungel, mit Warmwasserbad, AC und Veranda. Gutes Restaurant und große Auswahl an Touren, u. a. zum See mit Übernachtung in schwimmenden Hütten.

Tambon Klong Sok | 119 Moo 6 | Tel. 08 33 06 10 44 | www.khaosokparadise. com | 7 Bungalows | €–€€

Our Jungle House

Baumhaus – Ein Eco-Resort mit luftigen Baumhäusern und Bungalows auf Stelzen, alles aus Naturmaterialien, liebevoll gestaltet und mit Veranda ausgestattet. Schöne Lage an Kalksteinklippen und Fluss im Urwald. Inklusive Restaurant und Tourbuchung.

Tambon Klong Sok | 183 Moo 6 | Tel. 08 14 17 05 46 | www.khaosokaccommo dation.com | 20 Bungalows | €–€€

AKTIVITÄTEN

TOUREN UND AUSFLÜGE
Khao Sok Lake

Ein Tourveranstalter mit nachhaltigem Konzept, der Ausflüge zum Stausee mit Übernachten in schwimmenden Unterkünften anbietet (auch private Touren), z. B. »Morning Mist Tour« auf dem See, Tierbeobachtung im Schutzgebiet mit einem Ranger, Angeln, Höhlentrips.

Tel. 08 57 86 38 10 | www.khaosok lake.com

◎ KO PHAYAM A 6

Die Insel bei Ranong ganz im Norden an der Grenze zu Myanmar ist zwar nicht mehr wirklich ein Geheimtipp, aber immer noch eine gute Anlaufstelle für alle, die fernab der Touristenströme in einem einfachen Bungalow an einem natürlichen Strand relaxen wollen.

Eine Übernachtung mitten im Dschungel
5

Im Khao Sok National Park ist man umgeben von Natur pur, die einzigen Geräusche sind die des Waldes wie die lustigen Rufe von Gibbons und Nashornvögeln (▸ S. 14).

Im Inselinneren pflanzen die Einheimischen hauptsächlich Cashew-Nüsse an. An den Küsten breiten sich schöne, baumbestandene Strände aus. Es gibt keine Autos, und der Strom kommt vom Generator oder Solarpanel. Die meisten Bungalows und Strandbars findet man im Südwesten am **Ao Yai** mit seinem pudrigen Sand und schattigen Palmenhainen, der für viele der attraktivste Strand ist. Im Norden gibt es noch ruhigere Buchten wie **Ao Khao Kwai**, wo man gut schnorcheln kann.
120 km nördl. von Khao Lak

ÜBERNACHTEN
Bamboo Bungalows
Rustikal im Grünen – Urige Bambus-Holzbungalows im schattigen tropischen Garten am Strand. Auch für Familien geeignet. Restaurant, WiFi.
Ao Yai | Tel. 087 070 1215 | www.bamboo-bungalows.com | 30 Bungalows | €–€€

Mr. Gao
Bungalow am Nordstrand – Einfache, aber gepflegte Holzbungalows mit Veranda im grünen Park am Hang hinter dem Strand. Inklusive Hängematte, Liegestühle, Restaurant am Strand.
Ao Khai Kwai | Tel. 077 870 222 | www.mr-gao-phayam.com | 10 Bungalows | €–€€

◎ KURABURI　　　　　　🪸 A7
23 000 Einwohner
Die Region um die Hafenstadt Kuraburi ist bisher touristisch weitgehend unentdeckt. Im Rahmen von Homestays kann man hier auf authentische und nachhaltige Art Einblicke in die Kultur und Lebensweise der einheimischen Bevölkerung gewinnen. So können Sie beispielsweise in einem Inseldorf der Moken (»Seenomaden«) übernachten, das nach dem Tsunami wieder aufgebaut wurde. Dort haben Sie die Option, bei diversen Aktivitäten mitzuhelfen, etwa beim Fischernetze auslegen, Kochen, mit Schulkindern Englisch üben, oder Sie fahren mit den einheimischen Guides auf Erkundungstour durch Mangroven oder zu einsamen Inseln.
Andaman Discoveries | Kuraburi | Tel. 08 79 17 71 65 | www.andamandiscoveries.com
100 km nördl. von Khao Lak

◎ SIMILAN-INSELN　　　　🪸 A7
Die einzigartige Artenvielfalt ihrer Unterwasserwelt hat die Similan-Inseln berühmt gemacht – sie gelten als eines der schönsten Tauch- und Schnorchelgebiete der Welt, mit klarer Sicht, farbenprächtigen Korallenriffen und einer Vielzahl exotischer Meeresbewohner wie Schildkröten, Rochen oder Walhaie. Das unbewohnte Archipel aus neun Inseln liegt im gleichnamigen Nationalpark ca. 60 km vor Khao Lak und kann im Rahmen von Tages- und Mehrtagestouren besucht werden (▸ S. 103). Die Inseln haben markante Granitformationen und feine weiße Sandstrände vor glasklar schimmerndem Meer, auf der größten Insel Ko Similan gibt es einen schönen Viewpoint. Die eigentliche Attraktion ist jedoch die Unterwasserwelt, mit Hart- und Weichkorallen in flachem und in tiefem Wasser und einer Vielzahl von Riffbewohnern. Zudem warten Felsformationen mit Höhlen, Schluchten und Kaminen auf Taucher, wo man größere Meerestiere wie Mantas, Stachelrochen, Schildkröten, Barrakudas oder Riffhaie sehen kann.

Eine Gruppe von Falterfischen zwischen filigranen Korallen am Richelieu Rock (▶ S. 107).
Die Unterwasserwelt rund um die Surin-Inseln ist ein extrem artenreiches Biotop.

🕐 Nur November bis Mitte Mai, sonst als Schutzmaßnahme geschlossen.
Eintritt 500 Baht
60 km westl. von Khao Lak

ÜBERNACHTEN

Beliebt bei Tauchern sind mehrtägige Live-Aboards mit Übernachtung auf dem Schiff (über Tauchzentren in Khao Lak und Phuket). Die Nationalparkverwaltung unterhält einfache Bungalows und ein Lokal auf Insel 4 sowie einen Campingplatz mit Mietzelten auf Insel Nr. 8 (Tel. 0 25 62 07 60, www.dnp.go.th).

◎ SURIN-INSELN   🔖 A 6

Der unter Naturschutz stehende Archipel der fünf Surin-Inseln liegt etwa 60 km vor der Küste und nah an der Grenze zu Myanmar. Er ist berühmt für seine beeindruckende Unterwas-serwelt, v. a. seine artenreichen Flach-wasser-Korallenriffe. Neben Korallen und Rifffischen kann man hier Meeres-schildkröten, Riffhaie oder Rochen sehen. Zudem ist der **Richelieu Rock** der vielleicht berühmteste Tauchspot in ganz Thailand: ein extrem fischreicher Unterwasserfelsen, mit Weichkorallen und einer Vielzahl von Meeresbewohnern, vom Seepferdchen bis zum Walhai. Es gibt jedoch auch wunderbare Strände und Trekkingpfade.
Zu erreichen mit Touren und Live-Aboards von Khao Lak oder über Kuraburi | Mai–Nov. geschl. | Eintritt 400 Baht
100 km nordwestl. von Khao Lak

ÜBERNACHTEN

Einfache Nationalparkbungalows gibt es auf **Surin Nuea** (Tel. 0 25 62 07 60, www.dnp.go.th).

Im Fokus
Der Tsunami von 2004

Der Tag, an dem das Wasser kam: Der verheerende Tsunami vom 26. Dezember 2004 kostete allein an Thailands Küsten bis zu 8000 Menschen das Leben. Wie kam es zu der Katastrophe und wie ist die Situation heute, über ein Jahrzehnt danach?

Es war die perfekte Urlaubsidylle am Morgen dieses zweiten Weihnachtsfeiertags 2004 in Khao Lak. 20 km goldener Sandstrand, an den kleine Wellen ruhig heranrollen, Palmen wiegen sich im Wind. Dann zieht sich auf einmal das Wasser vom Ufer zurück – kilometerweit. Viele Anwohner und Touristen schauen zu, einige machen Fotos oder filmen das kuriose Schauspiel, aber wissen es nicht zu deuten. Kurze Zeit später erscheint auf einmal eine gräuliche Wasserwand am Horizont, die auf sie zugerast kommt. Viele sehen entsetzt zu, als draußen auf dem Meer die ersten Boote in ihr zu kentern beginnen, dann endlich flüchten sie, doch einen Moment später erreicht die 10 m hohe Monsterwelle bereits den Strand und reißt alles mit sich fort. Die Wassermassen strömen ins Landesinnere, zermalmen auch Hunderte Meter vom Strand entfernt Hotels und Wohnhäuser, schleudern Autos, Boote und Bäume fort wie Spielzeug. Dann zieht sich das Wasser wieder zurück und reißt alles mit sich ins Meer, nur um kurze Zeit später erneut auf die Küste zuzurollen.

◀ Aufs Festland geworfenes Schiff im
Tsunami Memorial Park (▶ S. 101).

Rund 8000 Einheimische und Urlauber verloren allein an Thailands Küsten ihr Leben, mehr als 230 000 Opfer waren es insgesamt. Zurück blieb eine schlammige Einöde voller Trümmer und Leichen, dazwischen umherirrende Überlebende. Wie konnte eine Naturkatastrophe mit solch beispiellosen Folgen überhaupt passieren?

DAS EPIZENTRUM LAG BEI SUMATRA

Ein Tsunami (japanisch: »Hafenwelle«) wird durch das plötzliche Heben und Senken des Meeresbodens und damit des Meeresspiegels ausgelöst. Am 26. Dezember 2004 bebte die Erde unter dem Indischen Ozean vor der Nordwestküste der indonesischen Insel Sumatra. Das ist zunächst nichts Ungewöhnliches, denn dort schiebt sich die Indisch-Eurasische Platte in einer 1000 km langen Bruchkante unter die eurasische Platte. Doch das Beben an diesem Tag war mit einer Stärke von 9,1 auf der Richter-Skala das drittstärkste Erdbeben, das je in der Geschichte aufgezeichnet wurde. Es brachte riesige Mengen Wasser in Bewegung und löste damit einen Tsunami aus, eine gigantische Flutwelle, die sich kreisförmig im Indischen Ozean ausbreitete. Ohne Vorwarnung trafen die Wassermassen erst die Küsten von Indonesien, Thailand, Malaysia, Indien und Sri Lanka, überspülten dann die Malediven und erreichten einige Stunden später die afrikanische Küste bei Somalia. Ein funktionierendes Frühwarnsystem gab es damals noch nicht.

DIE ZERSTÖRERISCHE KRAFT DES WASSERS

Die Wasserwellen eines Tsunami sind besonders lang und breiten sich mit einer rasenden Geschwindigkeit von bis zu 800 km/h über sehr große Entfernungen aus. Auf hoher See sind die Wellen häufig nur wenige Zentimeter hoch. In flacheren Gewässern werden sie gestaucht, sodass sie sich an der Küste zu einer hohen Flutwelle auftürmen, die auf bis zu 30 m oder mehr anwachsen kann. Das erklärt auch, weshalb Tsunamis ihre zerstörerische Kraft an der Küste entfalten, während Fischer, Segler und Taucher die Welle weiter draußen im offenen Ozean unbeschadet überstehen. Wenn Tsunamis auf die Küste treffen, überschwemmen sie das Land oft kilometerweit und richten dabei schwere Zerstörungen an. Zwischen den einzelnen Wellen fließt das Wasser unter einer großen Sogwirkung wieder zurück ins Meer und reißt dabei alles mit.

Schätzungen zufolge verloren 2004 insgesamt über 230 000 Menschen entlang der Küsten des Indischen Ozeans durch den Tsunami ihr Leben, gut 400 000 Häuser wurden zerstört, Hunderttausende wurden obdachlos. Am stärksten betroffen war Indonesien mit 131 000 bis 168 000 Todesopfern, gefolgt von Sri Lanka (30 000–38 000 Opfer). Die genaue Zahl lässt sich jedoch nicht feststellen: Aus Furcht vor Seuchen wurden viele Leichen ohne genaue Aufzeichnung rasch in Massengräbern beerdigt, zudem starben viele an Folgeerscheinungen, z. B. durch verunreinigte Trinkwasserquellen.

DIE FOLGEN FÜR THAILAND

In Thailand war die Andamanenküste im Südwesten mit den Touristenzentren Khao Lak, Phuket und der Insel Koh Phi Phi am stärksten betroffen. Man schätzt, dass an Thailands Küste zwischen 5000 und 8000 Menschen starben. Noch einmal so viele wurden verletzt und obdachlos, etwa 400 Dörfer wurden überflutet und knapp 50 völlig zerstört. Hilfsorganisationen vermuten, dass zudem bis zu 3000 Burmesen ihr Leben verloren, die sich zu diesem Zeitpunkt als illegale Gastarbeiter in Thailand aufhielten. Unter den offiziellen Opfern in Thailand waren etwa ein Drittel ausländische Touristen, hauptsächlich aus Deutschland und Skandinavien. Das Bundeskriminalamt zählte 552 deutsche Todesfälle.

Direkt nach dem Unglück begannen Bergungs- und Hilfsmaßnahmen. Die Bundesregierung stellte 20 Mio. € für Soforthilfe zur Verfügung, insbesondere für die medizinische Versorgung und die Aufbereitung von Trinkwasser. Hinzu kamen 500 Mio. € für langfristige Wiederaufbauprojekte. Hilfsorganisationen richteten Spendenkonten für die Flutopfer ein, eine unglaubliche Summe von 670 Mio. € kam allein durch private Spenden aus Deutschland zusammen. Der Tsunami verursachte darüber hinaus ökologische Schäden, z. B. an Korallenriffen und Mangrovenwäldern, die als natürlicher Schutz fungieren. Hinzu kamen Folgen für die Landwirtschaft, da die Wassermassen vielerorts fruchtbare Bodenschichten fortspülten und nährstoffarmen Boden zurückließen.

EIN JAHRZEHNT DANACH

Wer heute in den Süden Thailands reist, hat fast das Gefühl, als wäre nichts geschehen. Das Leben scheint wieder seinen gewohnten Gang zu gehen. Der Wiederaufbau ist größtenteils abgeschlossen, die meisten Spuren der Zerstörung sind beseitigt. Auch die Urlauber sind wiedergekommen. Die Zahl der Touristen in Thailand ist in den letzten zehn Jahren sogar gestiegen und ging zuletzt nur aufgrund des Militärputsches im Frühjahr 2014 zurück. Touristenorte wie Phuket, Khao Lak oder Koh Phi Phi erlebten innerhalb weniger Jahre ein Comeback. In Khao Lak dauerte der Wiederaufbau mehrere Jahre, doch heute ist das ehemalige Backpacker-Paradies größer und schicker denn je. Wo früher einfache Strandbungalows standen, haben Hotelketten neue exklusive Häuser eröffnet. Investoren kamen, die Grundstückspreise steigen weiter. Viele einheimische Hoteliers und Geschäftsleute mussten aufgeben, auch viele Anwohner zogen weg – in den meisten Fällen weiter landeinwärts. Obwohl viele Thais einen Neuanfang gewagt haben, haben sie immer noch mit schrecklichen Erinnerungen zu kämpfen. Bis heute sind nicht alle Toten identifiziert.

Das Polizeiboot, das in Khao Lak vom Tsunami fast zwei Kilometer landeinwärts geschleudert wurde, ist immer noch da. Eigentlich sollte es den Sohn der thailändischen Prinzessin beschützen, der an jenem Morgen mit dem Jetski unterwegs war. Es konnte ihn nicht retten. Heute ist das Boot ein Denkmal und eine Touristenattraktion.

NEUE FRÜHWARNSYSTEME GEBEN HOFFNUNG

Im Dezember 2004 gab es keinerlei funktionierende Frühwarnsysteme im Bereich des Indischen Ozeans. Dabei hatte das Tsunami-Warnzentrum im Pazifik auf Hawaii das Beben registriert und bereits Minuten später einen Tsunami vorhergesagt. Da es aber keine funktionierende Kommunikationsinfrastruktur gab, nützte das den Menschen in den betroffenen Ländern nichts. In der Zwischenzeit wurde vor der indonesischen Küste mit technischer Unterstützung der Bundesrepublik Deutschland ein Frühwarnsystem installiert. Wird in der Flutwarnzentrale in Jakarta ein Beben registriert, das Tsunamis ausgelöst haben könnte, werden spätestens nach zehn Minuten alle Länder rund um den Indischen Ozean informiert.

Forscher vermuten, dass sich ein Tsunami diesen Ausmaßes über lange Zeiträume gerechnet im Durchschnitt nur etwa alle 600 Jahre ereignet, eine Entwarnung ist jedoch nicht gegeben. Seit 2004 gab es zwei weitere Tsunamis in der Region, die aber deutlich kleiner ausfielen. Hotels stehen heute in Thailand wieder genauso ungeschützt am Strand wie zuvor – die Urlauber kommen ja genau deswegen. Inzwischen wurden Warnsirenen und Lautsprecher entlang der Küste installiert und Evakuierungsrouten ausgeschildert, die in die Berge im Hinterland führen. Viele Häuser sind nun mehrstöckig gebaut, in manchen Hotels stehen Notfallausrüstungen und Informationen für die Gäste bereit. Allgemeine Sicherheitsstandards existieren jedoch nicht, eine der größten Herausforderungen bleibt weiterhin die Alarmübermittlung.

PHUKET, KRABI UND DIE PHA-NGA-BUCHT

Thailands Urlaubsinsel Nummer eins bietet Sonne, Strand und Spaß, aber auch Erholung in luxuriösen Resorts. Die landschaftlich grandiose Pha-Nga-Bucht mit ihren Karstfelsen und vielen kleinen Inseln sollte man keinesfalls verpassen.

Die Region um Phuket und Krabi ist das touristische Zentrum an der Andamanenküste und zählt neben den Inseln im Golf zu den beliebtesten Gegenden in Thailand. Und das aus gutem Grund: Hier gibt es wunderschöne Strände, eine moderne touristische Infrastruktur und tolle Landschaften. Zwischen Phuket und Krabi erstreckt sich die Pha-Nga-Bucht, die mit ihren steil aus dem Meer aufragenden Kalksteinfelsen zu den eindrücklichsten und schönsten Gegenden in Thailand zählt. In dieser Kulisse aus Felsformationen, Lagunen, Höhlen und weißen Stränden vor türkisblauem Meer wird man sich nicht nur einmal wie in einer Fototapete vorkommen. Auf Bootstouren, per Kajak, beim Segeln oder durch Inselhopping von Krabi oder Phuket aus lässt sich die Bucht am besten erkunden.

◄ Frisch renovierte Häuserzeilen in der Altstadt von Phuket (► MERIAN TopTen, S. 113).

PHUKET ✎ A 7/8

322 000 Einwohner

Bangkok

Nördliche
Golfküste

Die Ostküste

Nördliche
Andamanen-
küste

Die Golf-Inseln

Der tiefe Süden

Phuket, Krabi
und die Pha-
Nga-Bucht

Die mit einer Länge von etwa 50 km und einer Breite von 22 km größte Insel des Landes ist die Hochburg des Tourismus in Thailand. Zahlreiche herrliche Buchten mit weißen Stränden, tolle Tauch- und Segelreviere sowie eine gut ausgebaute Infrastruktur aus luxuriösen Hotels, guten Restaurants, Shopping- und Unterhaltungsangeboten machen die Insel zu einem Top-Reiseziel. Phuket ist zwar hauptsächlich für Pauschal- und Strandurlauber sowie Fans des Nachtlebens interessant, doch auch Individualreisende und Ruhesuchende kommen auf ihre Kosten – es kommt jedoch darauf an, wohin man fährt.

Ab dem 15. Jh. wurde Phuket, das bis ins 19. Jh. hinein Thalang hieß, für seine Zinnvorkommen bekannt. Im 17. Jh. begannen Europäer, hier Handelsposten zu errichten, allen voran die Portugiesen. Ihr Einfluss ist immer noch spürbar, vor allem in der Architektur um Phuket-Stadt. Im 19. Jh. lockten die reichen Zinnvorräte viele Chinesen nach Phuket und die Hauptstadt wurde zur blühenden Handelsmetropole.

Heute lebt Phuket neben dem Zinnexport und Kokosnuss- und Kautschukplantagen hauptsächlich vom Tourismus. Der Ausbau des Massentourismus seit den 1980er-Jahren bringt jedoch auch Kehrseiten mit sich wie Bettenburgen, Sextourismus und Preissteigerungen für die lokale Bevölkerung. Zentrum des Tourismus ist die Westküste mit ihren Stränden. In Patong regieren der Massentourismus und ein buntes Nachtleben, ebenfalls beliebt sind Karon und Kata Beach. In der Gegend rund um Surin und Bangtao findet man noch ruhigere, ursprünglichere Strandabschnitte und lokales Flair. Noch geruhsamer geht es weiter im Norden in der Naturkulisse des Sirinath National Park und an der Beaches Nang Yai und Mai Khao zu.

Ziele auf Phuket

◎ PHUKET-STADT ✎ A 8

Stadtplan ► S. 115

94 300 Einwohner

Die Inselhauptstadt hat sich in den letzten Jahren herausgeputzt – besonders in der Altstadt 6 rings um die Talang Road, wo mehrere Straßenzüge mit alten sino-portugiesischen Handelshäusern schön renoviert wurden, die nun interessante kleine Shops, Galerien, Restaurants, Cafés und Guesthouses beherbergen. Man entdeckt chinesische Tempel wie den Schrein in der Pha Nga Road oder den Bang Niaw Temple in der Phuket Road, dazwischen immer wieder hübsche Gebäude im portugiesischen Kolonialstil des 19. Jh. Am Sonntagabend findet in der Talang Road eine Walking Street statt. Die Stadt eignet sich auch gut für einen Zwischenstopp, zumal man von dort überall leicht hinkommt.

SEHENSWERTES

1 Big Buddha

Schon von Weitem sieht man die 45 m hohe schneeweiße Buddha-Statue auf dem Hügel leuchten, auch aus der Nähe ist sie eindrucksvoll. Von dort aus hat man zudem einen tollen Rundumblick über die Insel bis hinaus aufs Meer.

Chalong | Nakkerd Hill | Eintritt frei (um Spenden wird gebeten)

2 Wat Chalong

Prächtigster und bekanntester Tempel Phukets und buddhistisches Pilgerziel, dementsprechend ist hier immer viel los. Im Tempel werden zwei ehemalige Mönche hoch verehrt. Ein Knochenfragment von Buddha befindet sich in dem kunstvoll verzierten, 61 m hohen Chedi, den man besteigen kann.

Chalong | Chao Fa West Road | Eintritt frei (um Spenden wird gebeten)

ÜBERNACHTEN

3 The Rommanee Boutique Guesthouse

Mitten in der Altstadt – Das Guesthouse findet sich in der bekanntesten kleinen Altstadtgasse mit ihren hübsch renovierten, bunten Shophäusern. Die Zimmer sind stylisch und modern mit Vintage-Touch eingerichtet.

15 Soi Rommanee, Talang Road | Tel. 08 97 28 98 71 | www.therommanee.com | 4 Zimmer | €–€€

ESSEN UND TRINKEN

4 Ka Jok See

Dinner mit Spaßfaktor – Eigentlich ist das Ka Jok See ein Thai-Restaurant, das ein wenig an eine gemütliche Weinstube erinnert, innen mit viel Holz und einer schummrigen Beleuchtung. Für 1200 Baht werden so viele Thai-Gerichte wie gewünscht aufgetischt, danach steigt im Restaurant die Party.

26 Takua Pa Road | Tel. 076 217 90 3 | Di–Sa 18.30 bis spät | €€€

5 Raya Restaurant

Historisches Ambiente – Beliebtes, eher gehobenes Thai-Restaurant in einem alten sino-portugiesischen Haus. Hier findet man auf der Speisekarte die für Phuket typische Küche. Köstlich: das Curry mit Krabbenfleisch sowie »Moo Hong«, zartes Rindfleisch mit Knoblauch und Pfeffer.

48 New Dibuk Road | Tel. 076 21 81 55 | 10–22 Uhr | €€€

6 Walking Street ▶ S. 41

AKTIVITÄTEN

KOCHKURSE

Phuket Thai Cookery ▶ S. 115, östl. c 1

Diese große Kochschule hat sieben unterschiedliche Kurse im Angebot, zum Teil mit Obstschnitzen. Zuerst geht es gemeinsam auf den Markt, dann wird ein Menü unter Anleitung gekocht und schließlich in der Gruppe gegessen.

Rassada | 39/4 Thepatan Road | Tel. 076 252 3 55 | www.phuketthai cookery.com

SEGELN

Die Andamanensee rund um Phuket ist ein äußerst beliebtes Segelgebiet.

Phuket-Stadt

Wachira Hospital
Khao Rang Nai
Yaowarat
Soi Wachira
Komarapat
402
Nakorn
Fitness Park
139
Phuket Provincial Police Station
Yaowarat
Chumphon
Wat Charoen Samanakit
Toh Sae
Provincial Court
Damrong
Damrong
Thung Ka
Thepkrasattri
Sikh Temple
Thesa
Narisorn
Suthat
Suthat
Provincial Hall, Town Hall
Kaew Simoi
Wat Khun Chee
Mae Luang
Mae Luang
Mae Luang
Satun
Deebuk
Deebuk
Wat Mongkol Nimit
Luang Po
Padiphat
Sanjao Sam San
Krabi
Yaowarat
Wat Mae Yanong
Wat Nua
General Hospital
Thalang
Thai Airways
Phang Nga
Montri
Phang Nga
Suthat
Phattana
Ranong
Sanjao Kwahim Teng, Chui Tui Temple
Padiphat
Rasada
Soi Phuthon
Takuapa
Fruit Market
Phuket Shopping Centre
Phuket
Tilok Uthit 2
Clock Tower
Methee Cashew Nut Factory
Ong Sim Phai
Sri Sena
Kajok-See
Bangkok
Tilok Uthit 1
Chana
Crocodile Farm
Charoen
Chao Fa
Bangkok
Phunpol
Thalingchan Roman Cath. Church
Dulyamiah Mosque
Market
Samakitam Temple
Soi 5
Soi 3
Soi 1
Robinson Dep. Store
Wat Sean Suk
1
2
Kra
Ong Sim Phai
Jagoa Thong
Wat Thaworn Kanaram
Klong Thakeng
Mineral Resources Centre
Tourist Police
Public Library
Soi Gu Phai
Soi Saphan Hin
Sakdidet
Barn Pa
Rattanakosin
Phuket
Immigration Office
Marine Police
Ao Phuket
Saphan Hin Mining Monument
Boxing Stadium
Krom Luang Chumporn Monument
0   480 m
© MERIAN-Kartographie

a   b   b   c

1   2   3   4   5

Entsprechend gibt es auf Phuket einige Jachthäfen; mehrere Anbieter für Jachtcharter, Segelunterricht, Segelausflüge und Segelkreuzfahrten bieten hier ihre Dienste an. Spezielle Reiseveranstalter organisieren auch Segelreisen rund um Phuket. Die King's Cup Regatta findet jedes Jahr Anfang Dezember statt.

Sun Sail ⚓ A 7
Im Angebot sind fünftägige Segelkurse für Anfänger und Fortgeschrittene sowie Jachtcharter ab Phuket.
Ao Po Grand Marina | 113/1 Moo 6 | Tel. 08 98 71 16 70 | www.sunsail.de

Sweet Dreamers ▶ S. 115, südwestl. a 5
Die Agentur bietet Jachtcharter und organisiert mehrtägige Segeltörns in der Andamanensee auf dem Segelkatamaran oder einem Luxus-Segelschoner.

Chalong | 9/85 Moo 9, Chaofa Road | Tel. 0 87 27 77 39 | www.sailingtour phuket.com

TAUCHEN UND LIVE-ABOARDS
Auf Phuket befinden sich Dutzende Tauchbasen, viele mit deutschsprachigen Tauchlehrern. Beliebte Tauchreviere gibt es bei vorgelagerten Inseln wie Shark Point oder Ko Racha, am interessantesten sind die mehrtägigen Live-Aboards zu den Similan- und Surin-Inseln oder in die Pha-Nga-Bucht.

Sea Bees ▶ S. 115, südwestl. a 5
Deutsche Tauchschule mit eigener Bungalowanlage, SSI-Kursen und mehrtägigen Tauchsafaris zu den Similan-Inseln und Zielen in der Pha-Nga-Bucht.
Chalong | 1/3 Moo 9, Viset Road | Tel. 0 76 38 17 65 | www.sea-bees.de

Phukets 45 m hoher marmorner Big Buddha (▶ S. 114) erhebt sich auf einem großen Sockel aus stilisierten Lotusblüten und wurde erst 2008 auf dem Gipfel des Nakkerd Hill fertiggestellt.

SERVICE

AUSKUNFT

Tourism Authority of Thailand (TAT)

Tambon Thaladyai | 191 Thalang Road |
Tel. 076 211036 | www.tourismthailand.
org/phuket

◎ **BOAT LAGOON LIGHTHOUSE
MARKET** 🚩   🦋 A 8

Die Boat Lagoon ist Phukets ältester
Jachthafen und befindet sich nördlich
von Phuket-Stadt. An seiner Promenade findet man Restaurants, Bars, Cafés
und Shops – und seit Anfang 2015 auch
den Lighthouse Market, einen Open-
Air-Markt, der jeweils am letzten Wochenende des Monats stattfindet. Neben Ständen mit Kunsthandwerk und
vielen Inselprodukten gibt es auch jede
Menge Essen und Trinken sowie Livemusik – perfekt zum Flanieren und um
das eine oder andere Mitbringsel für
die Daheimgebliebenen zu erstehen.

Ko Kaew | Boat Lagoon | Tel. 08 18 10
33 28 | letztes Wochenende im Monat
17–22 Uhr

◎ **NÖRDLICHE WESTKÜSTE:
KAMALA BIS MAI KHAO**   🦋 A 7/8

Etwas weiter nördlich von Patong liegt
das ruhigere **Kamala**, ein muslimisches
Dorf mit einer Promenade am malerischen Strand. Einen guten Mix aus gehobenen Resorts und Restaurants sowie traditionellem, lokalem Flair findet
man rund um **Bangtao**. Hier gibt es
landestypische Geschäfte und Restaurants sowie Märkte, die an verschiedenen Abenden der Woche einen guten
Einblick ins lokale Leben geben. Hier
steht auch die größte Moschee Phukets.
In den kleinen Buchten des **Surin
Beach** und entlang des benachbarten

**Karstfelsen und Höhlen
mit dem Kajak erkunden**

In der Pha-Nga-Bucht paddelt man
unter überhängenden Karstfelsen
hindurch, gleitet hinein in geheimnisvolle Grotten und passiert dichte
Mangrovenwälder (▶ S. 14).

7 km langen **Bangtao Beach** haben sich
einige der besten Strandresorts angesiedelt, die auch Spitzenrestaurants beherbergen. Während der nördliche Teil
des Surin Beach eine Art Beverly Hills
von Phuket ist, geht es im südlichen
Teil gemütlicher zu, hier findet man
auch einfache Strandrestaurants. Ein
Pfad führt zum wunderschönen Laem
Singh Beach hinunter. Auch am Bangtao Beach gibt es weniger entwickelte
Abschnitte wie den Layan Beach.
Je weiter man in den Norden Richtung
Nai Thon, **Nai Yang** und **Mai Khao**
fährt, desto ruhiger und ursprünglicher
werden die Strände. Sie gehören zum
Sirinath National Park mit seinen von
Kiefern und Mandelbäumen gerahm-
ten, urigen Buchten. Hier kann man in
schöner Naturkulisse entspannen.

ÜBERNACHTEN

Andaman Bangtao Bay Resort

Bungalow am Strand – Die kleine Anlage am Wasser mit Bungalows im
Thai-Stil ist eine günstige Alternative
zu den teuren Resorts. Räumlichkeiten
mit AC, TV, Kühlschrank. Kleiner Pool
und Restaurant am Strand.

Bangtao | Cherngtalay Talang |
82/9 Moo 3 | Tel. 076 27 02 46 | www.
andamanbangtaobayresort.com |
24 Zimmer | €€–€€€

Baan Malinee

Sympathisch – Wer eine Unterkunft abseits der üblichen Strandresorts sucht, ist in dem komfortablen B & B bei den Gastgebern Eric und Malinee gut aufgehoben. Die Gebäude im Thai-Stil liegen um einen Pool in einem gepflegten Garten etwas im Hinterland bei Bangtao.

Bangtao | 54 Moo 4, Soi Bangjo Noptakheaw | Tel. 0878934636 | www.bedandbreakfastinphuket.com | 10 Zimmer | €€–€€€

Indigo Pearl

Außergewöhnlich – Das Luxusresort hat ein auffälliges und ungewöhnliches Industriedesign, dazu gesellen sich Restaurants, Pools, Kinderclub und Fitnesscenter. Toll: Die Räume des Coqoon Spa hängen wie Nester in den Bäumen.

Nai Yang Beach | Tel. 0763270.06 | www.indigo-pearl.com | ♿ | €€€–€€€€

The Surin

Tropentraum – Das mondäne Strandresort im hellen, romantischen Cottage-Stil liegt an einem perfekten kleinen weißen Sandstrand, umgeben von Kokospalmen und tropischem Grün. Wellness im Spa, drei Restaurants.

Pansea Beach | Choengtalay | 118 Moo 3 | Tel. 0763164.00 | www.thesurinphuket.com | 103 Zimmer | €€€–€€€€

Villa Liberg

Zum Wohlfühlen – Ruhig gelegenes, freundliches Guesthouse in Nai Yang, nur wenige Minuten zu Fuß vom Strand. Anlage im Thai-Stil mit Pagodendächern an einem Pool mit Garten.

Nai Yang | 111 Moo 5, Soi Bang Malao | Tel. 0805444491 | www.villaliberg phuket.com | 9 Zimmer | €€

ESSEN UND TRINKEN

Octopus

Gute Küche – Das nette Restaurant am Strand serviert Meeresfrüchte und lokale Gerichte zu günstigen Preisen.

Nai Yang | Sakoo | 91 Moo 3 | Tel. 0816 763499 | www.octopus-restaurant.com | 11–22 Uhr | €–€€

Siam Supper Club

Beliebt bei Expats – Bei gedimmtem Licht, Jazz, freundlicher Atmosphäre und exzellenter US-Fusion-Küche mit Steaks, Seafood, Pasta, Cheesecake sowie Cocktails und Weinen fühlt man sich fast wie in New York.

Bangtao | Cherngtalay | 36–40 Lagoon Road | Tel. 0762709.36 | www.siamsupperclub.com | 11–23 Uhr | €€€–€€€€

KULTUR UND UNTERHALTUNG

FantaSea

Größer und bombastischer würde man es auch in Las Vegas oder Disneyland nicht hinbekommen: Der Themenpark bietet ein gigantisches Showspektakel mit über 100 Darstellern, echten Elefanten und einem Tiger, es werden Geschichten und Schlachten nachgespielt, aber auch Artisten, Schattenspiel und Zauberkünste kommen zum Einsatz. Davor erwarten den Gast Riesenbüfetts und ein Shoppingkomplex.

Kamala | www.phuket-fantasea.com | 17.30–23.30 Uhr | Dinnershow 2200 Baht

Reggae Bar

Noch fast ein Geheimtipp: Mit einem kühlen Getränk in der Hand und den Füßen im Sand genießt man in der rustikalen, bei Expats beliebten Strandbar zu Reggae-Klängen und Hippie-Deko den Sonnenuntergang.

Bangtao Beach (hinter Banyan Tree und Tony's Beach Restaurant Richtung Layan) | €

AKTIVITÄTEN

TAUCHEN

Paradise Diving

Internationale Tauchbasis unter deutscher Leitung. Neben Kursen auch Nachttauchen und Tauchfahrten mit dem Speedboot zu den Similan-Inseln, nach Ko Phi Phi und Ko Waeo.

Nai Yang | Sakoo | 90/6 Moo 5 | Tel. 076 32 82 78 | www.paradise-diving.com

◎ SÜDLICHE WESTKÜSTE: KATA BIS PATONG   A 8

Patong an der Westküste ist das Zentrum des Massentourismus. Die malerische Bucht mit ihrem weißen Sandstrand ist heute zugebaut mit Hotels, Shopping-Malls, Massagesalons, einer großen Auswahl an Restaurants und Unterhaltungsangeboten – Patong ist für den einen ein Traum aus Sonne, Strand und Spaß, für den anderen ein Ballermann-Alptraum. Viele kommen nur wegen des Nachtlebens hierher: Dann verwandelt sich die berühmt-berüchtigte **Bangla Road** in eine Vergnügungsmeile mit unzähligen Bars, Pubs, Diskotheken, Stripclubs, Travestie- und »Pingpong-Shows«. Und tagsüber vergnügt man sich am Strand, z. B. beim Wassersport wie Surfen oder Wasserski. **Karon** und die beiden **Kata-Strände** gehören nach Patong zu den am meisten erschlossenen Bereichen, sind aber etwas ruhiger und eignen sich auch für Familien. Einen schönen Blick auf alle drei Buchten hat man vom Viewpoint. Am ruhigsten ist die von Felsen und Wald eingerahmte kleine Bucht Kata

Noi. Der sehr beliebte Kata Beach hat auch feinen weißen Sand und wird vom Club Med dominiert. Dahinter liegt das eigentliche Zentrum mit zahlreichen Hotels, Restaurants und Geschäften. Der nördliche Strandabschnitt eignet sich gut zum Schnorcheln, und zur Nebensaison kann man hier gut surfen. Auch an dem langen, an Kata angrenzenden fast schattenlosen Karon Beach ziehen sich Hotelanlagen, Restaurants und Shoppingzentren entlang.

ÜBERNACHTEN

Baan Yin Dee

Gepflegt und ruhig – Das elegante kleine Boutique-Hotel im Thai-Stil erhebt sich wunderbar auf einem Hügel oberhalb von Patong, aber nur wenige Minuten vom Zentrum entfernt. Hier möchte man einfach nur am Pool oder bei einer Thai-Massage entspannen und in dem sehr guten Restaurant Rice mit Blick auf die Bucht dinieren.

Patong Beach | 7/5 Muean Ngen Road | Tel. 076 29 41 05 | www.baanyindee. com | 21 Zimmer | €€–€€€€

Kata Beach Resort 👫

Tolle Location – Die große Anlage befindet sich als eine der wenigen direkt am Strand. Gut ausgestattete, moderne Zimmer mit Balkon und zum Teil Meerblick. Restaurants und Pools, Spa, Fitnesscenter, Kinderclub.

Kata Beach | 1 Pakbang Road | Tel. 076 36 03 00 | www.katagroup.com/ kata-beach | 275 Zimmer | €€–€€€€

Royal Pawadee Village

Im Thai-Stil – Die Gebäude und Zimmer der eleganten Anlage sind im traditionellen Ambiente mit dunklem Holz

Liegender Buddha am Wegesrand nahe dem Wat Nong Chik bei Krabi (▶ S. 121). In dieser Pose dargestellt, symbolisiert die Statue den Eintritt des Religionsstifters in das Nirwana.

gehalten. Zum Strand sind es 100 m, es gibt aber auch einen Pool mit Palmen.

Patong Beach | 3 Sawatdirak Road | Tel. 076 34 46 22 | www.royalphawadee patong.com | 38 Zimmer | €€–€€€€

Sawasdee Village

Romantische Anlage – Gestaltet in Thai-Manier mit opulentem arabischen Dekor, vielen Pflanzen und Skulpturen um einen Pool. Komfortabel ausgestattete Zimmer oder luxuriöse Villen, Restaurant, Spa, Shuttle zu Strand.

Karon Beach | 38 Katekwan Road | Tel. 076 33 09 79 | www.phuketsawasdee. com | 54 Zimmer und Villen | €€€–€€€€

ESSEN UND TRINKEN

Baan Rim Pa

Schlemmen mit Aussicht – In dem beliebten Restaurant auf einem Felsen über dem Meer genießt man die viel gelobte »Royal Thai Cuisine« mit schönem Blick auf die Bucht, sollte aber unbedingt rechtzeitig reservieren.

Patong Beach | 223 Prabaramee Road | Tel. 076 34 07 89 | www.baanrimpa.com | 12–23 Uhr | €€€€

On the Rock ▶ S. 29

AKTIVITÄTEN

TAUCHEN

Sunrise Divers

PADI-Tauchzentrum, das neben Kursen Live-Aboards zu den Similan- und Surin-Inseln und in der Pha-Nga-Bucht vermittelt – für verschiedene Budgets und mit unterschiedlichen Bootstypen, z. B. einer chinesischen Dschunke.

Karon Beach | 269/24 Patak Road | Tel. 08 46 26 46 46 | www.sunrise-divers.com

KRABI B 7

30 800 Einwohner

Gegenüber von Phuket erstreckt sich auf dem Festland die Kleinstadt Krabi, Verwaltungszentrum der gleichnamigen Provinz, zu der auch zahlreiche Inseln bis hinunter nach Ko Lanta gehören. Krabi Town ist ein nettes kleines Städtchen, selbst aber ohne nennenswerte Sehenswürdigkeiten. Wer Krabi sagt, meint in der Regel denn auch weiße Sandstrände, die berühmten steil aufragenden Kalksteinfelsen, tropische Trauminseln mit Korallenriffen sowie Nationalparks mit Urwald, Höhlen und Wasserfällen – der Stoff, aus dem die Thailand-Fotos sind.

Das alles findet man aber in unmittelbarer Nähe der Stadt. Mit dem Flughafen und den zahlreichen Fähren und Ausflugsbooten, die von Krabi aus die Inseln in der Pha-Nga-Bucht anfahren, ist Krabi-Stadt ein idealer Ausgangspunkt, um die Andamanenküste zu erkunden. In Krabi Town selbst findet man preiswerte Unterkünfte, dazu zwei Nachtmärkte sowie zahlreiche Cafés, Bars, Restaurants und Tour Offices.

Zu erreichen mit dem Flugzeug von Bangkok, mit dem Bus von Bangkok oder Phuket, mit der Fähre von Phuket, Ko Lanta oder Ko Phi Phi

SEHENSWERTES

⭐ Tigerhöhlentempel (Wat Tham Sua)

Tiger hausen in den Höhlen des wenige Kilometer außerhalb von Krabi gelegenen Tempelareals zwar schon lange nicht mehr. Heute treibt einem eher der Aufstieg auf den Gipfel des etwa 600 m hohen Tempelbergs über 1237 Treppenstufen den Schweiß auf die

Stirn. Doch der wunderbare Blick von oben über die Ebene mit den Kalksteinfelsen und Palmölplantagen entschädigt für alle Mühen, ebenso der Anblick des großen Buddha, des 99 m hohen Chedis und diverser Schreine und heiliger Gebäude. Eine kürzerer Weg führt in ein schönes Tal mit riesigen Regenwaldbäumen und Meditationshütten der Mönche.

Anfahrt mit dem Sammeltaxi (Songthaew) ab Krabi, per Taxi oder Tour | Eintritt frei (Spenden sind erwünscht) 8 km östl. von Krabi

Spirituelle Tempelatmosphäre erleben ⑦

Mindestens einmal sollte man einen buddhistischen Tempel aufsuchen und das besondere Flair mit Segnungen von Mönchen und Ritualen der Gläubigen in sich aufsaugen (▶ S. 14).

ÜBERNACHTEN

U Residence

Klein und stilvoll – Neues Boutique-Hotel mitten im Stadtzentrum mit liebevoller, edler Einrichtung. Zimmer mit Balkon, AC, Bad, WiFi plus angeschlossenes Restaurant bzw. Café.

69 Uttarakit Road, Paknam | Tel. 075 65 62 99 | 12 Zimmer | €€

ESSEN UND TRINKEN

Bai Toey Seafood

Am Flussufer – Am Wasser gelegenes, auch bei Einheimischen beliebtes Restaurant. Der Fokus liegt hier eindeutig auf Fisch und Seafood.

Zwischen Chao Fah Pier und Thara Park | Tel. 075 61 15 09 | 10–22 Uhr | €€

Wer die exakt 1237 Naturstufen zum Tigerhöhlentempel Wat Tham Sua (▶ MERIAN TopTen, S. 121) in der Nähe von Krabi erklimmt, wird mit einem fantastischen Ausblick belohnt.

Nachtmärkte

Jeden Abend bei Einbruch der Dunkelheit strömen Menschen Richtung Pier, denn dort fängt es in den kleinen Garküchen an zu brutzeln. Auf Plastikstühlen sitzend isst man hier gut, günstig und unkompliziert Leckereien wie Currys oder Thai-Pfannkuchen. Während der Markt am Pier eher den Charakter eines Food Court hat, gibt es auf dem Nachtmarkt beim City Hotel ebenfalls gute Streetfood-Stände. Die Walking Street am Wochenende bietet von allem etwas: Kleidung, Accessoires, Souvenirs, Unterhaltung – und natürlich jede Menge Essensstände.

– Night Markets tgl. ca. 18–22 Uhr am Chao Fah Pier, an der Khong Kha Road und in der Soi 10 Maharat
– Walking Street Fr–So 18–22 Uhr hinter dem Vogue Department Store

SERVICE

AUSKUNFT

Tourism Authority of Thailand (TAT)
292 Maharat Road | Tel. 075 62 21 63 | www.tourismthailand.org/krabi

Ziele in der Umgebung

 AO NANG   A 8

Entlang dieses Strands nur wenige Kilometer westlich von Krabi Town liegen

---

Auf dem Nachtmarkt unter das Volk mischen 8

Wenn es dunkel wird, werden die Stände aufgebaut. Überall beginnt es in den Garküchen zu brutzeln, und es duftet lecker nach verschiedensten Köstlichkeiten (▶ S. 15).

dicht an dicht Hotelanlagen von der Backpacker-Unterkunft bis zum Luxus-resort, Touranbieter, Cafés und Restaurants. Zum Baden eignet sich jedoch nur der nördliche Strandabschnitt, und das auch nur bei Flut. Eine gute Alternative ist der **Hat Noppharat Thara**. In herrlicher Umgebung gelegen, ist Ao Nang in erster Linie ein reiner Touristenort, der sich vor allem auf Pauschalurlauber eingestellt hat. Von hier aus kommt man jedoch mit Booten schnell nach Raileh und zu weiteren Inseln und Stränden in der Pha-Nga-Bucht.

Zu erreichen mit dem Taxi oder Songthaew von Krabi

15 km nördl. von Krabi

ÜBERNACHTEN

Anawin Bungalows

Einfach und günstig – Eine preiswerte Alternative zu den teuren Resorts ist diese Bungalowanlage. Mitten in Ao Nang, aber am Ende einer ruhigen Seitenstraße stehen Steinbungalows mit Terrasse im Grünen, Ventilator oder AC. Freundlicher Besitzer.

263/1 Moo 2 | Tel. 07 56 37 67 64 | www. anawinbungalows.blogspot.com | 9 Bungalows | €

Krabi Resort

Direkter Strandzugang – Damit hat dieses Hotel am nördlichen Ende von Ao Nang einen großen Vorteil gegenüber den anderen – denn es ist schon am längsten da. In einer großen Gartenanlage mit vielen alten Bäumen gibt es Zimmer, aber auch frei stehende Bungalows im Thai-Stil.

232 Moo 2 | Tel. 0756370305 | www.krabiresort.net | 141 Zimmer und Bungalows | €€–€€€€

◎ PHA-NGA-BUCHT ⭐8   🏖 A7

Bizarre, dschungelbewachsene Felsformationen, die steil aus dem Meer aufragen, überhängende Felsen und Höhlen bilden, dazu zig kleine Inseln, zum Teil mit weißen Stränden und Lagunen, Korallenriffe und Mangrovenwälder, türkisblaues Wasser – die maritime Landschaft der Pha-Nga-Bucht zählt zu Recht zu den Highlights einer Reise nach Südthailand. Wer nicht gleich eine der bewohnten Inseln in der Bucht ansteuert und dort übernachtet (unsere Empfehlung!), sollte zumindest eine der Bootstouren in die Bucht unternehmen, die von Krabi (▶ S. 121) und anderen Orten angeboten werden.

Ein besonderes Erlebnis ist es, die Gegend mit dem Kajak oder Kanu zu erkunden. Mehrere Anbieter in den Orten rings um die Bucht haben halb- oder ganztägige Touren (auch für Ungeübte) im Programm (Tagestrip ab 1500 Baht). Wer lieber mit dem Segelboot unterwegs ist, der wird z. B. bei Thai Sailing (de.thaisailing.com) oder Lanta Sailing (www.lantasailing.com/Bases/sailing-from-Krabi.html) fündig, die Segeltörns und Jachtcharter anbieten.

55 km nordwestl. von Krabi

◎ RAILEH UND AO TONSAI   🏖 A8

Raileh (auch Rai Leh oder Railay) ist eine Halbinsel südwestlich von Krabi, die abgetrennt durch große Kalksteinfelsen malerisch ins Meer hineinragt. Umrahmt von steilen Klippen, mit bunten Longtail-Booten am weißen Sandstrand, türkisblauem Meer und Palmen, die sich im Wind wiegen, gehören die Strände **Raileh Beach** und **Hat Phra Nang** zweifellos zu den spektakulärsten in ganz Thailand. Das sehen

Massen von Touranbietern genauso, sodass sie tagsüber voll mit Tagestouristen und knatternden Booten sind.
Wer in Raileh oder in der benachbarten Bucht Ao Tonsai übernachtet, kann die malerische Szenerie auch in den frühen Morgen- und Abendstunden genießen, wenn die Ausflugsboote weg sind, muss für relativ wenig Komfort aber schon tiefer in die Tasche greifen. Doch es lohnt sich! Ursprünglich ein Backpackerziel, gibt es nun auch Luxusresorts in Raileh, es dominiert aber immer noch ein relaxtes Strandflair. Aufgrund der abgeschirmten Lage (man kommt nur mit dem Longtail-Boot hierher), fühlt man sich wie auf einer Insel.

Zu erreichen mit dem Longtail-Boot von Ao Nang
5 km südwestl. von Krabi

Wollen Sie's wagen?

Ao Tonsai ist eine der wenigen Gegenden der Welt für »Deep Water Solo«. Dabei klettert man frei und allein an einer steilen oder überhängenden Felswand über tiefem Wasser, in das man sich anschließend hineinfallen lassen kann. Dadurch kann ohne Sicherung bzw. Lebensgefahr geklettert werden – ein intensives, abenteuerliches Erlebnis!

SEHENSWERTES

Hat Phra Nang und seine Höhlen

Dieser Traum von einem Strand liegt an der Spitze der Halbinsel, ist durch hohe Felsen geschützt und mit dem Longtail-Boot oder einen steilen Fußpfad von Raileh Ost zu erreichen. Tags-

über ankern hier viele Ausflugsboote. Ein Highlight ist der Besuch der »Diamanthöhle«, die ihren Namen glitzernden Stalagtiten mit Kristallen verdankt. Am Südende des Strands befindet sich die »Prinzessinnenhöhle« Tham Phra Nang mit einem Phallus-Schrein.
In den Felsen gibt es Hunderte von Kletterrouten diverser Schwierigkeitsgrade. Mit fantastischen Steilwänden, zerklüftetem Stein und herrlichen Ausblicken aufs Meer bietet Raileh eine Traumkulisse für Kletterer. Es gibt Kletterschulen an allen Stränden, die geführte Touren und Kurse für Anfänger und Fortgeschrittene (inkl. Ausrüstung) anbieten: halber Tag ab 800 Baht, ganzer Tag um 1500 Baht, drei Tage ab 6000 Baht.

– Base Camp Climbing (Ao Tonsai) | www.basecamptonsai.com
– Hot Rock Climbers (Raileh West) | www.railayadventure.com
– King Climbers (Raileh Ost) | www.railay.com

ÜBERNACHTEN
Dream Valley Resort

Mit Pool – Im Angebot sind Zimmer und Steinbungalows mit etwas mehr Komfort als die meisten Unterkünfte in Ao Tonsai, aber auch einfache Hütten mit Ventilator und Moskitonetz.

Ao Tonsai | 86 Moo 2 | Tel. 07 58 19 81 02 | www.dreamvalleykrabi.com | 94 Zimmer und Bungalows | €–€€

Railay Garden View

Bungalows im Grünen – Die Häuschen aus dunklem Holz liegen in Raileh Ost in einem Garten am Hang und sind einfach, aber nett eingerichtet. Mit Ventilator und Frühstück stellen sie eine gute Alternative zu den teureren Resorts dar.

Raileh Ost | 147 Moo 5 | Tel. 08 58 88
51 43 | www.railaygardenview.com |
19 Bungalows | €€

Railay Phutawan Resort

Mit Bergkulisse – An einem Hang im
Hinterland und mit viel tropischem
Grün logiert man hier in Holz- und
Mattenbungalows mit Ventilator oder
in klimatisierten Steinbungalows bzw.
Zimmern mit einfachem Standard.
Swimmingpool mit Meerblick und Res-
taurant mit schöner Aussicht.
Raileh Ost | 494/1 Moo 2 | Tel. 075 81
94 79 | www.railayphutawan.com |
44 Zimmer | €€–€€€

AKTIVITÄTEN

TAUCHEN
Railay Dive Center

Raileh West | www.railaydivecenter.com

⭐ 9 KO PHI PHI 🔖 A 8

Karte ▶ S. 127
3000 Einwohner

Ko Phi Phi ist der Star der Andamanensee. Die Szenerie der kleinen Tro-
peninseln mit ihren weißen Stränden
und türkisblauen Lagunen, umrahmt
von steil aufragenden, dicht bewachsenen und zerklüfteten Kalksteinfelsen
ist an Schönheit kaum zu übertreffen.
Hier wurde 1999 der Kultfilm »The
Beach« mit Leonardo di Caprio ge-
dreht, der seitdem Scharen an Backpackern auf der Suche nach dem »perfekten Strand« hierherzieht. Inzwischen
kommen auch Pauschaltouristen, jeder
Neuankömmling muss 20 Baht ent-
richten, egal wie lange er bleibt.
Neben seinem Ruf als Partyinsel ist
Ko Phi Phi ein Paradies für Taucher,
Schnorchler und Fans von Wassersport

Schroffe Kalkstein-Felsnadeln sind das Markenzeichen der Pha-Nga-Bucht (▶ MERIAN TopTen,
S. 123). Ein Höhepunkt ist der Bootsausflug zum bizarren »James-Bond-Felsen« Ko Tapu.

aller Art. Hinzu kommen zahlreiche Boote mit Tagesausflüglern vom Festland und der näheren Umgebung.

Die Inselgruppe von Ko Phi Phi besteht aus der bewohnten Hauptinsel Ko Phi Phi Don und den unbewohnten Nachbarinseln Ko Phi Phi Leh, Bamboo Island (Ko Mai Phai), Mosquito Island (Ko Yung) sowie den unzugänglichen Felseninseln von Ko Bida Nai und Ko Bida Nok. Der kleine Archipel erstreckt sich im 390 qkm großen **Hat Noppharat Thara Marine National Park**, dessen Korallenriffe und steilen Felswände eine große Artenvielfalt aufweisen und der für seine erstklassigen Tauch- und Schnorchelreviere berühmt ist.

2004 wurde Ko Phi Phi schwer vom Tsunami getroffen, der 691 Menschen das Leben kostete. Nahezu die gesamte Infrastruktur war zerstört, sodass fast alles neu aufgebaut werden musste.

Seine Schönheit und leichte Erreichbarkeit sind gleichzeitig das Verhängnis von Ko Phi Phi: Der Besucheransturm, vor allem in der Hauptsaison, bedroht das reichhaltige Ökosystem der kleinen Inselgruppe und des Meeresnationalparks, Müllprobleme und Wasserknappheit sind an der Tagesordnung.

Zu erreichen mit Fähren von Phuket, Krabi oder Ko Lanta in ca. 1,5 Std.

SEHENSWERTES

❶ Blick vom Aussichtspunkt

Der Hauptort **Ton Sai** liegt auf einer schmalen Landzunge zwischen zwei Hügeln. Zu beiden Seiten befindet sich jeweils eine Bucht mit Strand. Wie spektakulär die Insel geformt ist, erkennt man erst von oben – nachdem man eine ungefähr 30-minütige Wanderung über einen steilen Fußpfad

zum 186 m hoch gelegenen Viewpoint auf sich genommen hat.

🕐 Zum Sonnenauf- oder untergang. Eintritt 20 Baht

ÜBERNACHTEN

❷ Phi Phi The Beach Resort

Schön am Long Beach – Das Resort mit seinen großzügigen und schicken Bungalows auf Stelzen zieht sich am hinteren Ende des Long Beach den Hang hinauf, mit Blick auf das Meer und die Klippen von Koh Phi Phi Leh in der Ferne. Full Service mit Restaurant, Bar, Touren, Pool, Spa.

Long Beach | 177 Moo 7 | Tel. 0 75 81 92 06 | www.phiphithebeach.com | 85 Zimmer | ♿ | €€€–€€€€

❸ Phi Phi Relax Beach Resort

Isoliert, aber paradiesisch – Am Pak Nam Beach an der Ostküste relaxt man weit abseits des Trubels in gemütlichen Holzbungalows am Strand. Zwei bis drei Nächte Minimalaufenthalt, Strom nur von 18–6 Uhr, Taxibootservice nach Ton Sai für 150 Baht/Person.

Pak Nam Beach | Tel. 08 15 35 88 53 | www.phiphirelaxresort.com | 47 Bungalows | €€

❹ Viking Natures Resort 👫

Baumhausfeeling – Ruhig im Dschungel am Hang zwischen Ton Sai und dem Long Beach stößt man auf rustikale Holzhäuser mit Veranda und Hängematte – vom der einfachen Ventilator-Hütte bis zu mehrstöckigen Bungalows.

Ton Sai Bay | 222 Moo 7 | Tel. 0 75 81 93 99 | www.vikingnaturesresort.com | 60 Zimmer | €€–€€€

❺ Zeavola ▶ S. 25

ESSEN UND TRINKEN

RESTAURANTS

⑥ Blue Lagune

Wohlfühlen und genießen – In diesem gemütlichen Lokal an der Ostküste gibt es traditionelle, frisch zubereitete Thai-Küche in schönem Ambiente. Der Service ist freundlich, und man bekommt sogar gratis eine Vor- oder Nachspeise.
47/18 Moo 8 (im Dorf hinter Phi Phi Island Village Resort) | Tel. 08 28 12 99 63 | €€

⑦ Le Grand Bleu

French cuisine – Fast schon eine Institution ist dieses Lokal mit französischer Küche, aber auch traditionellen Thai-Gerichten. Gespeist wird in einem Holzhaus mit elegantem Ambiente im Thai-Stil, dazu gibt es importierte Weine, vor allem aus Frankreich und Australien – und moderate Preise.
Ton Sai Village | Hauptstraße Richtung Pier | Tel. 08 19 79 97 39 | €€–€€€

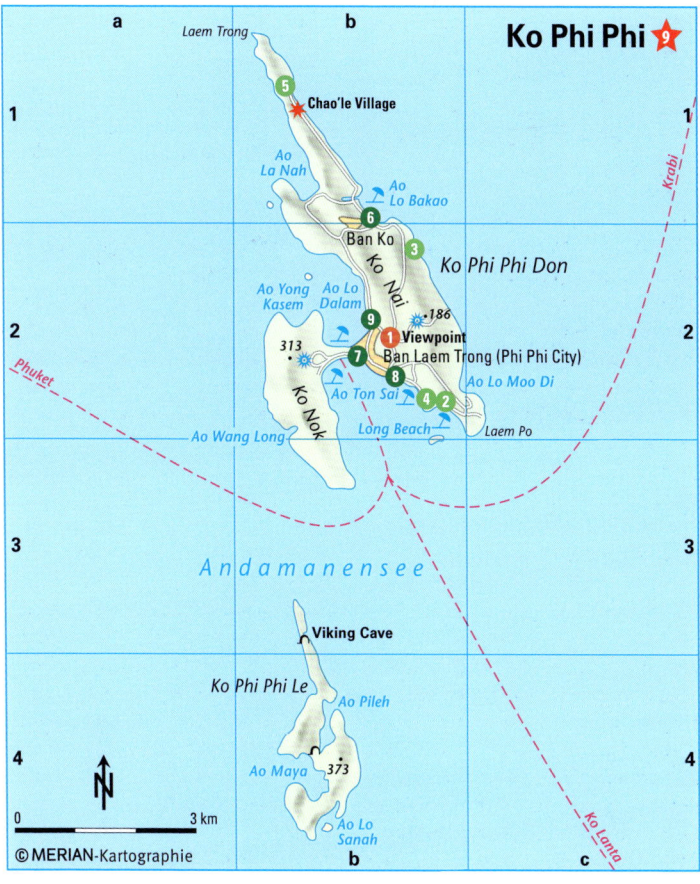

Ko Phi Phi ⑨

Laem Trong

⑤ Chao'le Village

Ao La Nah

Ao Lo Bakao

⑥ Ban Ko

③

Ko Phi Phi Don

Ao Yong Kasem

Ao Lo Dalam

186

⑨ Viewpoint ①

313 ⑦ Ban Laem Trong (Phi Phi City)

⑧

Ao Ton Sai

④ ② Ao Lo Moo Di

Ao Wang Long Long Beach Laem Po

Phuket

Krabi

A n d a m a n e n s e e

Viking Cave

Ko Phi Phi Le

Ao Pileh

N

373

Ao Maya

0 3 km

Ao Lo Sanah

Ko Lanta

© MERIAN-Kartographie

Ein schmaler Isthmus mit Strandbuchten verknüpft die beiden Teile der Insel Ko Phi Phi Don (▶ MERIAN TopTen, S. 125) miteinander. Das Inseljuwel wird inzwischen rigoros vermarktet.

BARS UND CLUBS

8 Hippies Bar

Die Strandbar wurde durch den Tsunami völlig zerstört, aber wieder aufgebaut. Hier chillt man auf einer Terrasse am Ufer mit niedrigen Tischen und Sitzkissen, umgeben von Treibholz-Deko. Am späteren Abend oft Partys.
Ton Sai (an der Hauptstraße Richtung Long Beach)

9 Sunflower Beach Bar & Restaurant

Relaxen am nördlichen Ende der Lo-Dalam-Bucht: Es gibt alte Boote als Deko, Hängematten und Sitzkissen am Strand sowie gute Cocktails, manchmal Livemusik und Feuershows. Auch die Thai-Gerichte sind zu empfehlen.
Am nördlichen Ende von Ao Lo Dalam | Tel. 08 00 38 33 74

AKTIVITÄTEN

INSELTOUR

Auf jeden Fall sollte man die Inseln im Rahmen von Boots- und Schnorcheltouren erkunden. Nur so kommt man zu den besten Stränden, Ausflugszielen und Schnorchelgebieten. Zu den Highlights jeder Tour zählt **Ko Phi Phi Leh**, das aus steilen Felsen besteht, die zwei

Lagunen einrahmen: die kleine **Ao Pi Leh**, die wie ein türkiser Südseefjord wirkt, und die berühmte **Maya Bay** mit ihrem legendären Strand – Drehort des Kinofilms »The Beach«. In der **Phaya-Naak-Höhle** (Viking Cave) sammeln Männer mithilfe wackeliger Bambusgerüste essbare Schwalbennester. Rings um die Insel erstrecken sich Korallenriffe im kristallklaren Wasser. Zudem steuern Boote die Strände auf **Bamboo** und **Mosquito Island** an sowie den **Monkey Beach** mit seinen frechen Affen. Tagestouren kosten ab 800 Baht oder mehr, der Eintritt für den Nationalpark selbst beläuft sich auf 200 Baht.

TAUCHEN

Die Tauchgründe um Ko Phi Phi gehören trotz der Schäden durch El Niño im Jahr 2010 zu den schönsten der Welt. Zu den besten Spots zählen die beiden Felseninseln **Ko Bida Nai** und **Ko Bida Nok** mit ihren Riffen, Korallengärten und Unterwassersteilwänden und einer großen Artenvielfalt vom Seepferdchen bis zur Schildkröte. **Malong** und **Palong Bay** vor der Küste von Ko Phi Phi Leh sind bekannt für Schwarzspitzenhaie und Meeresschildkröten. Phi Phi Leh bietet auch korallenbewachsene Felswände und Unterwasserhöhlen. Auf Ko Phi Phi gibt es eine ganze Reihe an Tauchbasen. Für Ausflüge mit zwei Tauchgängen zahlt man meistens ab 2000 Baht, ein PADI-Open-Water-Diver-Kurs kostet ungefähr 14 000 Baht.

Blue View Divers
www.blueviewdivers.com

The Adventure Club
www.diving-in-thailand.net

KO YAO NOI 🏳 A7
4500 Einwohner

Kaum zu glauben, dass es nur eine etwa einstündige Fahrt mit dem Speedboat von Phuket braucht, um in einer ganz anderen Welt anzulanden: einer Inselgruppe mit muslimischen Fischern und Kautschukbauern, mit Stränden, die zwar nicht zu den schönsten der Region gehören, wo man sich aber nicht sattsehen kann an den fast schon surreal aus dem Meer aufragenden Felseninseln der Bucht. Eine Inselgruppe ohne massentouristische Infrastruktur, auf der Naturnähe statt Nachtleben angesagt ist, wo man die Ruhe genießt und einfach mit dem Fahrrad oder Kajak losfährt. Entlang der Ostküste von Ko Yao Noi gibt es mehrere herrliche Resorts, aber auch ein paar einfachere Bungalowanlagen, fast alle mit Restaurant.

Zu erreichen mit dem Speedboat von Phuket oder Krabi, Pickup-Taxis auf der Insel

ÜBERNACHTEN

Sabai Corner Bungalows

Idyllisch – Bungalows mit Veranda, Hängematte und Ventilator, nur wenige Meter vom Meer entfernt, aber von üppigem Grün umgeben. Gemütlicher Restaurantbereich am Ufer.
29/2 Moo 5 | Tel. 076 59 74 97 | www.sabaicornerbungalows.com | 11 Bungalows | €–€€

Six Senses

Traumhaft – Luxusresort mit frei stehenden Poolvillen, nachhaltigem Konzept und atemberaubendem Blick auf die Felsen in der Bucht.
56 Moo 5 | Tel. 076 41 85 00 | www.sixsenses.com/resorts/yao-noi | 56 Villen | ♿ | €€€€

DER TIEFE SÜDEN

Die traumhafte Inselwelt der südlichen Andamanensee lädt zum Inselhopping ein. Und auf dem Festland dieser vorwiegend muslimisch geprägten Region findet man interessante Kultur- und Naturerlebnisse.

Der tiefe Süden Thailands punktet mit der herrlichen Inselwelt der südlichen Andamanensee, die sich bis hinunter zur Straße von Malakka und zur malaysischen Grenze erstreckt. Dank der Speedboote und Personenfähren, die vor allem in der Hauptsaison viele Inseln regelmäßig miteinander verbinden, lässt es sich von Phuket oder Krabi aus prima und unkompliziert von Insel zu Insel hüpfen, ohne dass man unterwegs seinen Fuß auf das Festland setzen müsste.

INSELHOPPING DURCH EIN TROPENPARADIES

Auf dem Weg liegen das ruhige, besonders bei Familien und Paaren beliebte **Ko Lanta** mit seinen goldgelben, wenig überlaufenen Stränden und das kleine und mittlerweile trubelige **Ko Lipe**, das sich trotz touristischer Erschließung jedoch das Versprechen vom einfachen Leben auf der Tro-

◄ Spitz ragt der 77 m hohe Chedi des Wat
Phra Mahathat (▶ S. 141) in den Himmel.

Bangkok

Nördliche
Golfküste

Die Ostküste

Nördliche
Andamanen-
küste

Die Golf-Inseln

Der tiefe Süden

Phuket, Krabi
und die Pha-
Nga-Bucht

peninsel bewahrt hat. Im **Tarutao National Park** an der Grenze zu Malaysia kommt angesichts weißer Sandstrände, der sich im Wind wiegenden Kokospalmen und jeder Menge unbewohnter Inseln mit Geschichten von Schmugglern und Piraten Südseeatmosphäre auf.

Von Ko Lipe aus können die Inseln im Rahmen von Bootsausflügen besucht werden, auf manchen der Eilande kann man sogar übernachten. Um die farbenprächtigen Korallen nicht zu verpassen, sollte man im Tarutao National Park mindestens einmal abtauchen oder schnorcheln. Beim Inselhopping von Ko Lanta nach Süden schippert man aber noch durch weitere Meeresnationalparks mit weniger erschlossenen, tropischen Trauminseln wie **Ko Muk**, **Ko Kradan** oder **Ko Bulon Leh**, die sich ebenfalls für einen Zwischenstopp anbieten. Und dann wären da noch die zig unbewohnten kleinen Inselchen dazwischen, die bei Bootsausflügen angesteuert werden können, und nicht zu vergessen tolle Schnorchel- und Tauchreviere. Wer möchte, reist anschließend von Ko Lipe oder Ko Tarutao weiter auf die Insel Langkawi, die bereits zu Malaysia gehört.

DER WEITHIN UNENTDECKTE SÜDEN

Die südliche Küste auf der gegenüberliegenden Seite am Golf von Thailand ist wiederum kaum auf dem touristischen Radar und vor allem für natur- und kulturinteressierte Reisende interessant. Highlight ist die geschichtsträchtige Stadt **Nakhon Si Thammarat** mit ihren alten Tempelanlagen und lebendigen Traditionen. Weiter südlich erstreckt sich entlang der Küste bis Songhkla der Thale Sap, ein riesiges Binnenmeer. Für Naturfreunde ist vor allem das Naturschutzgebiet **Thale-Noi** interessant, in dem sich im Winter bis zu 50 000 einheimische Vögel und Zugvögel aufhalten. Eine Reise in die südlichsten Provinzen Yala, Narathiwat, Pattani und Teile von Songhkla an der Grenze zu Malaysia ist derzeit aufgrund des anhaltenden Konflikts zwischen separatistischen Gruppen und der Regierung sowie der Gefahr terroristischer Anschläge nicht zu empfehlen (▶ S. 142).

KO LANTA 🏝 B 8

21 000 Einwohner

Im Gegensatz zum überlaufenen Phuket ist Ko Lanta kleiner und ursprünglicher. Die Insel ist besonders geeignet für Paare und Familien, die Ruhe und Entschleunigung suchen. Eigentlich ist Ko Lanta eine Doppelinsel, doch die Infrastruktur konzentriert sich auf das südliche Eiland **Ko Lanta Yai**. Schöne lange goldgelbe Strände ohne Bootsgeknatter, die flach ins Meer abfallen, ermöglichen ungestörten Strandurlaub. 95 % der Bevölkerung sind Moslems, im Süden leben Seenomaden im Dorf Sang Ga-U. Im südlichen Teil der Insel lädt der **Ko Lanta National Park** zum Trekking und Höhlenerkunden ein. Die Strände erstrecken sich entlang der Westküste, an Unterkünften gibt es alles, vom Backpacker-Bungalow bis zum Luxusresort.

Zu erreichen per Boot in ca. 2 Std. von Krabi, Phuket oder Ko Phi Phi

ÜBERNACHTEN

Cocotero The Hidden Village

Charmant und rustikal – Einfache, aber neue und stilvolle Bambus-Bungalows in einer Gartenanlage, drei Minuten zu Fuß vom Klong Dao/Pra Ae Beach und 3 km von Ban Saladan entfernt. Gutes Restaurant gegenüber.

Tambon Saladan | 212 Moo 1 | 21 Bungalows | €–€€

Lanta Castaway

Mit Tauchbasis – Gemütliche Bungalows aus Stein oder Holz und in verschiedenen Größen am Strand. Restaurant und Bar mit Meerblick.

Long Beach | 299 Moo 2 | Tel. 075 68 48 51 | www.lantacastaway.com | 16 Bungalows | €–€€€

Lanta Marina Resort

Mit Hängematte – Urige Holzbungalows mit Palmdächern in einer weitläufigen Gartenanlage am Strand. Restaurant, Bar und Roller-Vermietung, es herrscht eine familiäre Atmosphäre.

Long Beach | 147 Moo 2 | Tel. 075 68 41 68 | www.lantamarina.com | 23 Bungalows | €–€€

Mango House Sea Villas ▶ S. 24

Pimalai Resort & Spa

Luxus pur und Nachhaltigkeit – Das preisgekrönte Fünf-Sterne-Resort zieht sich im Süden von Ko Lanta von einer schönen Bucht den Hang hinauf in den Dschungel. Viel Privatsphäre in Villen, die teils über Privatpools verfügen. Vier Restaurants, zwei Infinity Pools, Spa, umweltfreundliches Konzept.

Kantiang Bay | 99 Moo 5 | Tel. 075 60 79 99 | www.pimalai.com | 121 Zimmer und Villen | €€€€

Sri Lanta 🏃‍♀️

Unkomplizierte Erholung – Ansprechend gestaltete Bungalows mit viel dunklem Holz im Grünen, mit AC, Bad und Terrasse. Weitläufiger Strandbereich mit Wiese, Poolanlage, Liegestühlen, Bar und Restaurant. Außerdem Tour Office, Spa-Bereich und Yoga.

Klongnin Beach | 111 Moo 6 | Tel. 075 66 26 88 | www.srilanta.com | 52 Bungalows | €€

ESSEN UND TRINKEN

RESTAURANTS

Cook Kai 🏃‍♀️

Freundlicher Familienbetrieb – Ein offenes Restaurant mit viel gemütlichem Holz an der Hauptstraße gelegen.

Einer der beiden Infinity Pools im Pimalai Resort & Spa (▶ S. 132). Von hier reicht der Blick auf die Dächer der riesigen Anlage und die herrliche Kantiang Bay im Süden von Ko Lanta.

Hier kann man lecker und günstig die thailändische Kühe genießen.
Long Beach und Klong Nin Beach | Tel. 08 74 61 85 98 | www.cook-kai.com | €€

Faim de Loup

Französische Bäckerei und Café – Ein Hotspot zum Frühstück: mit frischem Brot und Croissants, aber auch Kuchen und leckeren Quiches.
Long Beach | Tel. 07 56 84 5 25 | €

L. Maladee ▶ S. 28

Palm Beach Restaurant

Beliebtes Restaurant – Direkt am Strand von Long Beach mit Thai-Küche, frischem Seafood, BBQ, aber auch westlichen Gerichten.
Long Beach | www.laantapalmbeach. com | €€

Red Snapper

Lecker und innovativ – Hier steht Fusion-Food mit westlichen und Thai-Einflüssen auf der Karte, serviert im schön designten, offenen Restaurant im Grünen am Long Beach und betrieben von einem holländischen Paar.
Pra Ae Beach | 176 Moo 2 | Tel. 078 85 69 65 | www.redsnapper-lanta.com | €€–€€€

AKTIVITÄTEN

BOOTS- UND SCHNORCHELTOUREN

Ausflüge zu den umliegenden Inseln werden vielerorts angeboten und können über die Unterkünfte gebucht werden. Beliebt sind Tagestouren zur Insel **Ko Rok** sowie zu vier verschiedenen Inseln im Ko Lanta Marine National Park (Four Islands Tour) oder nach Ko Phi Phi (Preise ca. 1500 Baht).

KAJAK

Einige Resorts bieten Kajaks zum Ausleihen, es gibt aber auch geführte Halb- und Ganztagestrips durch Mangrovenwälder oder rund um die Insel Ko Bubu. Tagestour ca. 1500 Baht.

MUAY THAI

In der internationalen Thai-Boxing-Schule Lanta Gym gibt es Kurse für Anfänger und Fortgeschrittene. Im Thai-Boxing-Stadion in Long Beach finden sonntags regelmäßig Kämpfe statt.
www.lantagym.com | Sessions ab 400 Baht

SEGELN

Das Gebiet eignet sich gut zum Segeln, Jachten kann man z. B. bei Lanta Sailing chartern (www.lantasailing.com/Bases/sailing-from-Koh-Lanta.html).

TAUCHEN

Die Gegend rund um Ko Lanta bietet interessante Tauchreviere: die fünf kleinen Felseninseln **Ko Ha** (mit zwei Höhlen für Höhlentaucher), Wracktauchen bei einem gesunkenen Fährschiff, die tiefen Felsenriffe **Hin Daeng** und **Hin Muang** (gute Sicht, Walhaie und Mantas), Leoparden- und Riffhaie bei Hin Bida und die Unterwasserwelt im Meeresnationalpark um Ko Phi Phi. Dementsprechend bieten mehrere Tauchbasen mit ähnlichem Angebot und vergleichbaren Preisen ihre Dienste an, auch mehrtägige Live-Aboards stehen auf dem Programm.
– Lanta Diver | www.lantadiver.com
– Lanta Diving Safaris | www.lanta-diving-safaris.com
– Lanta Fun Divers | www.lantafundivers.com

Traumstrand vor einem türkis schimmerndem Meer auf Ko Kradan (▶ S. 135). Die Inseln der südlichen Andamanensee gelten als Inbegriff eines kaum berührten Tropenparadieses.

WANDERN

Der Nationalpark im Süden Ko Lantas mit seinen Bergen und seinem Urwald bietet interessante Möglichkeiten zum Trekking und Erkunden von Höhlen, darunter die Tunnel der Tigerhöhle oder die Tropfsteinhöhle **Khao Mai Kaew**. Einzelne Wanderungen sind vor Ort auch als geführte Touren buchbar. Ab 300 Baht, der Eintritt in den Nationalpark beträgt 200 Baht.

Ziele in der Umgebung

◎ KO BULON LEH   B 8

Wer ländliche Ruhe abseits der touristisch entwickelten Inseln sucht und auf Komfort verzichten kann, der ist auf Ko Bulon Leh richtig. Da es hier noch einfache, preisgünstige Unterkünfte gibt, ist die Insel vor allem bei Backpackern und Langzeitreisenden beliebt. Strom rund um die Uhr, WiFi, Klimaanlage und Partys – Fehlanzeige. Dafür lockt ein langer, weißer Sandstrand im Osten, man trift auf freundliche Seenomaden, viel Ursprünglichkeit und Fischeridylle. Die meisten Resorts öffnen nur zur Hauptsaison, sind dann allerdings schnell ausgebucht.

Zu erreichen mit dem Speedboat von Ko Lanta in 2,5 Std., von Ko Lipe in 1 Std., von Pakbara in 30 Min.
90 km südöstl. von Ko Lanta

ÜBERNACHTEN

Bulone Resort

Komfort mit Meerblick – Beliebtes, für Ko Bulon Leh vergleichsweise gehobenes Resort mit frei stehenden Bungalows an einem schönen Strandabschnitt. Paknam | 6 Moo 3 | Tel. 08 18 97 90 84 | www.bulone-resort.com | 32 Bungalows | €€–€€€

Pansand Resort

Strand-Cottages – Hübsche weiße Bungalows verschiedenen Formats, in mehreren Reihen in einem Park hinter dem weißen Sandstrand gelegen. Ventilator, Kaltwasserdusche, Restaurant. 82–84 Visetkul Road | Tel. 08 16 93 36 67 | www.pansand-resort.com | €–€€

◎ KO KRADAN   B 8

Eine Alternative zu Ko Muk ist diese kleine Insel ohne große Infrastruktur mit ihren Kokospalmen und Kautschukbäumen, dem weißen Sand und vorgelagerten Riff. Der Oststrand ist phänomenal – das sehen die vielen Ausflugsboote aus der ganzen Region wohl genauso. Der südliche Bereich eignet sich prima zum Baden und Schnorcheln, gegen Abend wechselt man auf ein kühles Getränk zum Sunset Beach.

Mit dem Speedboat von Ko Lanta in ca. 1 Std., von Trang in ca. 1,5 Std.
25 km südöstl. von Ko Lanta

Wollen Sie's wagen?

Jedes Jahr am Valentinstag finden sich zahlreiche Heiratswillige zu einer großen Unterwasser-Hochzeitszeremonie auf Ko Kradan ein und geben sich in 12 m Tiefe das Jawort, umgeben von Tropenkulisse und bunten Fischen. www.underwaterwedding.com

ÜBERNACHTEN

Kradan Island Resort

Strandidylle – Neue Bambushütten unterschiedlicher Größe am nördlichen Ende des Oststrands. Auch für Familien geeignet. Mit Restaurant.

225 Moo 3 | Tel. 08 88 21 37 32 | www.kohkradanislandresort.com | 20 Bungalows | €–€€

Paradise Lost

Paradies gefunden – Charmante Holzhütten in einem Garten im Dschungel zwischen Oststrand und Sunset Beach. Im Inselinneren, aber nur wenige Minuten von den Stränden entfernt gelegen. Familiäre Atmosphäre und einfache Ausstattung, gutes Essen. Es gibt auch Gemeinschaftszimmer.

Zwischen Oststrand und Sunset Beach | Tel. 08 95 87 24 09 | www.kokradan.word press.com | 9 Bungalows | €

Wollen Sie's wagen?

Im Westen der Insel Ko Muk können Sie die »Smaragdhöhle« erkunden, die früher von Piraten als Versteck genutzt wurde. Um in die sehenswerte Kluft mit ihren Lichtspielen an den Felswänden zu gelangen, muss man einen dunklen Höhlentunnel durchqueren. Am schönsten paddelt man mit dem Kajak hindurch oder schwimmt hinein – am späten Nachmittag, wenn die Ausflugsboote verschwunden sind.

◎ KO MUK   ⚑ B 8

Die Insel gehört zum **Chao Mai National Park** und bietet sich als Zwischenstopp beim Inselhopping an. Sie ist leicht erreichbar, hat drei schöne Strände mit Unterkünften und ist sowohl das Ziel von Backpackern als auch von Familien, Pauschalreisenden und Tagesausflüglern von Ko Lanta und den umliegenden Inseln.

Mit dem Speedboat von Ko Lanta in ca. 1 Std., von Trang in 1,5 Std.

25 km südöstl. von Ko Lanta

ÜBERNACHTEN

Coco Lodge

Bambushütte mit Flair – Einfache, saubere und luftige Bungalows in einem gepflegten Garten. Offene Bäder, Veranda, sehr angenehme Atmosphäre, freundliches Personal.

Neben dem Pier im Dorf | Tel. 08 99 78 32 61 | www.kohmook-cocolodge.com | €–€€

Pawapi Resort

Schöne geräumige Bungalows – Häuser auf Stelzen mit Palmdächern und Balkon in ruhiger Lage direkt am weißen Sandstrand mit schattigen Bäumen. Angeschlossen ist ein Restaurant.

104/4 Baan Ko Muk | Tel. 08 87 65 56 55 | www.pawapi.com | 16 Bungalows | €€–€€€

Sivalai Beach Resort

Einzigartige Lage – Auf einer Landzunge mit feinem weißen Sand gelegenes Resort mit luxuriöseren Bungalows, z.T. schon etwas abgewohnt, doch die Lage entschädigt.

Tambon Libong | 211/1 Moo 2 | Tel. 08 97 23 33 55 | www.komooksivalai.com | 48 Bungalows | €€€–€€€€

KO LIPE   ⚑ B 9

500 Einwohner

Auf der nur wenige Quadratkilometer großen Insel ganz im Süden fühlt man sich des Öfteren wie in einer Fototapete. Weißer, pudriger Sand, türkisblaues Meer und dazu relaxtes Insel-Feeling – Ko Lipe und seine umliegenden mit

Dschungel bewachsenen Eilande vermitteln fast schon Südsee-Atmosphäre. Doch die Zeiten, in denen nur einige wenige Traveller die Insel besuchten und in einfachen Bungalows am Strand wohnten, sind vorbei: Die Insel ist nun touristisch erschlossen. Die simplen Mattenbungalows gibt es noch immer, doch der Ansturm ist gerade in der Hochsaison gewaltig, die Preise (in Relation zum Standard) sind vergleichsweise hoch. Strom gibt es inzwischen rund um die Uhr, doch Wasserversorgung, -aufbereitung und Müllentsorgung erweisen sich als problematisch. Dennoch lohnt ein Besuch, denn auf Ko Lipe braucht es nicht viel zum Glücklichsein: Strandklamotte, Füße im Sand, ein kühles Getränk, ein Fisch vom Grill. Wer dem Trubel Ko Lipes entfliehen will, begibt sich auf Erkundungstour auf die Nachbarinseln des **Tarutao Marine National Park**, der eine illustre Vergangenheit als Strafkolonie und Sitz von Piraten (bis in die 1960er-Jahre) hat. Auf manchen der 51 Inseln, von denen die meisten unbewohnt sind, kann man campen oder in einfachen Nationalparkunterkünften übernachten. Zudem finden sich viele gute Schnorchel- und Tauchspots im Nationalpark.

Die Infrastruktur auf Ko Lipe besteht aus dem Dorf der Seenomaden und drei Stränden: **Pattaya Beach**, wo alle Boote ankommen, dem schönen **Sunrise Beach** und dem kleinen, etwas ruhigeren **Sunset Beach**. Alle sind über Fußwege miteinander verbunden und in wenigen Minuten erreichbar.

Zwischen Pattaya und Sunrise Beach erstreckt sich mit der »Walking Street« das Zentrum von Ko Lipe, eine Meile

Mit dem Longtail-Boot zur Smaragdhöhle Tham Morakot auf Ko Muk (▶ S. 136): Dieser Höhlentunnel im Kalkstein kann nur mit dem Kajak oder schwimmend durchquert werden.

aus Restaurants, Bars, Souvenirshops, Guesthouses und Tour Offices.

Zu erreichen mit dem Speedboat von Ko Phi Phi/Ko Lanta in ca. 3 Std., mit dem Minibus über Land (z. B. ab Krabi) bis Hat Yao Pier oder Pakbara, dann weiter mit dem Boot in ca. 8 Std.

ÜBERNACHTEN

Castaway Beach Resort

Wohlfühlen mit Meerblick – Sehr schöne Anlage mit luftigen zweistöckigen Bungalows in mehreren Reihen am Sunrise Beach, mit großem Restaurant, Tauchschule und Yogakursen.

Sunrise Beach | Tel. 08 31 38 74 72 | www.castaway-resorts.com | 43 Zimmer und Bungalows | €€€

Jack's Jungle

Dschungelidylle – Nette Bungalows im Grünen, ruhig im Inselinneren auf dem Weg zum Sunset Beach. Alle mit Terrasse, Ventilator/Moskitonetz und offenem Bad ausgestattet. Frühstück, Thai-Restaurant und Bar.

Road to Sunset Beach | Tel. 08 97 36 48 71 | www.jacksjungle.com | 15 Bungalows | €–€€

Kaixolipe

Einfach und charmant – Dieses kleine Guesthouse der spanisch-thailändischen Besitzer direkt am Sunrise Beach hat vorne einen kleinen gemütlichen Lounge-Bereich, dahinter zweistöckige Holzbungalows mit Ventilator, Moskitonetz, Balkon und Hängematte, aber auch Familienzimmer. Einfacher Standard, aber wunderschöne Lage.

Sunrise Beach | 142 Moo 7 | Tel. 08 98 85 40 50 | www.kaixolipe.com | 5 Zimmer und Bungalows | €€

Phruritra Resort

Bunt und stylisch – Die schnuckeligen Bungalows aus dunklem Holz in ausgefallenen Formen und knallig bunte Deko-Details machen den Reiz dieses Boutique-Resorts aus, das sich von einem kleinen Strand neben dem Sunset Beach den Hang hinauf ins Grüne zieht.

Sunset Beach | 332 Moo 7 | Tel. 08 19 29 11 51 | www.phuritra.com | 18 Bungalows | €€€

Serendipity

Ruhig und romantisch – Luxuriöse, ansprechende Anlage mit viel Holz und bunten Kissen in ruhiger Hanglage am südlichen Ende des Sunrise Beach, aber mit einem eigenen kleinen Strandabschnitt. Das vielleicht schönste und beste Resort auf Ko Lipe.

Sunrise Beach | Tel. 08 83 95 51 58 | www.serendipityresort-kohlipe.com | 12 Zimmer und Bungalows | €€€–€€€

ESSEN UND TRINKEN

In der Walking Street reihen sich jede Menge Restaurants und Cafés aneinander. Es gibt Thai-Küche, aber auch westliche Gerichte, Seafood oder Kaffee und thailändische Pfannkuchen. Entlang der Strände betreiben zahlreiche Resorts ihre Restaurants.

RESTAURANTS

Elephant Restaurant & Bar

Überraschend gute Burger – Daneben werden Steaks serviert, es gibt aber auch Kaffee und Frühstück.

€€–€€€

Paolo's Pizza

Guter Italiener – Auf den Tisch kommen eine leckere Pizza aus dem Holz-

Sandbucht mit Lagune am Sunrise Beach auf Ko Lipe (▶ S. 136). Dieses vom Tourismus kaum berührte Inselidyll bezaubert mit schneeweißen Stränden und Bambushütten-Romantik.

ofen, aber auch Pasta und Tiramisu. Täglich wechselnde Musik.

Am Anfang der Walking Street, vom Sunrise Beach kommend | €€–€€€

Rak Lay

Thai-Küche – Besonders hervorzuheben ist das frische Seafood.

Walking Street | €€–€€€

Sunrise Beach Restaurant

Gut und günstig – Unscheinbares Restaurant in dem man authentisch thailändisch essen kann.

Sunrise Beach | €–€€

BARS

Happy Vibe Beach Bar

In der schönen Strandbar mit bunten Kissen und Chillout-Musik schlürft man Cocktails und kann auch essen.

Sunrise Beach (neben Satun Divers)

KULTUR UND UNTERHALTUNG

Neben den Bars in der Walking Street gibt es am Pattaya Beach auch einige Strandbars, die mit Treibholz, Muscheldeko und Bodenkissen ausgestattet sind, z. B. die Reggae Bar oder die Love and Peace Bar, am Sunset Beach die Boom Boom Bar.

Maya Bar

Coole Location mit auffälligem Bambusdesign. Gut, um den Leuten beim abendlichen Flanieren zuzusehen.
Walking Street

AKTIVITÄTEN

BOOTS- UND SCHNORCHELTOUREN

Zahlreiche Agenturen haben die gleichen Touren zu den Inseln im **Tarutao National Park** im Programm. Bei einem ganztägigen Trip werden fünf Inseln bzw. Schnorchelspots im Longtail-Boot angesteuert: Ko Jabang, Ko Hin Ngan, Ko Yang, Ko Rawi, Ko Adang, oder wahlweise etwas weiter nördlich Ko Hin Sorn, Ko Bulu, Ko Lugol, Ko Dong und Ko Pung. Auch wer noch nie geschnorchelt hat, sollte es unbedingt probieren, die Korallen sind fantastisch! Tagestour 550–650 Baht.

Zudem gibt es Sunset-Fahrten, wo man die Möglichkeit hat, mit fluoreszierendem Plankton zu schwimmen, oder Campingtouren über Nacht nach Ko Rawi mit BBQ am Strand.

TAUCHEN

Auf Ko Lipe hat man die Auswahl zwischen mehreren Tauchbasen mit ähnlichem Programm, die Tauchgänge im Tarutao National Park unternehmen. Forra Dive an der Walking Street bietet

Das einfache Leben im Bungalow am Strand

Hier braucht man nicht viel zum Glücklichsein: Strandklamotten, ein kühles Getränk und später vielleicht einen Fisch vom Grill. Ist es nicht das, was man sucht (▶ S. 15)?

Kunden 25 % im hauseigenen Resort, Adang Seadivers nennt ebenfalls ein kleines Resort mit Zimmern sein Eigen und gibt sich umweltfreundlich, eine eher größere Basis ist Lotus Divers.

– Adang Seadivers | www.adangsea divers.com
– Forra Diving | www.forradiving.com
– Lotus Divers | www.lotusdive.com

Ziele in der Umgebung

KO TARUTAO 10   B 9

Die Insel ist die größte im 1974 gegründeten Nationalpark – seinerzeit der erste von Thailand. »Tarutao« bedeutet »alt« und »geheimnisvoll« auf Malaiisch. Das trifft auf die Insel zu, die früher von Seenomaden und Piraten genutzt wurde und seit den 1930er-Jahren als Strafkolonie für politische Häftlinge diente. 1946 wurden die Gefängnisse geschlossen, und die britische Marine wurde auf die Insel entsendet, um die Piraterie ein für allemal zu beenden. Das 26 km lange Eiland ist heute unbewohnt und besteht im Inneren aus hohen Bergen und dichtem Wald. An der Westküste wechseln sich Strände und Mangroven ab, es locken Wanderwege und Bootsfahrten zu schönen unberührten Stränden. Ko Tarutao ist nur 5 km von Malaysia entfernt (der Nachbarinsel Langkawi), sodass sich eine Weiterreise anbietet.

Zu erreichen mit dem Speedboat von Ko Lipe oder Pakbara | Eintritt in den Nationalpark 200 Baht
40 km östl. von Ko Lipe

ÜBERNACHTEN

Im Nordwesten unterhält die Nationalparkverwaltung einige einfache Unterkünfte vom Zelt bis zum Bungalow.

Zudem gibt es einige Restaurants, die abends geöffnet haben. Reservierung über das Nationalparkbüro: Tel. 0 25 62 07 60, www.dnp.go.th/parkreserve/reservation.asp.

NAKHON SI THAMMARAT

🔖 B 7

120 800 Einwohner

Die Provinzhauptstadt an der südlichen Golfküste ist ein Geheimtipp, insbesondere für Kultur- und Geschichtsinteressierte. »Nakhon Si« ist eine der ältesten Siedlungen in Thailand, war früher eine bedeutende Handelsmetropole und Hafenstadt und spielte eine wichtige Rolle bei der Verbreitung des Theravada-Buddhismus in Thailand. Vom 7. bis zum 13. Jh. war sie ein maßgebliches Zentrum im hinduistischen Srivijaya-Reich und gehört erst seit dem späten 13. Jh. zu Thailand (damals: Sukhothai-Reich). Heute ist die Stadt das Tor zum muslimischen Süden und liegt nicht mehr am Meer.

Überreste alter Festungs- und Tempelanlagen und noch lebendige Traditionen wie das Schattenspiel geben einen Einblick in Geschichte und Kultur. Im Umland bieten Strände, Dschungel, Wasserfälle und die Berge des **Khao Luang National Park** Erholung.

Zu erreichen über Highway 4 und 41, mit dem Bus, Zug oder Flugzeug von Bangkok oder mit der Fähre von Ko Samui 780 km südl. von Bangkok

SEHENSWERTES

Schattenspielmuseum

Damit die alte Kunst des traditionellen thailändischen Schattenspiels nicht ausstirbt, hat der preisgekrönte Schattenspieler Suchat Subsin, der selbst auch Figuren herstellt, in seinem Haus ein kleines Museum gegründet. Hier kann man Objekte aus der ganzen Welt bewundern, sich über die Herstellung der Puppen informieren und bei einer Vorführung zuschauen.

10/18 Si Thammasok Road, Soi 3

Wat Phra Mahathat

Einer der ältesten buddhistischen Tempel Thailands – der Legende nach geht er auf das 3. Jh. n. Chr. zurück, möglicherweise wurde er auch erst im 8. Jh. erbaut. Der 77 m hohe Chedi ist der zweitgrößte Thailands und beherbergt eine Zahnreliquie Buddhas. Die Anlage enthält weitere schöne alte Gebäude und ein kleines Tempelmuseum voller religiöser Objekte und Schätze.

Ratchadamnoen Road | tgl. 8–17 Uhr

ÜBERNACHTEN

@24 Boutique Hotel

Für Flashpacker – Schickes buntes Boutique-Hotel im Stadtzentrum.

19/25 Soi 24/1, Pattanakarn-Kukwang Road | Tel. 075 34 09 10 | www.at24 hotel.com | 38 Zimmer | €

Baan Nakhon Hotel

Stadthotel – Die moderne Unterkunft mit einfachen und sauberen Zimmern punktet mit ihrer zentralen Lage.

333/1, Soi Sareebut 2 (Soi 44), Pattanakarn Khoo-Kwang Road | Tel. 075 34 40 83 | www.baannakhon.com | 18 Zimmer | €

SERVICE

AUSKUNFT

Tourism Authority of Thailand (TAT)

Sanamnamueang, Ratchadamnoen Road | Tel. 075 34 65 156 | www.tourismthailand.org/nakhonsithammarat

Im Fokus
Der Konflikt in Thailands Südprovinzen

Die drei südlichsten Provinzen Thailands an der Grenze zu Malaysia werden von einem blutigen Konflikt zwischen islamistischen bzw. separatistischen Gruppierungen und der Zentralregierung geprägt. Eine Lösung konnte bisher nicht gefunden werden.

Wer in den tropischen Inselparadiesen in Thailands Süden unter Palmen an weißen Stränden Urlaub macht, hat zumeist gar nicht auf dem Schirm, was sich nur wenige hundert Kilometer entfernt in den drei südlichsten thailändischen Provinzen an der malaysischen Grenze abspielt, und kann es sich vielleicht auch nur schwer vorstellen.

KULTURELLE UNTERSCHIEDE UND ASSIMILATIONSPOLITIK

Seit Jahren gibt es in den Provinzen Yala, Pattani und Narathiwat ganz im Süden an der Grenze zu Malaysia sowie in Teilen der benachbarten Provinz Songkhla ein blutige Auseinandersetzungen zwischen islamistischen und separatistischen Gruppen und der Zentralregierung. Separatistenverbände kämpfen dort für mehr Unabhängigkeit und gegen die Kontrolle des Staates. Seit 2004 hat sich die Gewalt noch verschärft – fast täglich werden Anschläge gegen öffentliche Einrichtungen und Privatpersonen verübt, finden Schießereien statt, explodieren Bomben an öffentlichen

◄ Protestmarsch gegen die anhaltende Gewalt in der Provinz Narathiwat (Juni 2013).

Plätzen. Militär, Paramilitärs und Polizei schlagen massiv zurück. Trotz
verschiedener Bemühungen konnte bisher keine Lösung gefunden werden. Über die Region ist seit 2005 der Notstand verhängt.

Die Mehrheit der Bevölkerung in den drei Südprovinzen Yala, Pattani
und Narathiwat bilden mit ca. 80 % Muslime malaiischer Herkunft und
Sprache. Obwohl sie in dieser Region die größte ethnische Gruppe dar-
stellen, sind sie im buddhistischen Thailand mit seinen 69 Mio. Einwohnern insgesamt nur eine kleine Minderheit. Die meisten Muslime im
Süden Thailands gelten als moderat, viele fühlen sich jedoch im zentral-
staatlichen Thailand als Menschen zweiter Klasse.

Über Jahrhunderte gehörte die Südregion zum unabhängigen muslimischen Sultanat Pattani, doch seit 1902 wird sie direkt von Bangkok aus
regiert. Seit dieser Zeit gibt es separatistische Bestrebungen. Besonders
die Politik der »Thaiisierung« der malaiischen Bevölkerung, die die Regierung in Bangkok lange verfolgte, führte von den 1940er- bis zu den
1980er-Jahren zu einer Reihe von Aufständen. Der Konflikt beruhigte
sich schließlich wieder, nachdem Premierminister Prem Tinsulanonda in
den 1980er-Jahren die staatlich erzwungene Assimilation beendete, der
malaiisch-muslimischen Bevölkerung eine gewisse kulturelle Eigenstän-
digkeit zugestand und die wirtschaftliche Entwicklung der strukturell
benachteiligten Region vorantrieb.

ERNEUTE ESKALATION SEIT 2004

2001 kam der Mobilfunkmogul Thaksin Shinawatra an die Macht und
ging mit militärischer Härte gegen separatistische Tendenzen vor. Ihm
wird zur Last gelegt, den Konflikt verschärft zu haben. Er löste ein Verwaltungszentrum der Grenzprovinzen sowie eine gemeinsame Task-Force
auf, die als Bindeglied zwischen den Konfliktparteien gedient hatten. Mehr
als 60 000 Militär- und Polizeikräfte wurden in der Region eingesetzt.

Der Konflikt eskalierte im Januar 2004 erneut, nachdem Rebellen ein De-
pot der Armee überfallen hatten und Waffen erbeuten konnten. Im April
2004 hatten Separatisten nach Angaben des Militärs Polizeikontrollen
angegriffen, woraufhin die Armee eine Moschee in Pattani stürmte und
alle mutmaßlichen Rebellen, die sie dort vorfand, tötete. Im Oktober kamen bei Demonstrationen in der Grenzstadt Tak Bai 85 Demonstranten
durch polizeiliche Gewalt ums Leben.

Premier Thaksin Shinawatra verhängte daraufhin das Kriegsrecht und rief den Notstand aus – beide Anordnungen gelten bis heute. 2005 setzte er eine »Nationale Versöhnungskommission« ein, doch es konnte keine Lösung gefunden werden. Der muslimische General Sonthi Boonyaratglin schlug 2006 Verhandlungen mit den Aufständischen vor, was angeblich von Thaksin abgelehnt wurde. Kurz darauf stürzte der General Thaksin in einem Putsch. Obwohl sich der neue Ministerpräsident Surayud Chulanont für die Politik seines Vorgängers Thaksin entschuldigte, brannten Rebellen 2006 drei Schulen in der Provinz Yala nieder. Daraufhin sollten alle Lehranstalten in Pattani, Narathiwat und Yala geschlossen werden, bis die Regierung für ihre Sicherheit garantieren könne.

2008 starben in der Provinz Narathiwat 62 Menschen durch Bombenexplosionen. 2012 forderten zwei Autobomben in der Stadt Yala elf Todesopfer und über 100 Verletzte, nur wenige Stunden später explodierte in Hat Yai, der größten Stadt im Süden, die auch bei Touristen beliebt ist, eine Autobombe vor einem Hotel und setzte dieses in Brand. Dabei verloren vier Menschen ihr Leben, über 400 wurden verletzt, darunter sollen auch ausländische Touristen gewesen sein.

Seit 2004 sind in dem Konflikt bis zu 5300 Menschen zu Tode gekommen – sowohl auf buddhistischer als auch auf muslimischer Seite. So ermorden die Aufständischen immer wieder Zivilisten, denen eine Verbindung zu den Sicherheitskräften des Staates vorgeworfen wird, darunter auch Lehrer. Aber auch der Polizei wird immer wieder vorgeworfen, Muslime ohne Anklage festzuhalten. Zehntausende in der Südregion lebende Buddhisten verließen seit Anfang des Jahrtausends ihre Heimat. Die Mehrheit der Opfer waren Zivilisten.

UNEINIGKEIT UND REPRESSION: DIE SPIRALE DER GEWALT

Verkompliziert wird der Konflikt auch dadurch, dass es sich bei den Aufständischen um mehrere Gruppen und Generationen von Separatisten handelt, die unterschiedliche Ziele verfolgen. So reichen die Forderungen von mehr Mitbestimmung über eine schrittweise Autonomie bis zur völligen Unabhängigkeit mit Einführung der Scharia. Ein Teil strebt einen Staat namens »Patani Darussalam« an. Die International Crisis Group (ICG) beschreibt die Bewegung in einer Studie als Netzwerk von militanten Kleinkommandos auf Dorfebene mit Guerillataktik.

Es gibt zwar eine Dachorganisation, Bersatu (»Vereinte Mudschahidin-Front Pattanis«), zu der beispielsweise die »Barisan Revolusi Nasional« mit mehreren Splittergruppen gehört oder die »Pattani United Liberation

Organization« (PULO). Doch die Bewegung der südthailändischen Separatisten verfügt im Allgemeinen weder über eine zentrale Kommandostruktur noch über ein festgelegtes Programm. Entsprechend formuliert sie gegenüber der Regierung keine gemeinsame Verhandlungsposition. Ebenso wenig herrscht Einigkeit auf Seiten der thailändischen Regierung. Seit 2006 gab es mehrere Regierungswechsel, Militärputsche und Unruhen in Bangkok, die die Aufmerksamkeit der Regierung forderten. Diese setzt in den Südprovinzen vor allem auf Militarisierung, derzeit sind dort mehr als 60 000 Militärs, Paramilitärs und Polizisten stationiert. Menschenrechtsorganisationen kritisieren, dass die Notstandsgesetze und das Kriegsrecht dem Militär zu viel Macht einräumen, während sie gleichzeitig Schutz vor Strafverfolgung bieten. Human Rights Watch berichtet von ungelösten Fällen, in denen Sicherheitskräfte Verdächtige illegal entführt, gefoltert und getötet haben sollen – ohne dafür belangt zu werden. Die Rebellen wiederum rechtfertigen mit solchen Vorfällen die Fortsetzung des Kampfes, was wiederum zu weiteren Repressalien der Militärs führt. Die Spirale der Gewalt dreht sich immer schneller.

VERSUCHE DER ANNÄHERUNG

Die thailändische Regierung hat mehrfach versucht, eine Plattform für einen Dialog zu schaffen, doch bisher waren die Versuche leider wenig überzeugend. Premierministerin Yingluck Sinawatra, die von 2011 bis 2014 im Amt war, verfolgte einen relativ gemäßigten Kurs gegenüber den Aufständischen. 2013 wurden Friedensgespräche zwischen der Regierung und Vertretern der Barisan Revolusi Nasional (BRN) begonnen. Forderungen der BRN wie die Festschreibung eines Sonderverwaltungsstatus für die Südprovinzen wurden vom Militär, das jegliche Autonomiebestrebungen ablehnt, zurückgewiesen. Die Regierung wiederum wird nicht ohne das mächtige Militär handeln können. Bislang gibt es daher keine konkreten Anzeichen für eine Lösung des Konflikts in naher Zukunft. Inzwischen geht die Gewalt vor Ort unvermindert weiter.

Reisende sollten die betroffenen Südprovinzen Narathiwat, Yala und Pattani sowie Teile von Songhkla daher meiden – obwohl die Region mit ihren schönen Stränden und unberührten Nationalparks durchaus das Potenzial zum touristischen Geheimtipp hat. Das Auswärtige Amt warnt jedoch derzeit vor der anhaltenden Gefahr terroristischer Anschläge – auch auf von Ausländern frequentierte Ziele. Aktuelle Informationen zur gegenwärtigen Situation finden Sie in den englischsprachigen Tageszeitungen Thailands, z. B. der Bangkok Post.

DIE OSTKÜSTE

*Urlaub in Thailands Süden muss nicht immer Phuket,
Ko Samui und Co. sein: Nur wenige Stunden von Bangkok
bewegt man sich östlich des geschäftigen Pattaya eher abseits
der Touristenpfade. Doch es gibt einiges zu entdecken.*

Bei Urlaub in Thailands Süden denken die meisten zuerst an Phuket oder
Ko Samui, dabei gibt es auch entlang der Ostküste schöne Strände, ursprüngliche Wälder, charmante Provinzstädtchen und vergleichsweise unentdeckte Inseln. Wer von der Hauptstadt aus auf dem Highway H 3 an der
Küste entlang nach Südosten fährt, gelangt nach den Städten Samut Pra-
kan und Chonburi zunächst nach **Pattaya**, einer der Keimzellen des Tourismus in Thailand. Das boomende internationale Seebad ist berühmt-
berüchtigt als Spaß-, Strand- und Shoppingmetropole. Wem das alles zu
viel Trubel ist, der sollte direkt weiter gen Osten Richtung Chantaburi und
Trat fahren und auch die vorgelagerte Insel Ko Samet auslassen, die sich
mittlerweile zu einem recht exklusiven Urlaubsziel entwickelt hat.
Die Provinz **Chantaburi** gilt als einer der letzten Geheimtipps im Süden
von Thailand. Entlang der Küste findet man tatsächlich noch Strände, die

◄ Ko Chang (▶ S. 147), Thailands zweitgrößte Insel, steht komplett unter Naturschutz.

Bangkok

Nördliche
Golfküste

Die Ostküste

Nördliche
Andamanen-
küste

Die Golf-Inseln

Der tiefe Süden

Phuket, Krabi
und die Pha-
Nga-Bucht

bislang noch nicht für Touristen erschlossen wurden, im Hinterland stößt man auf schöne Landschaften, Nationalparks und buddhistische Heiligtümer. Hier hat der Besucher die Gelegenheit, ein authentisches und ländlich geprägtes Stück Thailand abseits der großen Urlauberströme zu erleben.

Auch das Provinzstädtchen **Trat** weiter im Osten ist einen Zwischenstopp wert. Von hier setzen die Fähren nach **Ko Chang** über, der immerhin drittgrößten Insel Thailands, die ihren Ruf als Traveller-Paradies zwar langsam verliert und mehr und mehr für den gehobeneren Badetourismus aufgepeppt wird, sich aber dennoch ein Stück Ursprünglichkeit und Ruhe bewahrt hat.

KO CHANG

🏊 D 4

7700 Einwohner

Die »Elefanteninsel«, wie sie aufgrund ihrer Form genannt wird, ist eine interessante Alternative zu den überlaufeneren Topzielen im Süden. Bis in die 1990er-Jahre hinein war Ko Chang überhaupt nicht auf dem touristischen Radar, da sie zu nahe an der Grenze zu Kambodscha lag und als Unterschlupf für Schmuggler und Piraten berüchtigt war. Erst vor ungefähr 25 Jahren entdeckten Backpacker die Insel. Obwohl sie inzwischen zunehmend touristisch erschlossen wird, hat sich hier eine relaxte Strandatmosphäre abseits des Massentourismus erhalten. Neben einfachen Strandhütten mit Hängemattenflair gibt es zunehmend auch gehobenere Unterkünfte.

Der Großteil der Insel ist mit ursprünglichem Regenwald bedeckt, der zu den am besten erhaltenen in Thailand zählt. Im Inselinneren gibt es keine Straßen, dafür hohe Berge und Wasserfälle, die auf Trekkingtouren erkundet werden können. Entlang der Westküste finden sich mehrere kleine Ortschaften und schöne Strände, die einsamere Ostküste ist mit Mangrovenwäldern bedeckt und sehr ruhig. Als Naturparadies gilt Ko Chang auch deshalb, weil der gesamte Archipel im **Mu Ko Chang Marine National Park** liegt – mit weiteren unberührten Inseln und guten Tauch- und Schnorchelspots.

Zu erreichen mit dem Bus von Bangkok nach Trat (5–6 Std.), von dort mit der Fähre (ca. 40 Min.)

315 km südöstl. von Bangkok

AKTIVITÄTEN

BOOTS- UND SCHNORCHELTOUREN

Beliebt sind Bootsausflüge und Schnorcheltouren zu den umliegenden Inseln des Archipels auf umgebauten Fischkuttern oder in Speedboats – je nach Anbieter. Tagestour z. B. mit der »Thai Fun« ab 1390 Baht inklusive Schnorchelausrüstung und Verpflegung. www.thaifun-kohchang.com

KAJAK

Viele Resorts bieten Kajaks zum Verleih an. Mehrstündige bis mehrtägige Touren mit dem Seekajak organisiert Kayak Chang (www.kayakchang.com, Ganztagestour 3000 Baht).

TAUCHEN

Auf Ko Chang gibt es mindestens zehn Tauchbasen. Im Marine National Park locken mehrere Korallenfelsen und Riffe sowie ein erst kürzlich versenktes Wrack der »HTMS Chang«. Getaucht wird vom Boot aus bei den kleineren Inseln im Süden von Ko Chang. Zwei Tauchgänge sind ab 2500 Baht zu haben, für einen Tauchkurs muss man ab 14 000 Baht berappen. Einen professionellen Ruf haben sich u. a. die Stationen BB Divers (www.bbdivers.com), Dolphin Divers (www.scubadivingkoh chang.com) und Eco Divers (www.eco divers-kohchang.com) erworben.

TREKKING

In den Bergen gibt es mehrere Wasserfälle, beispielsweise den schönen Klong Plu, zu dem man zu Fuß vom nördlichen Ende von Klong Prao in ungefähr 20 Minuten hinwandern kann, um anschließend im Wasserfallbecken zu ba

Das Stelzendorf Bang Bao (▶ S. 149) fungiert als Haupthafen von Ko Chang. Die Pfahlbauten der Fischer ragen weit in die Bucht hinein und beherbergen teils gute Seafood-Restaurants.

den (Nationalparkeintritt 200 Baht). Geführte Trekkingtouren ins Innere der Insel bietet z. B. Jungle Fever an (www.junglefever.in.th, Halbtagestour 700 Baht, Ganztagestour 1200 Baht).

WEITERE AKTIVITÄTEN

Außerdem kann man klettern im Tree Top Adventure Park am Bailan Beach (www.treetopadventurepark.com) oder einen Kochkurs absolvieren (z. B. bei Kati Culinary, www.kati-culinary.com), segeln (mehrere Anbieter in der Salak Pet Bay an der Ostküste) oder sich massagen gönnen (1 Std. 250–350 Baht). Mehrtägige Yoga-, Abnehm- und Detox-Retreats veranstaltet The Spa Koh Chang (www.thespakohchang.com).

Ziele auf Ko Chang

◎ BANG BAO   ⚐ D 4

Fischerdorf auf Stelzen im Süden von Ko Chang. Vom Pier mit seinem weißen Leuchtturm fahren die Ausflugs-, Tauch- und Schnorchelboote zu den anderen Inseln ab. Hier gibt es trotz Souvenirmeile am Pier charmante Unterkünfte in Fischerhäusern und gute Seafood-Restaurants. Bei Ebbe läuft die Bucht, die zum Baden wenig geeignet ist, teilweise trocken.

ÜBERNACHTEN

Koh Chang Sea Hut

Originelle Pfahlbau-Unterkunft – Türkis gestrichene Bungalows auf Stelzen mit Terrassen und Zimmer im imposanten Haupthaus aus dunklen Holz mit gemütlichem Lounge-Bereich – in Pfahlbauten direkt über dem Wasser. 53 Moo 1 | Tel. 09 83 45 59 53 | www. kohchang-seahut.com | 5 Zimmer und 7 Bungalows | €€

ESSEN UND TRINKEN

Buddha View

Direkt am Wasser – Das stylische Restaurant mit Lounge Bar auf einem Pfahlbau mit schöner Aussicht bietet auch Zimmer an. Westliche und Thai-Küche, leckere Cocktails – zweifellos ein guter Platz für den Sundowner. 28 Moo 1, Bang Bao Pier | www.the buddhaview.com | €€€

◎ LONELY BEACH   ⚐ D 4

Das Travellerzentrum der Insel. Obwohl der ungefähr 1 km lange, etwas nördlich des Orts liegende Strand gar nicht so spektakulär ist, bietet Lonely Beach eine quirlige und zugleich relaxte Traveller-Atmosphäre und sogar ein Nachtleben. Das kleine Örtchen liegt in einem Palmenhain an einem eher felsigen Küstenabschnitt und ist voller günstiger Unterkünfte, Shops mit Hippieklamotten, Tattoostudios und Tour Offices sowie individuell dekorierter Bars, Restaurants und Cafés.

ÜBERNACHTEN

Oasis

Dschungel-Feeling – Gepflegte Bungalowanlage am Hang zwischen tropischem Grün. Von der gemütlichen Restaurantplattform auf Stelzen und dem kleinen Baumhaus blickt man über die Baumwipfel auf das Meer. Ins Zentrum und zum Strand ist man nur wenige Minuten zu Fuß unterwegs. 4/28 Moo 1 | Tel. 08 17 21 25 47 | www.oasis-kohchang.com | 30 Bungalows | €€

Warapura Resort

Stylisches Boutique-Hotel – Wer das Traveller-Flair mag, zugleich aber et-

was mehr Komfort sucht, der ist hier richtig: weiß getünchte Bungalows mit dunklem Holz, zentral im Ort und ganz vorne am Wasser gelegen, dazu ein schöner Swimmingpool. Das Restaurant und die Bar eignen sich sehr gut für einen Cocktail zum Sonnenuntergang!
4/3 Moo 1 | Tel. 039 55 81 23 | 20 Bungalows und Zimmer | €€–€€€

ESSEN UND TRINKEN

Magic Garden
Günstige Preise – Restaurant & Bar mit Holzplattformen und Hippie-/Traveller-Flair. Man genießt eine einfache Thai-Küche und westliche Gerichte.
4/37 Moo 1 | Tel. 08 37 56 88 27 | €–€€

Stone free
Originelle Adresse – Gemütliches Restaurant und Bar mit einer Inneneinrichtung aus Treibholz mitten im Ort. Täglich wird Livemusik geboten.
4/31 Moo 1 | €–€€

◎ WHITE SAND BEACH　　🏖 D 4
Der erste Touristenort an der Westküste verfügt über einen schönen langen Sandstrand mit verschiedenen Unterkünften. Eine besondere Attraktion stellt der nördliche Abschnitt dar, wo die dschungelbewachsenen Hügel direkt an den Strand heranreichen.

ÜBERNACHTEN

Rock Sand Resort
Komfort in Top Lage – Das von einem holländischen Ehepaar geleitete Resort thront inmitten des White Sand Beach an einem Felsen. Das Restaurant steht auf Stelzen direkt am Wasser.
102 Moo 4 | Tel. 08 47 81 05 50 | www.rocksand-resort.com | 25 Zimmer | €€

White Sand Beach Resort
Bungalow-Idylle am Wasser – Komfortable Bungalows mit Balkon, AC, Bad, TV zwischen Palmen am idyllischen Nordende des Strands.
1/1 Moo 3 | Tel. 039 55 50 53 | www.whitesandbeachresort.net | 92 Zimmer und Bungalows | €€

ESSEN UND TRINKEN

Kati Culinary
Einfach, aber authentisch – Kleines Lokal mit Thai-Küche und Cocktails in stylischem Ambiente in Klong Prao. Angeschlossen ist eine Kochschule.
Klong Prao | 48/7 Moo 4 | Tel. 08 19 03 04 08 | www.kati-culinary.com | €€

Rock Sand Restaurant
Restaurant auf Stelzen – Gute Thai-, aber auch westliche Küche. Direkt am Strand isst und trinkt man mit Blick aufs Meer und den Sonnenuntergang.
102 Moo 4 | Tel. 08 47 81 05 50 | www.rocksand-resort.com | €€

Saffron on the Sea
Frisches Seafood – Asiatische Gerichte in ruhiger Lage am Pearl Beach zwischen White Sand und Klong Prao. Schöne Atmosphäre in einer hölzernen Veranda mit Blick auf die Bucht.
13/10 Moo 4, Hat Khai Muk | Tel. 039 55 12 53 | €€–€€€

Ziele in der Umgebung

◎ KO KOOD　　🏖 D 5
2000 Einwohner
Eine erstaunlich ursprüngliche Inselidylle findet man weiter südlich auf Ko Kood. Die meisten Unterkünfte sind kleinere Guesthouses und Anlagen. Das Preisniveau ist insgesamt etwas

Kokospalmen im Wind am White Sand Beach (▶ S. 150) auf Ko Chang. Hier darf man sich wie Robinson Crusoe fühlen, ohne auf eine touristische Infrastruktur verzichten zu müssen.

höher als auf Ko Chang. Auch auf Ko Kood gibt es Berge, Dschungel und Wasserfälle im Inselinneren, Pfahlbaudörfer, kaum Straßen und an der Westküste flach ins Meer abfallende Strände – alles noch geruhsamer, mit noch weniger Touristen und einer bescheideneren Infrastruktur als auf Ko Chang.
40 km südl. von Ko Chang

ÜBERNACHTEN

Baan Makok

Lagunen-Pfahlbau – Ein Rückzugsort mitten in der Natur zwischen Mangrovenhainen unweit vom Strand, zu dem man mit hauseigenen Kajaks hinpaddeln kann. Liebevoll eingerichtete Zimmer in einem Pfahlbau mit Charakter.
Laem Pong Lak Uan | 10 Moo 4 | Tel. 08 16 43 94 88 | www.bannmakok.com | 8 Zimmer | €€€

Dusita Resort

Bungalows im Grünen – Die einfachen Unterkünfte des familiengeführten Resorts mit Ventilator oder Klimaanlage sind in einem großzügigen, gepflegten Garten mit verstreuten Kokospalmen und nah am Strand. Mit Restaurant, Mopedverleih und Tourenprogramm.
45 Moo 2 | Tel. 08 19 45 99 20 | www.du sitakohkood.net | 13 Bungalows | €–€€

Peter Pan Resort

Herrliche Lage – Ansprechend gestaltete Zimmer und Bungalows verschiedener Kategorien an einem wunderschönen Strandabschnitt. Zum Resort gehört neben einem Restaurant auch eine beliebte Cocktailbar am Wasser.
Hat Khlong Chao | San Tambon | 23/1 Moo | Tel. 02 96 61 80 00 | 42 Zimmer und Bungalows | €€€–€€€€

Tinkerbell Resort

Romantisch – Kleines Boutique-Resort mit zwei Reihen Bungalows am Strand und eigenem Pool in günstiger Lage am schönen Klong Chao Beach. Die Zimmer sind geschmackvoll und modern mit viel Holz, Bambus und bunten Kissen eingerichtet. Mit Restaurant, Bar, Lounge und Swimmingpool mit Kinderbecken.

Baan Klong Chao | 116 Moo 2 | Tel. 08 60 17 00 55 | www.tinkerbellresort. com | 15 Bungalows | €€€–€€€€

AKTIVITÄTEN

TAUCHEN

Paradise Divers

Die seit 2004 bestehende, kleine und familiär geführte Tauchbasis steht unter deutscher Leitung.

www.kohkood-paradisedivers.com

 TRAT D 4

21 600 Einwohner

Für die meisten Reisenden ist Trat nur eine schnelle Durchgangsstation nach Ko Chang oder Kambodscha. Dennoch lohnt ein Zwischenstopp in der beschaulichen Hauptstadt der gleichnamigen Provinz, in der es erstaunlich viele günstige Übernachtungs- und Essensmöglichkeiten mit lokalem Flair gibt. Kleine, jahrhundertealte Häuser aus Teakholz verleihen der Altstadt um die Rhak Muang Road und Than Charoen Road, die auch zahlreiche charmante Guesthouses beherbergt, einen besonderen Charme. Sehenswert sind der **Wat Chai Mongkoi** und der außerhalb des Zentrums gelegene **Wat Bupharam**, der älteste Tempel der Stadt aus dem 16. Jh. mit Gebäuden aus der Ayutthaya-Periode, dem angeblich äl-

testen Wihan des Landes, alten Chedis und Steinstatuen. Auf den Märkten gibt es einiges zu sehen und zu probieren.

Zu erreichen mit dem Auto über die H 3, mit dem Bus von Bangkok oder mit dem Flugzeug Bangkok-Trat

330 km südöstl. von Bangkok

ÜBERNACHTEN

Artist's Place

Bunt und mit Gartenblick – Zimmer mit Bad und AC um einen Garten mit Figuren und bunter Deko. Frühstück inklusive, Fahrradverleih und Restaurant (Pier 112 Café).

132/1 Thana Charoen Road | Tel. 08 24 69 19 00 | 10 Zimmer | €

Ban Jaidee Guesthouse

Altstadt-Charme – Bed & Breakfast in einem restaurierten Holzhaus; einfache, saubere Zimmer mit Ventilator und Gemeinschaftsbäder. Gute Lage in einer ruhigen Seitenstraße der Altstadt, freundliche Besitzer, gutes Frühstück.

67–69 Chaimongkol Road | Tel. 0 39 52 06 78 | 9 Zimmer | €

CHANTHABURI D 4

100 000 Einwohner

In der Hauptstadt der gleichnamigen Provinz treffen interessante historische und kulturelle Einflüsse aufeinander. Das touristische Schattendasein macht »Chan« zusätzlich reizvoll – hier ticken die Uhren tatsächlich noch anders. Als alte Khmer-Siedlung gegründet, war die Provinz von 1893 bis 1905 Teil des französischen Kolonialreichs – als einzige in Thailand. Deshalb gibt es hier auch eine **Kathedrale** nach dem Vorbild von Notre-Dame in Paris, die größte des Landes. Seit dem 19. Jh. haben sich

Das exklusive Boutique-Resort Tinkerbell (▶ S. 152) am Baan Klong Chao, einem der größten und schönsten Strände von Ko Kood, wartet mit einem originell gestalteten Poolbereich auf.

viele Vietnamesen hier niedergelassen, und in »Little Africa« leben afrikanische Edelsteinhändler.

Chantaburi ist neben dem Anbau von Früchten auch eines der wichtigsten Handelszentren für Edelsteine, obwohl die Minen im Umland kaum noch genutzt werden. In den zahlreichen Geschäften der »Edelsteinstraße« Sri Chan Road wird fleißig sortiert, geschliffen, und zum Verkauf angeboten.

Wer durch die Straßen der Altstadt schlendert, findet sich in einem interessanten Mix aus französisch inspirierter Architektur, alten Thai-Holzgebäuden, Kirchen und Tempeln, Shops und Cafés wieder. Empfehlenswert ist die **Chantaboon Waterfront Community**, ein Stück Flussufer mit liebevoll restaurierten Holzhäusern und kleinen Läden und Restaurants.

Zu erreichen mit dem Auto über die H 3 oder mit dem Bus von Bangkok in ca. 4 Std.

250 km südöstl. von Bangkok

ÜBERNACHTEN

Kasemsarn Hotel

Zum Wohlfühlen – Die komfortablen und modernen Zimmer gruppieren sich um einen offenen Innenhof. Zentrale Lage, Café/Restaurant, hilfsbereites und freundliches Personal.

Benchamarachutit Road, T. Watmai, A. Muang 98/1 | Tel. 0 39 31 11 00 | www.hotelkasemsarn.com | 60 Zimmer | €–€€

Ziele in der Umgebung

◎ **KHAO PHRABAT** D 4

In den Bergen des **Khao Khitchakhut National Park** befindet sich eine bedeutende buddhistische Wallfahrtsstätte: Yot Khao Phrabat. Dabei handelt es sich um einen legendären Fußabdruck Buddhas und zahlreiche Schreine auf einem über 1000 m hohen Berg.

🕐 Von Mitte Januar bis Mitte März pilgern Gläubige zu den Andachtsstätten. Nationalparkbüro Tel. 039 45 20 74 | www.dnp.go.th/parkreserve/asp/style2/default.asp

30 km nördl. von Chantaburi

◎ WAT KHAO SUKIM D 4

Die prunkvolle, 1966 gebaute Klosteranlage thront auf einem Berg, der mit einer Standseilbahn erreichbar ist. Zu sehen gibt es mehrere Gebäude mit einer Sammlung religiöser Gegenstände, Opfergaben und Wachsskulpturen berühmter Mönche. Derzeit wird eine 119 m hohe Pagode gebaut.

20 km nördl. von Chantaburi

PATTAYA C 4

216 000 Einwohner

Das ehemalige Fischerdorf ist heute Thailands größtes Seebad. Berüchtigt als Sextourismuszentrum, Ballermann und Verbrechenshochburg wird Pattaya zwar von zahlreichen Reisenden explizit gemieden, zieht aber auch Massen von einheimischen und ausländischen Touristen an wie ein Magnet.

Die Geschichte Pattayas als Touristenziel begann während des Vietnamkriegs in den 1960er-Jahren, als der Ort zur »Rest and Recreation Area« für US-Soldaten wurde, die vom nahe gelegenen Flughafen U-Tapao zu Kampfeinsätzen starteten. Pattaya entwickelte sich seitdem zu einer schillernden Metropole des Badetourismus. Immer mehr schicke Resorts, elegante Restaurants, Bars und Clubs, Apartments und moderne

Die Ufer des Menam Chanthaburi säumen auf 1 km die Holzhäuser der Chantaboon Waterfront Community (▶ S. 153), deren Vorfahren sich hier vor gut 100 Jahren niedergelassen haben.

Hochhäuser entstehen hier. Inoffiziell hat Pattaya bis zu 500 000 Einwohner. Pattaya boomt, und das trotz seines Rufs und obwohl die Strände der Stadt nicht einmal besonders spektakulär sind. Wer Ruhe und ursprüngliches Insel-Feeling sucht, ist hier fehl am Platz.

Zu erreichen über die H7 oder mit dem Bus von Bangkok in 1,5–2 Std.
130 km südöstl. von Bangkok

SEHENSWERTES

Sanctuary of Truth

Der 100 m hohe, auf einer Landzunge am Meer errichtete Pavillon ist über und über mit Holzschnitzereien und Figuren verziert. Halb religiöser Schrein, halb Kunstinstallation, ist er asiatischer Religion, Kunst und Kulturen gewidmet und dient als Ort der Besinnung.

206/2 Moo 5, Soi Naklua 12 (6 km nördl. des Zentrums) | Tel. 038 36 72 29 | www.sanctuaryoftruth.com | tgl. 10–18 Uhr | Eintritt 450 Baht

Vergnügungsparks, Shows und Shoppingtempel

In und um Pattaya gibt es eine Reihe von Vergnügungsparks – von spektakulär bis skurril: etwa einen extra für Touristen angelegten Floating Market und den Nachbau eines europäischen »mittelalterlichen« Dorfs mit Souvenirläden, Restaurants und Shows (»Mimosa City of Love«). Im »Colosseum«, einem Theater in Form des Kolosseums in Rom, findet Thailands größte Cabaret Show statt, und im »Tuxedo Magic Theatre« gibt es Magiershows mit Las-Vegas-Niveau. Wem eher nach Shopping ist, der findet im Einkaufszentrum »Central Festival« mehrere hundert Läden und zig Restaurants.

ÜBERNACHTEN

Rabbit Resort

Villas im Grünen – Am ruhigen Dongtan-Strand liegt diese Anlage wie eine Oase inmitten eines üppigen, tropischgrünen Gartens. Schön dekorierte Zimmer und Bungalows im Thai-Stil. Familiengeführt, Pool, nettes kleines Restaurant (The Grill) am Strand.

318/84 Moo 12, Soi Dongtan Police Station, Jomtien | Tel. 038 25 17 30 | www.rabbitresort.com | 49 Zimmer und Bungalows | €€€

Thai Garden Resort

Komfort zum Wohlfühlen – Vier-Sterne-Resort in zentraler Lage in Na Kluea im Norden Pattayas. Die Besitzer achten auf Umweltfreundlichkeit, z. B. durch Solarenergie. Modernes Design im thailändischen Stil. Großer Pool, Garten, Restaurant.

179/168 Moo 5, North Road | Tel. 03 83 70 61 48 | www.thaigarden.com | 227 Zimmer | ♿ | €€–€€€

ESSEN UND TRINKEN

Green Tree Restaurant & Pub

Bunte Mischung an Leuten und Musikstilen in einem offenen Garten mit farbigen Lichtern, einer Bühne für Livemusik und Grillstation.

Beach Road | Tel. 03 84 14 35 35 | www.pattayagreentree.net | 20–2 Uhr

KULTUR UND UNTERHALTUNG

Zentrum des berühmt-berüchtigten Nachtlebens in Pattaya ist die Walking Street mit ihren Nachtclubs und Partyschuppen, aber auch die Beach Road Soi 7 und 8 sind beliebte Anlaufstellen mit zahlreichen Bars.

Eine Sandbank bildet bei Ebbe eine Brücke
von Ko Tub (▶ S. 160) zur benachbarten Insel.

TOUREN
DURCH THAILANDS
SÜDEN

REISE IN DIE VERGANGENHEIT: DIE ALTE KÖNIGSSTADT AYUTTHAYA ⭐

CHARAKTERISTIK: Geführte Tour im Minibus ab Bangkok zu den Ruinen der ehemaligen Königsstadt Ayutthaya inkl. Besuch des königlichen Palasts in Ban Pa In und Bootstour; natürlich kommt man auch auf eigene Faust nach Ayutthaya – Züge fahren z. B. ab Bangkok, Bahnhof Hua Lamphong (▶ Klappe hinten, f 6) **DAUER:** Tagesausflug **ANBIETER:** Die meisten Touren beinhalten dasselbe Angebot. Ein Veranstalter ist Green Mango, Tel. 09 05 62 09 45, www.green-mango.net (Preis 90 €) 🐟 C 3–C 2

400 Jahre lang war das 70 km nördlich von Bangkok gelegene Ayutthaya die Hauptstadt des Königreichs Siam, bevor es 1767 nach mehreren Kriegen an die Birmanen fiel, die es fast komplett zerstörten. Fast, wohlgemerkt, denn verteilt über die heutige moderne Kleinstadt Ayutthaya finden sich noch immer die Ruinen zahlloser Tempel, Paläste und Befestigungsanlagen. Zu ihrer Blütezeit hatte die Stadt mehr als 1 Mio. Einwohner, sie unterhielt Handelsbeziehungen in große Teile der Welt und diente 33 Königen als Regierungssitz.

Zwischenstopp beim Königspalast

Auf dem Weg nach Ayutthaya bietet sich ein kurzer Halt beim **Bang-Pa-In-Palast** an, 1630 von König Chulalongkorn als Sommerresidenz erbaut. Die Anlage wird heute noch von der königlichen Familie genutzt und ist eine interessante Mischung diverser Architekturstile: Klassizistische Bauten wie in Frankreich treffen hier auf einen chinesischen Tempel oder eine toskanische Villa.

Bootstour und Lunch am Fluss

Angekommen in Ayutthaya steigt man um in ein Boot und schippert gemächlich den Fluss entlang durch die Stadt. Am Ufer befinden sich Holzhäuser auf Stelzen, auch eine portugiesische Kirche, eine Moschee und die ersten Türme alter Tempelanlagen ziehen vorbei. Ayutthaya erstreckt sich an der Einmündung dreier Flüsse, große Teile der Stadt liegen wie auf einer Insel. Nach dem Mittagessen in einem offenen Lokal am Fluss geht es an die Besichtigung ausgewählter Stätten des alten Reiches. Da die Ruinen über ein großes Gebiet verstreut sind, steigt man nun wieder in den klimatisierten Minivan um.

Das alte Ayutthaya

Die Ruinen der großen Tempelanlage **Wat Mahathat** widerstanden größtenteils der Zerstörung, auch wenn der zentrale große Turm (Prang) mittlerweile eingestürzt ist. Das Ensemble wurde im 14. Jh. im Khmer-Stil errichtet, die heutigen Ruinen stammen aber vermutlich aus dem 17. und 18. Jh.

Man streift an Reihen von (mittlerweile) kopflosen Buddha-Statuen vorbei und gerät angesichts des Ausmaßes der Anlage ins Staunen. Hier befindet sich auch das bekannteste Fotomotiv Ayutthayas: ein von einer Baumwurzel umwachsener Kopf einer Buddha-Statue. Noch imposanter sind die Ruinen des **Wat Phra Si Sanphet** beim verfallenen

Königspalast. Drei riesige weiße Chedis ragen in seinem Zentrum in die Luft, flankiert von zahllosen Bauten.

Vor den Toren kann man in einem neueren Tempel eine ca. 10 m hohe goldene Buddha-Statue bewundern, bevor es zur nächsten Station geht: einem riesigen liegenden Buddha aus Stein, dem Gläubige an einem Altar Opfergaben darbieten. Auf dem Programm stehen teilweise auch noch weitere Stätten wie der zum UNESCO-Weltkulturerbe gehörende **Wat Chai Wattanaram**, bevor es wieder zurück nach Bangkok geht.

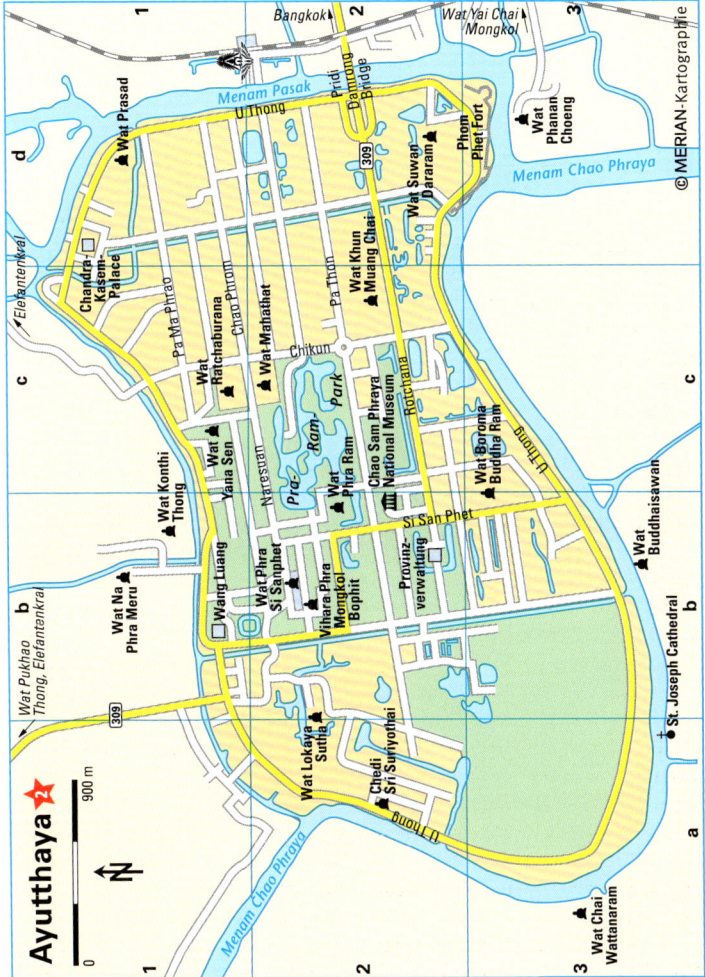

INSELHOPPING ZUM SONNENUNTER-GANG IN DER PHA-NGA-BUCHT ⭐ 🔴8

CHARAKTERISTIK: Bootstour »7 Islands« von Krabi oder Ao Nang zu Inseln in der Pha-Nga-Bucht, mit malerischen Karstfelsen und tropischen Traumstränden, inkl. Abendessen, Sonnenuntergang und Schwimmen mit fluoreszierendem Plankton
BUCHUNG: Über Unterkünfte oder Reisebüros in Krabi und Umgebung (Preis 650–800 Baht) **DAUER:** 14–21 Uhr
🔹 A 7/8

Die Pha-Nga-Bucht bei Krabi ist die landschaftlich vielleicht reizvollste Gegend im Süden von Thailand. Bizarre dschungelbewachsene Kalksteinfelsen ragen steil aus dem Meer empor, bilden Höhlen und Lagunen und rahmen traumhafte Sandstrände ein, die zum Baden und Schnorcheln einladen. Eine beliebte Tour führt zu einigen der besten Spots in der Bucht, die von Krabi oder Ao Nang auch im Rahmen kurzer Bootsfahrten erreicht werden können. Da der Ausflug erst am frühen Nachmittag losgeht, sind die einzelnen Spots weniger überfüllt als vormittags, man erlebt den Sonnenuntergang von einem schönen Strand aus und hat im Anschluss sogar die Möglichkeit, mit fluoreszierendem Plankton zu schwimmen.

Postkartenstrand Hat Phra Nang

Erster Stopp der Tour ist der traumhafte **Phra-Nang-Strand** auf der Halbinsel **Raileh**, die vom Festland durch hoch aufragende Karstfelsen abgetrennt ist. Umrahmt von den steilen Klippen und Dschungelgrün bietet der weiße Sandstrand mit den Longtail-Booten einen Anblick wie aus dem Thailand-Katalog. Dementsprechend gibt es hier die Gelegenheit, ausgiebig Fotos zu schießen, am Ufer entlangzuwandern, in

das azurblaue Meer zu springen oder – wenn der jeweilige Tourzeitplan des Anbieters dies zulässt – die Phra-Nang-Höhle mit ihrem Fruchtbarkeitsschrein am Ende des Strands zu besuchen.

Inselhopping und Schnorcheln

Weiter geht es mit dem Boot zu den zerklüfteten Felseninseln **Ko Tang Min** und **Ko Si**, wo man von Bord aus schnorcheln kann. Obwohl sich die Tour eher weniger zum Schnorcheln und mehr aufgrund der tollen Strände lohnt, kann man bei Ko Si Korallen und bunte tropische Fische bestaunen. Als Nächstes fährt das Boot bei **Chicken Island** vorbei. Die Insel hat ihren Namen von einer markanten Felsformation, die an einen Hühnerkopf erinnert. Nachdem nun die Erinnerungsfotos geschossen sind, geht es weiter nach **Ko Tub**, wo man am Strand anlegt. Bei Ebbe ist die Insel über eine Sandbank mit der Nachbarinsel verbunden. Das sieht besonders malerisch aus, und man hat von hier aus einen besonders schönen Blick auf die benachbarten Inseln und die aus dem Meer aufragenden Felsen – vor allem zum Sonnenuntergang.

Sonnenuntergang am Strand

Doch den wollen wir auf **Poda Island** erleben, wo wir kurze Zeit später an-

Ein charakteristischer Felsen gab Chicken Island (▶ S. 160) seinen Namen. Die Insel ist nur eine halbe Stunde mit dem Longtail-Boot von Ao Nang oder Railay Beach entfernt.

kern. Die Insel hat einen langen weißen Traumstrand, an dem es zum Abendessen Barbecue, Curry und Reis gibt, einige haben auch Bier mitgebracht. Ko Poda bietet auch ein weiteres berühmtes Postkartenmotiv: Den Anblick eines riesengroßen frei stehenden Felsens, der nur wenige Meter vom Strand entfernt aus dem Meer aufragt und den die untergehende Sonne in ein stimmungsvolles Licht taucht. Vor dieser Kulisse sieht man den Feuerball langsam ins Meer sinken, wobei alles von einem goldenen und dann glühend roten, fast kitschigen Licht bestrahlt wird.

Anschließend wird noch eine kleine Feuershow am Strand dargeboten. Im Dunkeln klettern wir wieder ins Boot und begeben uns auf den Rückweg. Doch unterwegs auf dem Meer wird nochmals Halt gemacht, es wartet ein weiteres Highlight: fluoreszierendes Plankton! Erst sieht man nichts, wenn man ins Meer springt und ein bisschen herumschwimmt, doch dann beginnt es im Wasser um uns herum auf einmal, grünlichblau zu leuchten. Jede Bewegung hinterlässt eine schimmernde Spur: ein wunderschöner Abschluss einer gelungenen Tour.

DSCHUNGEL-TREKKING IM KHAO SOK NATIONAL PARK ⭐

CHARAKTERISTIK: Dschungeltour mit Übernachtung im luxuriösen Zeltlager, Besuch des Elefantencamps und Dschungelerkundung **DAUER:** 3 Tage, 2 Nächte
ANBIETER: Elephant Hills, Tel. 07638 17 03, www.elephant-hills.com (Preis: ab 500 €)
📍 A 7

Auf ins Dschungelcamp! Am frühen Morgen holt uns der Minivan in Phuket ab, dann geht es erst einmal zwei bis drei Stunden nach Norden. Unser Ziel ist der Khao Sok National Park, bekannt für seine wunderschöne Landschaft aus Karstfelsen, die senkrecht emporragen und mit Urwald bewachsen sind. In den Tiefen dieses Regenwaldgebiets sollen noch mehr als 100 wilde Elefanten leben, aber auch Wildschweine, Tapire, mehrere Affenarten und die großen Nashornvögel.

Als erste Station erreichen wir unsere Herberge für die Nacht: das Dschungelcamp **Elephant Hills**. In der weitläufigen Anlage bezieht jeder ein luxuriöses, auch für Camping-Muffel geeignetes Zelt: überdacht, mit Veranda, einem richtigen Bett und eigenem Bad.

Auf Tuchfühlung mit Elefanten

Nach dem Lunch-Büfett im Hauptlager gelangen wir zum Elefantencamp, einer der wenigen nachhaltigen Anlagen in Thailand, d. h. die elf dort lebenden Elefanten werden möglichst artgerecht gehalten und müssen nicht arbeiten, keine Kunststückchen aufführen oder Touristen durch die Gegend tragen. Jeder Dickhäuter hat seinen Mahut, einen traditionellen Elefantenführer, der viele Jahre mit dem Tier verbringt.

Das Konzept bedeutet also, dass mit Ausnahme der Mahuts niemandem gestattet wird, auf den Elefanten zu reiten. Allerdings darf man getrost bei ihrem Bad im Teich zuschauen, beim Waschen und Füttern helfen und den sensiblen Rüsseltieren auf diese Weise einmal ganz nahe kommen.

Nach dieser interessanten Erfahrung schippern wir in Schlauchbooten friedlich einen Dschungelfluss hinab, bestaunen die aufragenden Felsen und sehen Vögel und eine Wasserechse, bevor der Abend gemeinsam im Camp ausklingt und wir zu den Geräuschen des Dschungels um uns herum einschlafen.

Das schwimmende Camp auf dem See

Am nächsten Morgen brechen wir auf zu unserer nächsten Unterkunft: einem schwimmenden Luxus-Zeltcamp auf dem See! Teile des Nationalparks wurden geflutet und bilden nun den **Cheow Larn Lake**, einen riesigen, verästelten Stausee. Hier kann man den Dschungel vom Boot oder Kajak aus erkunden und an den Ufern mit etwas Glück wilde Tiere sichten. Nach etwa einer Stunde Fahrt über den See – vorbei an steil aufragenden Karstfelsen – erreichen wir unser schwimmendes Camp. Auf miteinander vertäuten Flößen stehen Luxuszelte, die sich zum See hin öffnen. Hier kann man sich quasi direkt vom Bett ins Wasser gleiten lassen (oder ins Kajak) oder einfach nur den Ausblick genießen. Die einzigen Laute sind die Geräusche des Waldes, wie die lustigen Rufe von Gibbons und Nashornvögeln.

Dschungel-Trekking zur Fledermaushöhle

Am Nachmittag wird es nun anstrengend und abenteuerlich zugleich: Ein schweißtreibender, etwa drei- bis vierstündiger Dschungel-Trek führt mitten hinein in den Regenwald, wobei man stets Ausschau hält nach Vögeln, Insekten und anderen Waldbewohnern. Ziel der Tour ist eine große Höhle, in die wir uns mit Taschenlampen bewaffnet hineinwagen. Die Guides gehen immer voraus – denn in der Höhle gibt es neben Fledermäusen auch Spinnen und (ungiftige) Schlangen, was bei manchen Besuchern für ordentlich Nervenkitzel sorgt. Rechtzeitig zum Sundowner kehren wir völlig durchnässt wieder zurück ins Camp, und wer will, nimmt gleich noch ein kühles Bad im See.

Tiere beobachten vom Kajak aus

Am nächsten Morgen paddeln wir auf einer Kajaktour in die verschlungenen Seitenarme des Sees hinein, gleiten ganz leise ans Ufer heran, lauschen und warten. Der Wald reicht hier direkt bis ans Ufer. Und tatsächlich: Wir bekommen Makaken, Languren und Gibbons zu Gesicht, dann auch noch einen Nashornvogel. Was für ein wunderbarer Abschluss für diesen Ausflug! Nach dem Lunch im Camp geht es anschließend mit dem hölzernen Longtail-Boot zurück zum Pier und von dort weiter zu neuen Abenteuern.

Wanderung zur Nam-Thalu-Höhle im Khao Sok National Park (▶ S. 163). Noch bedeckt tropischer Regenwald große Flächen Thailands, doch das empfindliche Ökosystem ist vielerorts bedroht.

FASZINIERENDE UNTERWASSERWELT: SCHNORCHELN BEI DEN SIMILAN-INSELN

CHARAKTERISTIK: Bootsausflug zum Inselarchipel, dessen fantastische Unterwasserwelt bei mehreren Schnorchelstopps erkundet wird, inklusive Lunch am Strand  und Viewpoint **ANBIETER:** Z. B. Khao Lak Land Discovery, www.khao laklanddiscovery.com (Preis 80–90 €) **DAUER:** Tagesausflug **A 7**

Die einzigartige Artenvielfalt ihrer Unterwasserwelt hat die Similan-Inseln berühmt gemacht – sie gelten als eines der schönsten Tauch- und Schnorchelgebiete der Welt mit klarer Sicht, intakten Korallenriffen und einer Vielzahl von Meeresbewohnern wie Schildkröten, Riffhaien oder Rochen. Die neun Inseln verteilen sich im gleichnamigen Nationalpark vor der nördlichen Andamanenküste und sind von Khao Lak oder Phuket aus in wenigen Stunden mit dem Boot zu erreichen.

Mit dem Speedboat zu den Inseln
Gegen 8 Uhr morgens sammelt uns ein Minibus im Hotel in **Khao Lak** ein und fährt zum Pier. Nach dem Einchecken bekommt jeder seine Schnorchelausrüstung, bevor es auf das Speedboat geht. Damit brettert man ca. 1,5 Stunden aufs Meer hinaus, bis die ersten Inseln auftauchen. Sie sind mit dichtem grünen Regenwald bedeckt, hier und da leuchten weiße Sandstrände. Auffällig sind die Felsformationen aus Granit. Doch unser Ziel liegt unter Wasser: Vor der »Insel 5«, einem kleinen felsigen Eiland, lassen wir uns ins glasklare, blaugrün schimmernde Nass gleiten.

Eine neue, bunte Welt unter Wasser
Nach kurzer Eingewöhnungsphase im Wasser (wer möchte, kann einem Schnorchel-Guide hinterherschwimmen) liegt man einfach auf der Wasseroberfläche und blickt staunend nach unten. Wie in einem Aquarium rücken bei erstaunlich klarer Sicht immer mehr Fische ins Blickfeld: Kaiserfische, Drückerfische, Igelfische und noch viel mehr bunte tropische Wesen, die wir später an Bord erst einmal bestimmen müssen. Doch sie sind nicht nur unter uns, auch links und rechts im Wasser neben uns schwimmen kleine bunte freundliche Fische!

Nach etwa 30 bis 45 Minuten geht es weiter zu den nächsten Spots bei den **Inseln 6** und **4**, wo uns farbenprächtige Korallen erwarten, umgeben von bunten Korallenfischen und großen Fischschwärmen. Und dann, plötzlich – das Highlight des Tages: eine Meeresschildkröte! Wie wir schwimmt sie nah an der Oberfläche, um zu atmen, und dabei kommt sie ganz nahe an uns heran. Eine faszinierende Begegnung!

Inselerkundung mit Lunch am Strand
Zum Mittagessen legen wir in **Ko Miang** an einem Strand an, der mit seinem unglaublich feinen weißen Sand und dem Regenwald dahinter an eine Kitsch-Postkarte erinnert. Dort ist bereits ein Menü mit verschiedenen Thai-Gerichten aufgebaut, wo sich jeder nach

Auch für Nichttaucher erschließt sich bei Schnorchelausflügen (▶ S. 46) in abgelegene Buchten die atemberaubende submarine Flora und Fauna der thailändischen Inselwelt.

Belieben bedienen kann. Wer möchte, setzt sich zum Essen direkt in den Sand und blickt aufs Meer hinaus. Leider müssen wir die Insel mit zahlreichen anderen Booten teilen, die Gruppen von Tagesausflüglern an den Strand bringen. In einfachen Nationalparkunterkünften kann man hier sogar übernachten – eine gute Alternative fürs nächste Mal. Nach dem Essen ist noch genug Zeit, um am Ufer entlangzuwandern und sich zu sonnen, zu schnorcheln oder auf sandigen Wegen durch den Dschungel zu stapfen, wo Flughunde in den Bäumen hängen. Dann brechen wir auf zur nächsten Insel und zu einem weiteren Schnorchelrevier, wo wir noch einmal Korallen und zahlreiche Fische bestaunen, bevor wir auf Ko Similan (Insel Nr. 8) in einer wunderschönen Bucht mit weißem Sand an Land gehen.

Am Ende der Bucht gibt es einen Aussichtspunkt bei einer interessanten Felsformation, zu dem man barfuß oder mit Flipflops über einen Pfad mit Holzstegen hinaufsteigt. Die Mühe lohnt sich: Von oben eröffnet sich ein wunderbarer Postkarten-Panoramablick über die Bucht, bevor uns das Boot wieder zurück an die Küste bringt.

THAILANDS SÜDEN
ERFASSEN

Thailand ist heute der weltweit drittgrößte
Exporteur von Fisch und Fischereiprodukten.

AUF EINEN BLICK

Hier erfahren Sie alles, was Sie über Thailand wissen müssen – kompakte Informationen über Land und Leute, von Bevölkerung und Geografie über Politik und Verwaltung bis Religion und Wirtschaft.

BEVÖLKERUNG

Thailand hat knapp 70 Mio. Einwohner und ist ca. 40 % größer als Deutschland. Drei Viertel der Bevölkerung gelten als ethnische Thai (»Siamesen«). Eine Besonderheit sind die in den Nordprovinzen lebenden Bergvölker (z. B. Hmong, Karen) mit eigener Kultur. Die größte Minderheit bilden mit 14 % die Thai-Chinesen, die angesichts ihres wirtschaftlichen Erfolgs einen großen Einfluss im Land ausüben. Weitere 5 % sind muslimische Malaien, die in den südlichsten Provinzen die Bevölke-rungsmehrheit bilden. Der Großteil der Thai (68 %) lebt auf dem Land, 32 % in Städten, vor allem im Großraum Bangkok mit seinen ca. 12 Mio. Einwohnern.

LAGE UND GEOGRAFIE

Thailand grenzt im Norden und Westen an Myanmar, im Süden an Malaysia, im Südosten an Kambodscha und im Nordosten entlang des Mekong an Laos. Die Form des Landes erinnert an einen Elefantenkopf. Durch den »Rüssel« hat das Land eine Nord-Süd-Ausdehnung von fast 1800 km und ist an der schmals-

◄ Blick aus der Passagierkabine eines dreirädrigen Tuk-Tuks (▶ S. 184) in Bangkok.

ten Stelle bei Prachuap Khiri Khan nur 15 km breit. Wirtschaftliches Zentrum ist Bangkok mit der fruchtbaren Zentralregion und dem größten Fluss Chao Praya. Im Norden dominieren Berge und Wälder. Die südliche Halbinsel liegt zwischen Pazifik und Indischem Ozean. An den Küsten gibt es Strände und Mangroven sowie Hunderte teils unberührte Inseln, im Hinterland Regenwälder und Bergketten. An der Westküste ragen markante Karstfelsen aus der Ebene und dem Meer.

POLITIK UND VERWALTUNG

Thailand ist eine konstitutionelle Monarchie, Staatsoberhaupt ist seit 1946 König Bhumipol Adulyadej (Rama IX.), die politische Macht hat der Premierminister inne. Das Parlament besteht aus Senat und Repräsentantenhaus, gewählt wird alle vier Jahre. Immer wieder kam es in der Vergangenheit zu Staatsstreichen, zuletzt im Mai 2014. Seitdem steht das Land unter Militärherrschaft und wird von General Prayut Chan-o-cha regiert. Die Monarchie spielt jedoch nach wie vor eine zentrale Rolle: Der König steht über dem Tagesgeschehen und wirkt als stabilisierende Kraft im Land, die Königsfamilie wird in höchstem Maße verehrt. König Bhumipol gilt als volksnah und setzt sich für bessere Lebensbedingungen ein, z. B. durch Förderprojekte in der Landwirtschaft.

RELIGION

94 % bekennen sich zum Buddhismus, etwa 5 % sind Muslime, 0,6 % Christen. Der Buddhismus gewann erst ab dem 13. Jh. an Bedeutung, davor dominierte der Hinduismus der Khmer. Wie in Myanmar, Kambodscha oder Laos wird in Thailand der Theravada-Buddhismus praktiziert, der sich streng an den ursprünglichen Schriften orientiert. Viele Männer leben zeitweise als Mönch im Kloster. Neben dem Buddhismus ist der Geisterglaube verbreitet. In Südthailand ist der Großteil der Muslime beheimatet.

WIRTSCHAFT

Thailand verfolgt eine liberale, exportorientierte Marktwirtschaft und galt bis in die 1970er-Jahre als schnell wachsendes Schwellenland. Für 2015 wird ein Wachstum von 3 bis 4 % erwartet. Das BIP wird zu rund 45 % durch die Industrie erwirtschaftet, zu weiteren 45 % im Dienstleistungsbereich. Wichtigste Exportgüter sind Fahrzeuge und -teile, Elektronik und Nahrungsmittel. Obwohl die Landwirtschaft nur ca. 10 % des BIP ausmacht, beschäftigt sie etwa 40 % der Arbeitskräfte. Thailand ist einer der größten Reis- und Kautschukproduzenten der Welt und wichtiger Lieferant von Meeresfrüchten. Ein weiterer Wirtschaftsfaktor ist der Tourismus, der ca. 10 % zum BIP beiträgt. Es herrscht ein riesiges ökonomisches Ungleichgewicht, v. a. zwischen dem Raum Bangkok und dem armen Nordosten.

AMTSSPRACHE: Thai
EINWOHNER: 69,5 Mio.
FLÄCHE: 513 115 qkm
GRÖSSTE STADT: Bangkok (8,2 Mio. Einwohner)
INTERNET: www.thailandtourismus.de
RELIGION: 94 % Buddhisten, 5 % Muslime, 0,6 % Christen
WÄHRUNG: Baht (THB)

GESCHICHTE

Das heutige Thailand wurde in der Vergangenheit von verschiedenen Reichen und Völkern wie den Khmer beherrscht. Das Königreich Siam (heute: Thailand) existiert erst seit dem 13. Jh. Als einziges Land Südostasiens wurde es nie kolonialisiert.

1. Jahrtausend n. Chr.
Ursprünge der Thai

Die ältesten Siedlungsfunde auf dem Gebiet des heutigen Thailand stammen aus dem Nordosten und konnten auf das 3. Jahrtausend v. Chr. datiert werden. Die Herkunft der Thai-Völker ist wissenschaftlich umstritten. Vermutlich kamen sie aus dem Gebiet des heutigen Südchina und wanderten im Verlauf des 1. Jahrtausends n. Chr. in das heutige Thailand ein, wo sie auf die Völker der Mon und Khmer trafen. Die von buddhistischen Mon geprägte, stark durch Indien beeinflusste Kultur dominierte vom 6. bis 11. Jh. im heutigen Nord- und Zentralthailand. Die hinduistischen Khmer beherrschten mit ihrem Reich von Angkor zwischen dem 9. und 13. Jh. weite Teile des heutigen Süd- und Zentralthailand. Unter den Khmer behalten die Thai ihre eigenständige Sprache und buddhistische Religion bei. Währenddessen entstehen im Norden der Region nach und nach die ersten Thai-Staaten.

13.–15. Jh. Sukhothai – das erste Thai-Königreich

Die eigentliche Geschichte Thailands beginnt im 13. Jh. mit der Gründung von Sukhothai, das als erstes thailändisches Großreich gilt. Die eindrucksvollen Ruinen der gleichnamigen Hauptstadt im nördlichen Thailand können noch heute besichtigt werden.

3000 v. Chr.

Berühmte Keramikfunde verweisen auf eine bronzezeitliche Kultur im Nordosten Thailands.

600–1000

700–1200

Südthailand gelangt unter den Einfluss des buddhistischen Srivijaya-Reichs, dessen Zentrum auf Sumatra liegt.

Die buddhistischen, von Indien beeinflussten Mon gründen das Dvaravati-Reich in Zentralthailand und später das Reich Hariphunchai im Norden.

800–1200

Weite Teile Thailands werden von hinduistischen Khmer aus Angkor (Kambodscha) beherrscht.

Die Kultur Sukhothais war durch eine Mischung aus den überlieferten Traditionen der Thai-Völker sowie der buddhistischen Mon und hinduistischen Khmer geprägt und legte den Grundstein für die Thai-Kultur der Gegenwart. Unter König Ramkhamhaeng (1275–1298) erreicht Sukhothai seine Blütezeit und erweitert seinen Einflussbereich auf ein Gebiet, das etwa so groß ist wie das heutige Thailand. Die Khmer und Mon werden dabei immer weiter zurückgedrängt.

In Nordthailand erobert der Thai-König Mengrai das Mon-Reich Haripunchai, gründet die Stadt Chiang Mai und macht sie zur Hauptstadt seines Königtums Lanna, das seine Unabhängigkeit von den restlichen Thai-Reichen über Jahrhunderte beibehalten kann.

Im Süden entstehen zu dieser Zeit einige malaiische Staaten, die im 15. Jh. zum Islam konvertieren. Das Sukhothai-Reich verliert nach König Ramkhamhaeng schnell wieder an Einfluss und Territorium, vor allem an ein neues Gebilde, das weiter südlich auf der Bildfläche erscheint: Ayutthaya.

14.–18. Jh. Das Königreich Ayutthaya

Ab 1351 bildet sich mit der Gründung der Stadt Ayutthaya durch Ramathibodi (U Thong) in der Nähe des heutigen Bangkok ein neues Machtzentrum der Thai heraus, das für die folgenden 400 Jahre die Geschichte Thailands bestimmt. Nach und nach werden lokale Fürstentümer ins Königreich Ayutthaya integriert, so auch Sukhothai im 15. Jh. In Südthailand kommt es zu Konflikten mit dem malaiischen Sultanat von Malakka, bei denen der Sultan schließlich die Oberhand behält.

Auch gegen das mit Birma verbündete Lanna-Königreich im Norden führt Ayutthaya Krieg, es gelingt jedoch bis ins 18. Jh. hinein nie, dessen Kapitale Chiang Mai einzunehmen. Dafür erobert Ayutthaya im 15. Jh. die Hauptstadt des Khmer-Reichs von Angkor, was dessen Niedergang einleitet.

Während das Land zunächst aus verbündeten und häufig selbst verwalteten Fürstentümern besteht, zwischen denen immer wieder Rivalitäten auftauchen, zentralisiert König Trailok im

Aufstieg der Thai und Gründung des ersten Thai-Königreichs von Sukhothai. Im Norden entsteht das mächtige Thai-Königreich Lanna mit der Hauptstadt Chiang Mai.

1351

Gründung des Königreichs Ayutthaya, das mit 33 Herrschern über 400 Jahre lang das Geschehen im heutigen Thailand bestimmt.

Um 1250

1511

Die Portugiesen kommen als erste Europäer ins Land und gründen einen Handelsstützpunkt.

15. Jh. die Region und schafft ein effizientes, auf eine Zentralgewalt ausgerichtetes Verwaltungssystem. Im 16. Jh. ist Ayutthaya durch Auseinandersetzungen um die Thronfolge geschwächt. Die Birmanen starten eine große militärische Invasion, und Ayutthaya fällt 1569 nach langer Belagerung. Doch nur wenige Jahre später kann Prinz Naresuang die Kontrolle zurückerobern und das Reich konsolidieren – ein weiterer Meilenstein in der Geschichte Thailands.

Ayutthaya unterhält Handelsbeziehungen zu Indien, China, Vietnam, Persien, Japan und im 17. Jh. verstärkt auch zu europäischen Großmächten wie Portugal oder Frankreich, die Handelsniederlassungen gründen. In der »Siamesischen Revolution« 1688 erhebt sich der Adel, König Narai wird abgesetzt. Die Ausländer werden ausgewiesen, eine Missionierung ist fortan verboten. Die folgende Zeit wird häufig als Goldenes Zeitalter mit Stabilität, Frieden und florierenden Künsten beschrieben. Ayutthaya soll damals über 1 Mio. Einwohner gehabt haben. Der Niedergang kommt im 18. Jh., als die Stadt im Jahr 1767 nach mehreren Invasionsversuchen an die Birmanen fällt und von diesen fast komplett zerstört wird.

18. Jh. Neuanfang und Ursprung der Chakri-Dynastie

Nach der Zerstörung Ayutthayas verfällt das Land ins Chaos. Der General (und spätere König) Taksin kann sich nach Ostthailand absetzen und formiert dort neue Truppen zum Widerstand gegen die Birmanen. Ziel ist es, die besetzten Gebiete zurückzuerobern und das Reich wieder aufzubauen. Da die Birmanen gleichzeitig von den Chinesen bedroht werden und geschwächt sind, gelingt ihm bereits 1767 die Rückeroberung der zerstörten Stadt.

In den darauffolgenden Jahren erreicht er die Wiedervereinigung des in mehrere Staaten zerfallenen Reichs und okkupiert 1776 sogar das Königreich Lanna im Norden. Aus der Rivalität mit einem seiner Generäle, Chao Praya Chakri, resultiert ein Streit, der zur Hinrichtung Taksins 1782 führt. Chakri besteigt als Rama I. 1782 den Thron und begründet die bis heute in Thailand regierende

Ayutthaya fällt nach mehreren Eroberungsversuchen an die Birmanen, die Hauptstadt wird zerstört. General Taksin erobert die besetzten Gebiete zurück.

1782

1850–1900

Wiederaufbau und Reformen unter Rama IV. (Mongkut) und Rama V. (Chulalongkorn). Politik der Beschwichtigung gegenüber den Kolonialmächten, Thailand behält seine Unabhängigkeit.

1767

General Chakri besteigt als Rama I. den Thron und begründet die bis heute regierende Chakri-Dynastie. Thonburi wird zur neuen Hauptstadt – der Ursprung des modernen Bangkok.

Chakri-Dynastie. Seine neue Hauptstadt gründet er in Thonburi – der Ursprung des modernen Bangkok.

19. Jh. Reformen und Beschwichtigung der Kolonialmächte

Die ersten Jahrzehnte des 19. Jh. sind von einer Politik des Wiederaufbaus durch die Chakri-Dynastie geprägt. Der alte Glanz Ayutthayas soll wiederhergestellt werden, in der neuen Hauptstadt (dem heutigen Bangkok) werden zahlreiche Kanäle angelegt und prächtige Tempel errichtet. Insbesondere unter Rama IV. (Mongkut, 1851–1868) und Rama V. (Chulalongkorn, 1868–1910) treten wichtige Erneuerungen in Kraft. Das Bildungssystem wird reformiert, die Verwaltungsstruktur umgestaltet, die Leibeigenschaft abgeschafft und die Infrastruktur verbessert. Siam integriert sich fortan in die Weltwirtschaft. Außenpolitisch verfolgt man eine Politik der Beschwichtigung gegenüber den Kolonialmächten. Großbritannien kreist Siam von Westen (Birma) und Süden (Malaysia) her immer massiver ein, Frankreich von Osten (Vietnam, Kambodscha, Laos). In der Folge muss Siam Territorien an Großbritannien und Frankreich abtreten und Handelsprivilegien einräumen, bleibt aber als einziger Staat Südostasiens unabhängig.

1. Hälfte 20. Jh. Übergang zur konstitutionellen Monarchie

Im Ersten Weltkrieg stellt sich Siam auf die Seite der europäischen Westmächte. 1932 kommt es unter der Führung des aufstrebenden Bürgertums mit der Unterstützung von Militärkräften zu einem nahezu unblutigen Staatsstreich, der die absolute Monarchie stürzt und das Land in eine konstitutionelle Monarchie umwandelt. 1938 wird Oberst Phibun (Pibul) Songgram Premierminister. Er fördert einen thailändischen Nationalismus und ändert den Landesnamen Siam 1939 in Thailand.

Im Zweiten Weltkrieg verbündet sich Thailand formell mit Japan. Die japanische Armee ist u. a. in Kanchanaburi stationiert, wo 1942 bis 1943 die strategisch wichtige Eisenbahn über den Fluss Kwai gebaut wird, wobei über 90 000 Menschen sterben. Mit japanischer

Die absolute Monarchie wird in einem unblutigen Staatsstreich gestürzt und eine konstitutionelle Monarchie eingeführt.

1941–1944 Pakt mit Japan im Zweiten Weltkrieg, nach Rücktritt von Premier Phibun 1944 Verständigung mit den Alliierten.

1932

1939 Militärdiktatur von Phibun Songgram, der Staat wird offiziell in Thailand umbenannt (davor: Siam).

1946–1950 Thailand erhält eine demokratische Verfassung. Krönung von Bhumipol Adulyadej (Rama IX.).

Unterstützung besetzt Thailand Gebiete in den von westlichen Mächten kontrollierten Nachbarstaaten, muss diese jedoch nach Kriegsende wieder aufgeben. 1944 wird Premier Phibun Songgram zum Rücktritt gezwungen, und Thailand verständigt sich mit den Alliierten. 1946 bekommt das Land eine demokratische Verfassung, 1950 findet die offizielle Krönung des amtierenden Königs Bhumipol (Rama IX.) statt.

2. Hälfte 20. Jh. Diktatur und demokratische Erneuerung

1947 kommt es erneut zu einem Militärputsch. Die zivile Regierung wird gestürzt und Songgram regiert erneut. Er setzt die Verfassung außer Kraft und beschneidet den Einfluss von König und Parlament. Das Land verfolgt nun einen antikommunistischen Kurs und nähert sich militärisch den USA an. Im Koreakrieg (1950–1953) unterstützt Thailand die USA mit Truppen. Während des Vietnamkriegs unterhalten die USA mehrere Militärstützpunkte in Thailand. Ende der 1960er-Jahre kommt es zu einer Verfassungsreform und zur Bildung eines Parlaments, doch die Auseinandersetzungen mit dem Militär reißen nicht ab. Massendemonstrationen für Demokratie und gegen die Verhaftung von Studentenführern der Protestbewegung führen Anfang der 1970er-Jahre zu blutigen Straßenkämpfen.

König Bhumipol beendet daraufhin das Militärregime und ernennt den Rektor der Bangkoker Universität zum neuen Ministerpräsidenten, was als Sieg der Studentenbewegung interpretiert wird. Die folgende Phase ziviler Regierungen mit weitgehenden Bürgerrechten findet 1976 nach dem Massaker an linksgerichteten Studenten und Demonstranten an der Thammasat-Universität in Bangkok ein Ende. Das Militär reißt die Macht wieder an sich. In den folgenden Jahren wechseln sich Parteien und Militärregimes in der Regierung ab. Auch in den folgenden Jahren schreitet die Demokratisierung nur langsam voran.

Seit 2001 Die Ära Thaksin und aktuelle Entwicklungen

2001 wird Thaksin Shinawatra mit überwältigender Mehrheit zum Premi-

---

Regierungen und Militärdiktaturen wechseln sich ab. Unterstützung der USA im Korea- und Vietnamkrieg.

1968

1973–1976

Proteste und Massendemonstrationen für mehr Demokratie und gegen das Militärregime werden blutig niedergeschlagen.

1950–2000

Die Anwesenheit amerikanischer Vietnamsoldaten, die in Thailand ihren Fronturlaub verbringen, führt zur Eröffnung unzähliger Bars und Massagesalons speziell in Bangkok.

erminister gewählt. Als Gründer des Medienunternehmens Shin Corp. ist der Selfmademan mit chinesischen Wurzeln einer der reichsten Männer Thailands, bevor er in die Politik geht. Er wird zum ersten demokratisch gewählten Premier, der seine gesamte Amtszeit ausüben kann. Im Jahr 2005 wird er mehrheitlich wiedergewählt.

Thaksin investiert in ländliche Entwicklungs- und Infrastrukturprogramme, schränkt aber auch die Pressefreiheit ein und schlägt Konflikte in den mehrheitlich muslimischen Südprovinzen gewalttätig nieder. Als er Anteile an seinem Unternehmen steuerfrei an ausländische Investoren verkauft, werden ihm Amtsmissbrauch und Korruption vorgeworfen, die Gegenbewegung der Eliten, die »Gelbhemden«, organisiert Massenproteste. Schließlich stürzt ihn 2006 das Militär, was eine politische Krise auslöst und zur Gründung der Organisation der »Rothemden« führt, die ihre Machtbasis im ärmeren Norden haben und die alte Oligarchie an der Spitze des Landes ablehnen. Thaksin umgeht eine Haftstrafe wegen Amtsmissbrauchs und flieht ins Ausland, von wo aus er bis heute das politische Geschehen in Land beeinflusst.

Bei den Neuwahlen 2007 gewinnt eine Nachfolgepartei von Thaksins Lager. Der darauffolgende Protest der Gelbhemden erreicht 2008 mit der Besetzung der Flughäfen in Bangkok einen neuen Höhepunkt, die Regierung tritt zurück. Proteste der Rothemden gegen das neue Kabinett eskalieren 2010 und führen zu gewalttätigen Unruhen in Bangkok. 2011 wird Thaksins Schwester Yingluck als erste Frau an die Spitze der Regierung gewählt, kurze Zeit später muss sie das Land durch eine Flutkatastrophe führen. Doch nach erneuter politischer Krise und Protesten wird sie 2014 vom Verfassungsgericht ihres Amtes enthoben. General Prayuth Chan-o-Cha ruft im Mai das Kriegsrecht aus, seitdem steht das Land unter Militärherrschaft. König Bhumipol billigt im Juli 2014 die durch die Militärregierung erstellte Übergangsverfassung. Im August wird General Prayuth zum Premierminister ernannt. Wann es zu Neuwahlen kommt, ist derzeit unklar.

2001–2006
Regierungszeit des umstrittenen Premiers Thaksin Shinawatra.

2004
Ein Tsunami zerstört Teile der Westküste Thailands und fordert im Land ca. 8000 Opfer (▶ S. 108).

2007–2014
Konflikte zwischen Anhängern und Gegnern der Thaksin-Regierung (Gelbhemden und Rothemden), Ausschreitungen in Bangkok 2008 und 2010. Thaksins Schwester Yingluck wird erste Ministerpräsidentin Thailands.

2014
Erneuter Militärputsch, General Prayuth Chan-o-Cha wird Ministerpräsident, das Kriegsrecht tritt in Kraft.

KULINARISCHES LEXIKON

A

ahan – Essen

B

ba mie – gelbe Weizenmehlnudeln
bai ma grud – Limettenblätter
bed – Ente
bed op nam püng – gebackene Ente
    mit Honig
bed paloh – Ente in süßsaurer Sauce
bia – Bier
bo(h) – Krabben
bor bia tord – Frühlingsrolle

F

fak tong – Kürbis
farangh – Guaven

G

gäng gai – Hühnchenragout
gäng garih – mildes indisches Curry
gäng khion wahn – grünes Curry mit
    Shrimpspaste
gäng laing – thailänd. Gemüsesuppe
gäng masaman – würziges, mildes,
    leicht süßliches Curry
gäng nua – Rindfleischragout
gafä – Kaffee mit Milch
gafä damrorn – Kaffee ohne Milch
gai – Huhn
gieo nam – Wonton-Suppe
gruei – Banane
gueh tiao – weiße Reisnudeln
gung – Hummer, Garnele
gung yang – gegrillte Garnelen

H

hua hom – Zwiebeln
hua schai po – Rettich

K

kaeng nüa – Rindercurry
kaeng ped gai – scharfes Hühnercurry
kaeng phanaeng – Huhn oder Rinder-
    curry, mild
kaeng som – Fisch und Gemüsecurry
kam puh tord – Krabbenfleisch
kao – Klebreis
kao bed – gebratener Reis mit Enten-
    fleisch
kao dom gai – Reissuppe mit Huhn
kao dom mo – Reissuppe mit Schweine-
    fleisch
kao dom plah – Reissuppe mit Fisch
kao gai – Reis mit Huhn
kao man gai – in Scheiben geschnitte-
    nes, gekochtes Huhn mit Reis
kao mo daeng – Reis mit rotem
    Schweinefleisch
kao nieo – Klebreis, der zu Bällchen
    gerollt wird
kao nor maigai – Reis mit Huhn und
    Bambussprossen
kao pad – gebratener Reis
kao pad gung – Reis mit Garnelen
kao pad talee – Reis mit Meeres-
    früchten
ka ti – Kokosmilch
kau poht – Mais
khai chiao – Omelett
khai dao – gebratenes Ei
khai tom – gekochtes Ei
khai tord sai mo – Omelett mit
    Schweinefleisch
khai yad sai – gefülltes Omelett mit
    Fleisch oder Gemüse
khao kha moo – saftige Schweine-
    fleischstücke
kratiem – Knoblauch

kratong tong – Krabben mit Mais
krüang gäng – Currypaste
kung tord – gebratene Garnelen

L

lamjai longan – Frucht
lao – Alkohol
lin ji – Lychees

M

maah hoo – Fleischbällchen auf Ananas
mähkong – Mekong-Whisky
makahm – Tamarinde
maköa tät – Tomate
malakor – Papaya
manao – Zitrone
mamuang – Mango
mangkut – Mangosteen
maprao – Kokosnuss
med mamuang himmapan –
    Cashewnuss
miang gai – Hühnerbrust auf Salat
mie klob – gebratene Nudeln
mo – Schweinefleisch
mo ob sapporot – Schweinefilet mit
    Ananas
mo satäh – Saté vom Schwein

N

naam chao – Tee
naam daeng – Limonade
naam plao – Wasser
nam dan – Zucker
nam jim muh sate – Erdnusssauce
nam plaa prik – Chilisauce mit
    Koriander
nam plan – Fischsauce
nam prik – Chilisauce
nam som – Orangensaft
ngork – Rambutan
nomm – Milch
normai – Bambussprossen
nüah – Rindfleisch

P

pad phet mo sei normai – Schweine-
    fleisch mit Bambus
pad phet tua fak jao – Rindfleisch mit
    grünen Bohnen
pak – Gemüse
ped – Entenfleisch
phat thai – gebratene Nudeln
plah – Fisch
plah mük – Tintenfisch
plah priao wan – Fisch, süßsauer
plah tord – gebratener Fisch
plah tu – Thunfisch
prik ki nu – Chili
prik tai – Pfeffer

R

roohn – heiß

S

sapparot – Ananas
sen guetiö – Reisnudeln
sie juh – Sojasauce
som tam – Papaya-Salat

T

takrei – Lemongras
tao hu – Tofu
teang mo – Wassermelone
toa li song – Erdnuss
toa ngog – Sojasprossen
tom ka gai – Hühnersuppe mit Curry
tom khlong – gesalzener Fisch, gekocht
    mit Tamarinde und Zwiebeln
tom yam gung – Garnelensuppe
ton hom – Frühlingszwiebeln
tord – gebraten
tschah – Tee

Y

yam nüah – süß-scharfer Rindfleisch-
    salat
yam somo – Pomelosalat

SERVICE

Anreise und Ankunft

MIT DEM FLUGZEUG

Bangkok wird täglich von mehreren internationalen Fluggesellschaften bedient, die Flugdauer beträgt bei einem Direktflug ca. elf Stunden. Nonstop ab Frankfurt verkehren Condor und Lufthansa, Thai Airways auch ab München. Aufgrund der relativ großen Auswahl an Flügen findet man auch wenige Wochen vorher günstige Tickets, sofern man nicht über die Feiertage unterwegs ist. Auch Phuket und Ko Samui werden von mehreren internationalen Fluggesellschaften angesteuert, allerdings meist mit ein bis zwei Zwischenstopps. Innerhalb Thailands existieren jedoch günstige Inlandsanbindungen, z. B. nach Phuket, Ko Samui oder Krabi.

Auskunft

IN DEUTSCHLAND, ÖSTERREICH UND DER SCHWEIZ

Thailand Tourismus

– Bethmannstr. 58 | 60311 Frankfurt | Tel. 069138139-0 | www.thailandtourismus.de
– Zähringerstr. 16 | 3012 Bern | Tel. 0313 003088 | www.tourismthailand.ch

IN THAILAND   C 3
1600 New Phetchaburi Road | Bangkok 10400 | Tel. 022505500 | www.tourism thailand.org

Buchtipps

Alex Garland: Der Strand (Goldmann, 1999) Kultroman über die Backpackerszene der 1990er-Jahre und die Suche nach dem vermeintlichen Paradies in Südthailand, später mit Leonardo Di Caprio verfilmt.
Josef Haslinger: Phi Phi Island (Fischer, 2011) Augenzeugenbericht zum Tsunami 2004 auf Ko Phi Phi.
Rainer Krack: KulturSchock Thailand (Reise KnowHow, 2014) Hintergrundinformationen zu Kultur, Denkweisen und Alltagsleben.
Rattawut Lapcharoensap: Sightseeing (KiWi, 2006) Erzählungen eines jungen thailändischen Autors, die hinter das scheinbare Ferienparadies blicken lassen.

Diplomatische Vertretungen

Deutsche Botschaft   C 3
9 South Sathorn Road | Bangkok 10120 | G.P.O. Box 2595 | Bangkok 10500 | Tel. 022879000 | www.bangkok.diplo.de

Deutsches Konsulat in Phuket   A 8
www.deutscheskonsulatphuket.com

Botschaft von Österreich   C 3
Q. House Lumpini, Unit 1801 | South Sathorn Road | Bangkok 10120 | P.O. Box 1155 Suan Plu | Bangkok 10120 | Tel. 021056710 | www.bmeia.gv.at/ botschaft/bangkok.html

Konsulat von Österreich in Pattaya
                                       C 4
www.botschaft-konsulat.com/at/ vertretung/2684/oesterreich-in-pattaya

Botschaft der Schweiz ✦ C3

35 North Wireless Road | Bangkok
10330 | P.O. Box 821 | Bangkok 10501 |
Tel. 02 67 46 900 | www.eda.admin.ch/
bangkok

Feiertage

1. Januar Westliches Neujahr
Februar Chinesisches Neujahr
(Termin variiert)
April Thailändisches Neujahr/
Songkran
Mai Visakha Bucha, Geburt und
Erleuchtung Buddhas
5. Mai Krönungstag von König
Bhumipol (Rama IX.)
12. August Geburtstag von Königin
Sirikit
23. Oktober Todestag von König
Rama V.
November Loy Krathong, buddhisti-
sches Lichterfest
5. Dezember Geburtstag von König
Bhumipol (Rama IX.)
10. Dezember Verfassungstag
31. Dezember Silvester

Fotografieren

Es besteht grundsätzlich kein Foto-
grafierverbot (abgesehen von militäri-
schen Objekten). Beim Fotografieren
von Personen sollten Sie sich taktvoll
verhalten und am besten vorher um
Erlaubnis bitten. Kameras und Ausrüstung wie Speicherkarten erhalten Sie in
Städten bzw. an touristischen Orten.

Geld

100 THB ....2,63 €/2,75 SFr
1 € .... 37,84 THB
1 SFr ....36,13 THB
Die Währung Thailands ist der Baht.
Bargeld können Sie an allen Geldauto-

maten mit entsprechenden Kartensym-
bolen abheben, z. B. gleich am Flughafen. Am besten sind Kreditkarten, auch
manche Maestro-Girokarten funktio-
nieren (vorher informieren). Zudem
gibt es Wechselstuben. Das beste Zah-
lungsmittel neben Bargeld sind Kreditkarten, diese benötigen Sie auch für
Mietwagen, die Buchung von Inlands-
flügen und z. T. beim Einchecken in
Hotels. Auf kleinen Inseln gibt es oft
keine Kartenzahlung und Geldauto-
maten – hier sollten Sie genügend Bargeld mitführen. Bewahren Sie Cash und
Karten an unterschiedlichen Orten auf
und kontrollieren Sie die Kreditkarten-
abrechnung regelmäßig, um eventuelle
Fehler rechtzeitig zu bemerken.

Impfungen

Das Auswärtige Amt empfiehlt neben
den Standardimpfungen solche gegen
Hepatitis A und B, Tollwut, Typhus und
Japanische Enzephalitis. Malaria tritt in
Thailand regionsabhängig auf, hauptsächlich in den Grenzgebieten zu Myanmar im Norden und Westen. In Zentralthailand, den Küstengebieten und auf
den meisten Inseln ist das Risiko sehr
gering. Städte und Touristenzentren wie
Bangkok, Phuket-Stadt, Krabi, Pattaya,
Ko Samui gelten als malariafrei. Tropen-
mediziner informieren über Prophylaxe
und Notfallbehandlung. Grundsätzlich
wird ein Mückenschutz dringend empfohlen, auch aufgrund des in Thailand
auftretenden Dengue-Fiebers.

Kleidung

Angemessene Kleidung spielt in Thailand eine wichtige Rolle. Abseits von
Hotelpool oder Touristenstrand sollte
man sich nicht zu nachlässig kleiden

und Knie und Oberkörper angemessen bedecken. Das gilt besonders bei Tempelbesuchen, hier sind kurze Hosen und Röcke verpönt. Beim Betreten von Räumlichkeiten werden immer die Schuhe ausgezogen. Aufgrund des tropischen Klimas braucht man für eine Thailand-Reise nicht viel Kleidung. Ins Gepäck gehören leichte Stoffhosen, Röcke oder Kleider, für einen Abstecher in einen der Nationalparks genügen meist leichte Turnschuhe, vor Regen schützt ein Schirm. In den überall zu findenden Wäschereien kann man Wäsche schnell und günstig waschen lassen.

Links und Apps

LINKS

www.thailandtourismus.de
Offizielle Website des Fremdenverkehrsamts mit umfassenden Reiseinfos.
www.thaizeit.de
Reise- und Lifestyle-Portal mit Tipps und aktuellen News für Thailand-Fans.
www.auswaertiges-amt.de
Länderinfos mit Reise- und Sicherheitshinweisen.
www.siam.de
Infos und Tipps zu Thailand.
www.thailand-interaktiv.de
Ein interaktiver Online-Reiseführer für Thailand-Reisende.
www.thaiminator.de
Private Reiseseite mit Infos und vielen Anregungen für Individualreisende.
www.phuketastic.com
Reiseblog eines deutschen Auswanderers mit vielen Artikeln und Tipps zu Phuket und Thailands Süden.
www.travelfish.org
Englischsprachiger Südostasien-Guide mit Forum, PDF-Guides zum Download und einer Reihe von Geheimtipps.

www.klick-thailand.de
Online-Reiseführer mit zahlreichen Empfehlungen und Informationen.

APPS

Amazing Thailand App
Englischsprachige, kostenlose Reise-App von Thailand Tourism. Mit Reiseführer für diverse Ziele in Thailand.
Erhältlich über iTunes oder Google Play
Thailand Travel Guide by Triposo
Reiseführer für Thailand mit Karten, offline nutzbar, gratis und auf Englisch.
Erhältlich über iTunes oder Google Play

Medizinische Versorgung

Der medizinische Standard ist in Bangkok und den größeren Städten sehr gut. In Touristenzentren wie Phuket, Krabi und Ko Samui gibt es internationale Privatkrankenhäuser mit englischsprachigem Personal. Von fast überall erreicht man im Notfall schnell Ärzte und Krankenhäuser (Kreditkarte und Pass mitnehmen). Auf dem Land entspricht die Versorgung nicht unbedingt europäischem Niveau. Eine Auslandskrankenversicherung wird empfohlen.

KRANKENHAUS

Bangkok Hospital   C3
2 Soi Soonvijai 7, New Petchburi Road | Bangkok, 10310 | Tel. 0 2 31 0 30 00 | www.bangkokhospital.com

APOTHEKEN

Apotheken findet man beinahe überall. Medikamente sind günstiger als in Europa, eine Rezeptpflicht besteht nicht.

Nationalparks/Schutzgebiete

In Thailand gibt es ca. 150 Nationalparks, die vom Royal Forest Department verwaltet werden. 40 davon befinden sich in Südthailand, darunter zahlreiche Meeresnationalparks. Ausländer zahlen 200 Baht Eintritt. Zum Teil kann man in den Nationalparks in Bungalows und Zelten auch übernachten. Unter www.dnp.go.th/parkreserve/reservation.asp?lg=2 können die Unterkünfte online reserviert werden, eine Übersicht aller Parks findet man unter www.dnp.go.th/parkreserve/entrance_fee.asp?lg=2.

Nebenkosten

1 Tasse Kaffee	0,50–1,00 €
1 Flasche Wasser (1 l)	0,50 €
1 Bier	1,00–2,50 €
1 Cocktail	3,50–6,00 €
1 Essen in der Garküche	2,00–3,00 €
1 Schachtel Zigaretten	2,00 €
1 Liter Benzin	1,00 €
Mietwagen/Tag	ab 25,00 €

Notruf

Polizei Tel. 195
Touristenpolizei Tel. 1155
Medizinischer Notfalldienst Tel. 1669

Post

Eine Postkarte nach Europa kostet 15 Baht, ein Brief 24 Baht. Wichtiges sollte als EMS (Express Mail Service) verschickt werden. Wer Einkäufe als Paket nach Hause schicken will, kann dies per Kurierdienst (DHL oder EMS der thailändischen Post) tun.

Reisedokumente

Deutsche, Österreicher und Schweizer können mit einem Reisepass einreisen und dürfen sich bis zu 30 Tage im Land aufhalten (Visa upon arrival). Der Pass muss bei der Einreise noch mindestens sechs Monate gültig sein. Kinder benötigen ein eigenes Dokument. Wer im Vorfeld bei der thailändischen Botschaft ein Touristenvisum beantragt, kann bis zu 60 Tage bleiben. Wer ein Auto mieten will, sollte einen internationalen Führerschein mitnehmen.

Reiseknigge

Der König und die königliche Familie werden in höchstem Maße verehrt, Majestätsbeleidigung ist strafbar! In Thailand begrüßt man sich mit dem »Wai«, bei dem die Handinnenflächen je nach Situation und Gegenüber vor Brust oder Kopf zusammengelegt werden. Ausländer können mit einem Kopfnicken antworten. Vermeiden Sie direkte Kritik und lautes, verärgertes Auftreten, da sonst der Gegenüber sein Gesicht verlieren könnte. Der Kopf ist für Buddhisten (im Gegensatz zu den Füßen) das heiligste Körperteil. Daher sollte man niemanden, auch keine Kinder, am Kopf berühren (oder mit den Füßen) und nicht mit den Füßen auf etwas zeigen. Strecken Sie die Füße beim Sitzen auf dem Boden nicht aus, sondern knien Sie lieber. Achten Sie auf angemessene Bekleidung und ziehen Sie vor dem Betreten eines Hauses die Schuhe aus. Nutzen Sie die rechte Hand, um etwas zu übergeben oder zu nehmen, die linke gilt als unrein. Frauen sollten Mönche nicht berühren. Zärtlichkeiten zwischen Männern und Frauen in der Öffentlichkeit sind tabu. In Restaurants, Kneipen, öffentlichen Einrichtungen und auf Märkten gilt Rauchverbot. Trinkgeld wird nicht unbedingt erwartet, jedoch umso eher, je westlicher und luxuriöser die Lokalität ist. Hier sollten Sie mindestens 10 % des Betrags geben.

Reisewetter

In Thailand ist es das ganze Jahr über tropisch-heiß mit hoher Luftfeuchtigkeit. Man unterscheidet zwischen einer kühlen und heißen Jahreszeit und der Regen-/Monsunzeit, die zwischen den Regionen und Küsten variiert. Die kühlere Saison (Trockenzeit) zwischen November und Februar gilt mit Temperaturen von 25 bis 30 °C als beste Reisezeit. Sehr heiß ist es von März bis Mai, dann können die Temperaturen auf über 40 °C steigen. Die Hauptregenzeit ist von Mai bis November, wobei es im Herbst am meisten regnet. An der südlichen Golfküste fällt die Regenzeit auf den Oktober und November, die Inseln im Golf können ansonsten das ganze Jahr über bereist werden.

Sicherheit

Thailand gilt als weitgehend sicheres Reiseland. Betrügereien und Diebstähle kommen insbesondere in den Touristengegenden jedoch immer häufiger vor. Vorsicht ist auch im Straßenverkehr geboten. Seit dem Militärputsch 2014 hat sich die Lage stabilisiert. Die mehrheitlich muslimischen südlichen Grenzprovinzen zu Malaysia sind aufgrund der Gefahr terroristischer Anschläge zu meiden. Aktuelle Sicherheitshinweise: www.auswaertiges-amt.de.

Strom

Die Stromversorgung ist gut ausgebaut und stabil. Die Netzspannung beträgt 220 Volt und 50 Hz, ein Adapter für deutsche Stecker ist nicht notwendig. In abgelegeneren Gebieten und kleineren Inseln wird teils mit Generatoren gearbeitet, manchmal steht Strom nur am Abend zur Verfügung.

Telefon

VORWAHLEN

D, A, CH ▶ **Thailand** 00 66
Thailand ▶ **D** 00 49
Thailand ▶ **A** 00 43
Thailand ▶ **CH** 00 41

Die einfachste und günstigste Methode, innerhalb Thailands sowie von dort ins Ausland zu telefonieren, ist vor Ort eine thailändische SIM-Karte zu kaufen, z. B. Happy von DTAC. Roaming über europäische SIM-Karten ist um ein Vielfaches teurer. Je nach Anbieter kann man mit bestimmten Vorwahlen dann preiswert ins deutsche Fest- oder Mobilfunknetz telefonieren. Wer mit Laptop oder Smartphone reist, kann auch Skype für Anrufe ins europäische Fest- und Mobilfunknetz nutzen, da kostenloses WiFi sehr verbreitet ist. Mobile Datenpakete sind ebenfalls günstig. Prepaid-SIM-Karten erhalten Sie in Mobilfunkshops und der Supermarktkette 7Eleven.

Verkehr

In Thailand existieren verschiedenste Transportmöglichkeiten, und das Reisen von A nach B ist sehr unkompliziert und günstig. Es herrscht Linksverkehr.

BAHN

Von Bangkok aus verlaufen Zugstrecken in die einzelnen Himmelsrichtungen, z. B. nach Pattaya im Südosten oder Surat Thani im Süden. Die Züge unterscheiden sich je nach Kategorie in ihrem Komfort, vom klimatisierten 1.-Klasse-Privatabteil und Schnellzug bis zum Bummelzug und unklimatisierten 3.-Klasse-Abteil. Tickets sollten im Voraus an den Bahnhöfen gebucht werden. Auskunft: www.railway.co.th.

BOOT

Boote und Fähren gehören im Süden Thailands zu den wichtigen öffentlichen Verkehrsmitteln. Sie verbinden das Festland mit den Inseln und verkehren auch zwischen den Inseln, besonders häufig zu beliebten Touristenzielen und zur Hauptsaison. Zudem fahren zahlreiche Ausflugs- und Taxiboote zwischen Stränden und Inseln hin und her. Taxi- und Expressboote sind auch in Bangkok im Einsatz.

BUS

Busse sind das Fortbewegungsmittel Nr. 1. und verkehren regelmäßig zwischen den unterschiedlichen Städten. Auf den Überlandstrecken sollte man die relativ gut ausgestatteten VIP- oder AC-Reisebusse wählen. So kommt man unkompliziert und günstig voran, eine mehrstündige Fahrt kostet in der Regel weniger als 10 €. Tickets erhält man am Busbahnhof. Zudem gibt es private klimatisierte Minibusse speziell für Reisende (oft inkl. Transfer vom Hotel, Bus und Fähre), die über Reisebüros vor Ort gebucht werden können.

FLUGZEUG

In Thailand lassen sich längere Strecken unkompliziert und günstig mit dem Flugzeug zurückzulegen, z. B. um von Bangkok nach Phuket, Ko Samui, Krabi und zurück zu kommen. Neben Thai Airways und Bangkok Airways bieten mehrere Billigairlines wie AirAsia Inlandsflüge an. Flüge innerhalb Thailands kosten one way oft nicht mehr als 50 bis 100 € und können kurzfristig im Voraus online mit Kreditkarte gebucht werden.

MIETWAGEN

Thailand lässt sich auch gut mit einem Leihwagen erkunden. Das Straßennetz ist gut ausgebaut (Linksverkehr!) und die meisten Ziele sind auch auf Englisch ausgeschildert. Zum Mieten benötigen Sie einen internationalen Führerschein und eine Kreditkarte. Die Preise liegen durchschnittlich bei 1000 bis 2000 Baht pro Tag, der Benzinpreis beträgt etwa 40 Baht pro Liter. Für das Inselhopping im Süden eignet sich ein Mietwagen jedoch weniger – auf kleineren Inseln gibt es keine Autos.

Klima (Mittelwerte)

	Januar	Februar	März	April	Mai	Juni	Juli	August	September	Oktober	November	Dezember
Tages-temperatur	33	34	34	34	33	32	32	32	31	31	32	32
Nacht-temperatur	24	25	26	26	26	26	25	25	25	25	25	24
Sonnen-stunden	5	7	6	4	2	1	2	2	1	2	3	5
Regentage pro Monat	5	3	6	12	19	20	20	20	22	24	17	9
Wasser-temperatur	26	27	28	28	29	29	28	27	26	26	26	26

TRANSPORT VOR ORT

In Bangkok sind die günstigen **Taxis** mit Taxameter die beste Wahl (darauf achten, dass das Taxameter eingeschaltet ist!). Besonders schnell gelangt man auch mit **Skytrain** (BTS) oder **Metro** (MRT) von A nach B. In Phuket, Ko Samui und anderen Touristenorten verkehren ebenfalls Taxis, doch oft ohne Taxameter (Preis vorab verhandeln!). In kleineren Orten gibt es **Songthaews** (Pickups mit überdachten Bänken), die als Sammeltaxi zum günstigen Einheitstarif fungieren. Ebenfalls üblich sind **Tuk-Tuks** (umgebaute Motorräder mit Sitzbank), Preise vorher verhandeln. Zudem kann man an vielen Orten unkompliziert Fahrräder oder Motorroller leihen.

Zeit

Die Zeitverschiebung zur MEZ beträgt plus sechs Stunden, während der Sommerzeit fünf Stunden.

Zeitungen

Englischsprachige Tageszeitungen sind »The Nation« (www.nationmultimedia. com) und »Bangkok Post« (www.bangkokpost.com). Zudem gibt es deutschsprachige Magazine wie »Der Farang« (14-tägig, Pattaya), »Der Wochenblitz« (Bangkok/Pattaya) oder »Thailand Tip« (14-tägig, Phuket/Pattaya).

Zoll

In Thailand sind 200 Zigaretten, 1 l Wein oder Spirituosen und ausländische Währungen bis zu einer Höhe von 20 000 US-Dollar zollfrei. Die Ausfuhr bestimmter Antiquitäten (z. B. Buddha-Statuen) ist nicht erlaubt, eine Ausfuhr von mehr als 50 000 Baht muss deklariert werden. Zudem dürfen keine Produkte von geschützten Tier- und Pflanzenarten oder gefälschte Markenartikel mitgeführt werden. Weitere Informationen unter www.zoll.de, www.bmf. gv.at/zoll und www.zoll.ch.

Entfernungen (in km) zwischen wichtigen Orten

	Ayutthaya	Bangkok	Chantaburi	Khao Lak	Ko Chang	Krabi	Nakhon Si Thammarat	Phetchaburi	Phuket-Stadt	Surat Thani
Ayutthaya	–	80	300	840	400	850	860	240	920	720
Bangkok	80	–	250	770	350	780	790	170	840	640
Chantaburi	300	250	–	1000	95	1020	1030	400	1080	890
Khao Lak	840	770	1000	–	1100	130	270	640	100	200
Ko Chang	400	350	95	1100	–	1110	1120	460	1170	970
Krabi	850	780	1020	130	1110	–	160	650	160	150
Nakhon Si Thammarat	860	790	1030	270	1120	160	–	660	320	140
Phetchaburi	240	170	400	640	460	650	660	–	710	510
Phuket-Stadt	920	840	1080	100	1170	160	320	710	–	240
Surat Thani	720	640	890	200	970	150	140	510	240	–

A REWARDING LIFE

Extraordinary settings are everyday experiences at Aleenta Phuket – Phang Nga. It's time to disengage, and escape to your piece of beachfront heaven on the pristine Natai Beach. Aleenta Phuket boasts an epicurean dining experience at the EDGE, Ayurah Wellness Centre highlighted by celebrity beauty expert, Linda Meredith's treatments, and The A Explorers Club, the ultimate guilt-free place to park the children while mum and dad spend serene moments by the beach. The possibilities for fun at Aleenta are as limitless as the Andaman sea skyline.

T: +66(0) 2514 8112 | **E:** rsvn@ahmshotels.com | **W:** aleenta.com
A: 33 Moo 5, Takua Thung, Khok Kloi, Phang Nga, Phuket, 82140 Thailand

ORTS- UND SACHREGISTER

Wird ein Begriff mehrfach aufgeführt,
verweist die **fett** gedruckte Zahl auf die Hauptnennung.
Abkürzungen: Hotel [H] · Restaurant [R]

Liebe Leserinnen und Leser,

vielen Dank, dass Sie sich für einen Titel aus unserer Reihe MERIAN *momente* entschieden haben. Wir wünschen Ihnen eine gute Reise. Wenn Sie uns nun von Ihren Lieblingstipps, besonderen Momenten und Entdeckungen berichten möchten, freuen wir uns.
Oder haben Sie Wünsche, Anregungen und Korrekturen? Zögern Sie nicht, uns zu schreiben!

Alle Angaben in diesem Reiseführer sind gewissenhaft geprüft. Preise, Öffnungszeiten usw. können sich aber schnell ändern. Für eventuelle Fehler übernimmt der Verlag keine Haftung.

© 2016 TRAVEL HOUSE MEDIA
Gmbh, München
MERIAN ist eine eingetragene Marke der
GANSKE VERLAGSGRUPPE.

TRAVEL HOUSE MEDIA
Postfach 86 03 66
81630 München
merian-momente@travel-house-media.de
www.merian.de

Alle Rechte vorbehalten. Nachdruck, auch
auszugsweise, sowie die Verbreitung durch
Film, Funk, Fernsehen und Internet, durch
fotomechanische Wiedergabe, Tonträger und
Datenverarbeitungssysteme jeglicher Art nur
mit schriftlicher Genehmigung des Verlages.

**BEI INTERESSE AN MASSGESCHNEIDERTEN
MERIAN-PRODUKTEN:**
Tel. 0 89/4 50 00 99 12
veronica.reisenegger@travel-house-media.de

BEI INTERESSE AN ANZEIGEN:
KV Kommunalverlag GmbH & Co KG
Tel. 0 89/9 28 09 60
info@kommunal-verlag.de

1. Auflage

VERLAGSLEITUNG
Michaela Lienemann
REDAKTION
Wilhelm Klemm
LEKTORAT
Ewald Tange, tangemedia, München
BILDREDAKTION
Tobias Schärtl
SCHLUSSREDAKTION
Christiane Gsänger
HERSTELLUNG
Bettina Häfele, Katrin Uplegger
SATZ/TECHNISCHE PRODUKTION
Ewald Tange, tangemedia, München
REIHENGESTALTUNG
Independent Medien Design, Horst Moser,
München (Innenteil), La Voilà, Marion
Blomeyer & Alexandra Rusitschka, München
und Leipzig (Coverkonzept)
KARTEN
Gecko-Publishing GmbH für MERIAN-
Kartographie
DRUCK UND BINDUNG
Printer Trento, Italien

Ein Unternehmen der
GANSKE VERLAGSGRUPPE

PEFC™
PEFC/18-31-506

BILDNACHWEIS
Titelbild (Koh Samui, Lamai Beach), Corbis: L. Vaccarella/SOPA
Bangkok Tree House 33 | Bildagentur Huber: Gräfenhain 128, L. Vaccarella 80 | Corbis: J. Harper 12, T. & B. Morandi 104, WeEmm/Westend61 57 | dpa Picture-Alliance: B. Walton 64 | gemeinfrei: 170, 171l, 171r, 172, 173, 174r | Getty Images: P. Bronstein/Getty Images News 192o, 192 u, G. Douwma/Photographer's Choice 46, HagePhoto/Aurora 45, J.-P. Lescourret/Lonely Planet Images 168, K. McLaughlin/Lonely Planet 146, Moment Open 166/167, B. Morandi 156/157, I. Pompe/LOOK 20/21, S. Sonnet/Photolibrary 67, O. Stadler/Photographer's Choice 151, M. Tohlala/AFP 142, L. Tyler/LightRocket 29, M. Wa/Flickr RF 60, C. Wattanamongkol/Moment Open 154 | Glow Images: D. Bleyer/imagebroker 19, R. Dirscherl/imagebroker 165, prisma 38 | Hotel Indigo Pearl Phuket 25 | INTERFOTO: R. Franken 121, C. Miller Hopkins/D. Delimont 58/59, O. Stadler/imageBROKER 161 | laif: M. Bilbao/Redux 42, Fautre/Le Figaro Magazine 62, G. Giuglio/hemis.fr 133, C. Heeb 95, 96, 163, K. Henseler 26, F. Heuer 2, 53, 100, 153, H.-B. Huber 148, C. Kerber 41, Martin/Le Figaro Magazine 24, M. Riehle 88 | LOOK-foto: T. Stankiewicz 91 | mauritius images: age 139, Alamy 73, 75, 84, 107, 112, 122, J. W. Alker/imageBROKER 116, Bernard/imageBROKER 137, R. Sebastian/imageBROKER 4/5, O. Stadler/imageBROKER 134 | Shutterstock: 109 | Words 174l, A. Nerr 6, anekoho 50, apiguide 34, Banana Republic images 125, E. Balogh 175, foto 76 30, S. Janthong 130, J. Knop 17, konmesa 34, P. Kosmider 108, Laborant 18, lkunl 99, Lookrencia 14, D. Mammoser 87, R.M. Nunes 76, G. Palethorpe 56, P. Pecherskii 15, Pichugin Dmitry 13r, puwanai 70, SIHASAKPRACHUM 68, timsimages 55 | The Library 16 | The Sarojin: B.T. Madison 103 | The Surin Phuket: Zuphachai Laokunrak 22

GESTERN & HEUTE

Wie der Körper eines Schmetterlings erstreckt sich die Ton Sai Bay auf einer schmalen Landzunge, gerahmt von Sandstränden. Obwohl **Ko Phi Phi** (▶ S. 125) relativ geschützt in der Pha-Nga-Bucht liegt, donnerte die Tsunamiwelle an Weihnachten 2004 von beiden Seiten über die Bucht hinweg und zerstörte dem kompletten Ort – heute kaum noch vorstellbar. Schon ein Jahr später war der Großteil der Gebäude wieder aufgebaut. Heute ist alles etwas größer, schicker (und sicherer) als zuvor.